태양을 직면하기

-얄롬의 죽음불안심리와 상담

Irvin D. Yalom 저
임경수 역

학지사

Dear korean readers, I hope the contents of the

book will help you a lot.

June 5. 2023

Dr. Irvin Yalom

역자 서문

 1999년 6월 어느 날, 시카고 북부에 위치한 에반스톤(Evanston)시의 반스 & 노블 문고에서 얄롬 박사의 저서 『실존주의 심리치료(Existential Psychotherapy)』를 우연히 보고 끌려 몇 시간째 몰두하여 읽으면서 신선한 충격을 받았던 것을 아직도 기억한다.

 그 후 십수 년이 지난 후 우연히 검색을 하다가 다시 얄롬 박사의 책 『Staring at the Sun』을 만나게 되었고, 역시 나의 모든 것을 한순간에 집중하도록 하였다. 책의 내용을 옮기는 과정에서 헤아릴 수 없는 마음의 감동을 경험한 것도 특별한 만남이었다. 좋은 책을 만난다는 것은 역자에게 행운과도 같다고 생각한다. 뿌리칠 수 없는 인연과도 같은, 운명 같은 두 책과의 만남은 그렇게 시작이 되었고 이 책의 번역을 완역한 시점에 저자에게 이메일을 보내, 얄롬 박사는 한국의 독자들에게 이 책이 많은 도움이 되길 바란다는 답신을 보내 왔다.

 인간 모두는 태어나는 불안, 살아가야 하는 불안 그리고 죽어야 하는 불안에서 벗어날 수 없으며, 이것들은 우리에게 주어진 운명이다. 생각하면 사람들의 모든 문제가 작게는 분리, 버림과 같은 불안에서 시작되고, 결국은 누구나 의례처럼 거쳐야 하는 죽음으로 인한 보이지 않는 상실과 죽음의 불안에 놓이게 된다. 동전의 양면과 같은 인간이 가진 삶과 죽음에 대한 고민은 인류 역사를 통해 수없이 논의가 되었고 지금도 여전히 논의가 되고 있지만, 이 두 가지의 사실성에 균형을 가지지 않는 한 사람은 불행하게 살아갈 수밖에 없다. 그러나 여전히 우리는 이 사실을 부정하며 인생의 시간 대부분을 보낸다.

그러나 살아가는 것은 역설적으로 죽어 가는 것의 과정이고, 존재하는 것은 비존재(non-being)의 과정을 가질 수밖에 없다. 역자는 이것을 칼 융의 말을 빌려 살아 있는 모든 존재는 그림자를 가지는 것이라고 생각한다. 그림자를 부정할 수 있는 사람이 없듯이, 죽음을 부정하는 사람은 신경불안에 시달리게 되는 것 역시 얄롬 박사가 잘 설명하고 있다.

인생은 누구에게나 한 편의 드라마이며, 이 안에 사랑과 죽음이 있고, 우리는 이것을 안고 살아가고 있다. 과하게 죽음을 부정하면서 살아가지만, 이 책은 그 부정이 우리로 하여금 현실에 얼마나 집착하며 살면서 균형을 무너뜨리는지를 보여 주고 있다. 그래서 이 불균형의 대가로 부, 권력과 명예에 심하게 집착을 하는지도 모르겠다.

얄롬 박사는 이 책에서 그의 지적 세계와 상담임상에서 경험한 내담자들의 세계를 통해 얻는 내용을 헤아릴 수 없는 진정성과 감동으로 우리에게 주고 있다. 개인적으로 이 책을 번역하면서 얄롬 박사의 세계를 더 친밀하게 알 수 있어 영광이었다. 이 책의 내용이 삶에 대해 질문을 하는 모든 이에게 귀중한 길라잡이가 되길 바란다.

끝으로, 책의 출판을 흔쾌히 허락해 주신 김진환 사장님과 책의 편집을 꼼꼼히 해 주신 편집부에 감사를 드린다.

2023년 8월
역자 임경수

태양을 직면하기

들어가는 글

이 책은 죽음에 대한 생각을 정리한 책이 아니며, 그럴 수도 없다. 수천 년 동안 모든 진지한 작자들이 인간의 죽음을 다루고 있기 때문이다. 대신 이 책은 죽음과의 직면에서 나온 지극히 개인적인 책이다. 죽음에 대한 두려움은 모든 인간과 공유하며, 죽음은 결코 끊어질 수 없는 인간의 어두운 그림자이다. 이 책에 나오는 내용들은 나 개인의 경험과 내담자 환자들과의 상담 그리고 내 일에 영향을 준 저술가들의 사상을 통해 죽음의 공포를 극복하는 방법에 대해 배운 것이 담겨져 있다.

책을 쓰는 과정에서 도움을 준 많은 분께 감사를 드린다. 나의 에이전트인 샌디 다이크스트라Sandy Dijkstra와 편집자인 앨런 린즐러Alan Rinzler는 이 책을 구체화하고 집중하는 데 큰 도움을 주었다. 많은 친구와 동료들이 이 책의 일부를 읽고 제안을 해 주었다. 데이빗 스피켈David Spiegel, 허버트 코츠Herbert Kotz, 진 로즈Jean Rose, 루텔렌 조셀슨Ruthenllen Josselson, 랜디 와인가르튼Randy Weingartern, 닐 브라스트Neil Brast, 릭 반 리넨Rick Van Rheenen, 앨리스 반 하텐Allice Van Harten, 로저 월시Roger Walsh, 로버트 버거Robert Berger 그리고 모린 라일라Maureen Lila, 필립 마샬Philipe Martial은 책 제목 페이지에 있는 라 로슈푸코La Rouchefoucauld의 격언을 소개해 주었다. 나의 친구들과 오랜 기간 나의 지성적 사고에 교사 역할을 해 준 반하비Van Harvey 그리고 월터 소켈Walter Sokel, 다그핀 폴레스달Dagfin Follesdal에

007

들어가는 글

게 감사한다. 피비 호스Phoebe Hoss와 미셸 존스Michele Jones가 편집을 훌륭하게 도와주었다. 나의 네 자녀인 이브Eve, 리드Reid, 빅터Victor 그리고 벤Ben은 가치를 평가할 수 없는 좋은 조언자였고, 아내 마릴린Marilyn은 항상 그랬던 것처럼 더 좋은 책을 쓰도록 격려했다.

　무엇보다도 나는 나의 주된 스승들인 나의 내담자 환자들에게 빚을 지고 있다. 그들은 나에게 깊은 두려움을 털어놓고 자신의 이야기를 사용하도록 허락해 주었고, 효과적인 신원 변경에 대해 조언을 해 주었으며, 원고의 일부 또는 전부를 읽고 조언을 해 주었고, 자신의 경험과 지혜를 독자들에게 전할 수 있다는 생각에 기쁨을 느꼈다고 해 주었다.

목차

009

슬픔이 내 마음에 스며든다. 나는 죽는 것이 두렵다.

—길가메시Gilgamesh[1]—

---

1 (역자 주) 고대 메소포타미아의 전설적인 왕(기원전 2600년경). '길가'는 '늙은이', '메시'는 '젊은이'를 뜻한다. 노인이 젊어지지 못하고 청년이 노인이 되는 운명을 암시하는 이름이다.

제1장

치명적인 상처

자아인식(self-awareness)은 인생처럼 값진 보물이며 최고의 선물이다. 이것이 사람을 사람되게 만드는 것이다. 그러나 자아인식은 인간이 죽을 수밖에 없는 운명을 가지고 태어났다는 값비싼 대가를 치루고 얻게 된다. 인간의 존재는 태어나 성장하고, 꽃을 피우고, 피할 수 없게 소멸되고 죽는다는 인식에 의해 영원히 그늘져 있다.

인간의 죽음을 면할 수 없는 운명은 인류 역사의 시작부터 인간을 괴롭혀 왔다. 4천 년 전 바빌론의 영웅 길가메시는 그의 친구 엔키두Enkidu의 죽음에 대해 앞의 비문과 같이, "너는 어둠이 되어 버렸고 나의 말을 들을 수 없다. 내가 죽게 될 때 엔키두처럼 될 것이 아닌가? 슬픔이 내 마음에 스며든다. 나는 죽는 것이 두렵다."라고 회상했다.

길가메시는 우리 모두에게 말하고 있는 것이다. 그가 죽음을 두려워했던 것과 같이 우리 모든 남성, 여성 그리고 아이들도 죽음을 두려워한다. 어떤 사람은 단지 죽음의 두려움이 간접적으로 일반화된 걱정 혹은 다른 사람들에게는 심리적으로 현상으로 가장된 것이라고 느낀다. 또 다른 사람들은 죽음에 대해 분명한 의식적 불안의 흐름을 느끼고, 어떤 이들에게는 죽음의 두려움이 모든 행복과 성취를 부정하는 공포로 분출된다.

오랜 기간 동안 사려 깊은 철학자들은 인간의 죽음의 운명과 상처를 파악하려고 시도하였고, 인간이 이것과 조화를 이뤄 평화 가운데 살 수 있도록 도와주었다. 죽음불안과 싸우는 많은 개인을 치료하는 심리치료사로서, 특별히 나는 고대 그리스 철학자들의 지혜가 완벽하게 오늘날 연관이 된다는 것을 발견했다.

나는 심리상담치료사로서 19세기 말과 20세기의 위대한 정신과 의사나 심리학자들—피넬Pinel, 프로이트Freud, 융Jung, 파블로프Pavlove, 로르샤흐Rorschach 그리고 스키너Skinner—만이 아니라 고전적인 그리스 철학자들, 특별히 에피쿠로스Epicurus를 나의 지적인 선구자로 여기고 있다. 내가 이 예외적인 아테네 사상가에 대해 배우면 배울수록 더 강하게 에피쿠로스는 최초의 실존적 치료사라고 인식하게 되어, 그의 사상을 이 책 전반에 걸쳐 사용할 것이다.

그는 플라톤Platon이 사망한 후 얼마 되지 않은 기원전 341년에 태어나, 기원전 270년에 사망했다. 오늘날 대부분의 사람은 세련된 감각적인 쾌락, 특별히 좋은 음식과 술을 즐긴다는 에피큐어(Epicure) 혹은 에피큐리언(Epicurean)이라는 단어를 통해서 그의 이름에 익숙하다. 그러나 역사적 사실에서 에피쿠로스는 감각적 쾌락을 주장하지 않았다. 오히려 평정한(tranquility) 마음에 도달하는 데 더 많은 관심을 가졌다.

에피큐어는 '의학적 철학(medical philosophy)'을 실천하였고, 의사가 몸을 치료하는 것과 같이 철학자는 영혼을 치료해야 한다고 주장하였다. 그의 관점에서 철학에는 단 하나의 적합한 목적이 있다. 사람은 불행을 감소시키는 것이다. 그러면 인간 불행의 근원적 뿌리는 무엇인가? 그는 이것을 모든 인간에게 편재하는 죽음에 대한 두려움이라고 믿었다. 이 불가피한 소름끼치는 죽음의 두려움이 인생의 즐거움을 방해하고 기쁨을 주지 못한다고 믿었다. 그는 죽음의 두려움을 감소시키기 위해 몇 가지 효과적인 생각을 개발하였는데, 이것들은 내가 개인적으로 죽음의 불안을 직면하는 데 도움을 주고 있고, 나의 환자들을 돕는 데 사용하는 방법을 제공하였다. 앞으로 나오는 논의에서 이 중요한 생각들을 자주 언급할 것이다.

나의 개인적 경험과 임상 연구는 죽음에 대한 불안이 인생 주기를 통해서 증가하고 쇠퇴한다는 것을 알려 주었다. 어린 나이에 있는 아이들은 주변에 있는 죽은 나뭇잎, 벌레, 고양이, 사라진 할아버지와 할머니, 슬퍼하는 부모, 공동묘지에 있는 끝없는 비석들을 통해서 단지 죽을 운명에 대해 어렴풋이 알게 된다. 아이들은 단순히 관찰하고 놀라면서 부모가 보여 준 행동을 따르고, 아무 말 하지 않고 조용히 있을 수도 있다. 만일 아이들이 공개적으로 자신들의 불안을 표현한다면, 부모들은 뚜렷하게 초조해하면서 아이들을 위로하려고 서두른다. 이러한 질문에 대해 성인도 위로의 말을 찾으려 자주 시도를 하거나, 이 죽음의 문제를 먼 미래로 옮겨 버리거나, 부활, 영생, 천국 그리고 다시 볼 것이라는 죽음을 부정하는 이야기를 하면서 아이들의 불안을 달랜다.

보통 죽음에 대한 불안은 여섯 살부터 사춘기까지는 드러나지 않는다. 이 시기는 프로이트가 말한 성의 잠복기와 같은 시기이다. 그러나 청소년 시기에 죽음불안이 강하게 분출된다. 십 대들은 자주 죽음에 대해 마음을 빼앗기고, 소수는 자살을 생각한다. 오늘날 많은 청소년은 폭력적인 비디오 게임 안에서 죽음 후에 시작되는 제2의 인생의 주인이고 분배자가 됨으로써 죽음불안에 반응할 수도 있다. 다른 청소년들은 풍자적인 유머 그리고 죽음을 비웃는 노래를 듣거나 혹은 친구들과 함께 무시무시한 공포영화를 보는 것으로 죽음을 부정한다. 나는 어린 시절에 아버지의 가게 주변에 있는 작은 극장에 일주일에 두 번씩 가서 친구들과 어울려 공포영화를 보며 비명을 질렀고, 제2차 세계대전의 야만성을 보여 주는 영화를 끝없이 멍하게 보았다. 1931년에 태어난 나는 나보다 5년 먼저 태어난 사촌 해리Harry가 노르망디 작전에 투입되어 학살당했던 것이 떠올라 내 운명 변화에 침묵하며 떨었던 것을 기억한다.

어떤 청소년들은 앞뒤 가리지 않는 행동을 하면서 죽음을 거부한다. 다중공포증과 큰 재난이 어떤 순간에 발생할 것이라는 만성적 두려움을 가진 나의 남자 환자 중 한 사람은 자신이 어떻게 16세에 스카이다이빙을 하고 열두 번의 잠수를 했는지 말하며, 지금 그러한 행위를 뒤돌아보면 자신의 죽음에 대한 끊임없는 두려움에 대처했던 하나의 방법이었다고 말했다.

시간이 흘러감에 따라 청소년들의 죽음에 대한 관심은 초기 성인기의 주된 두 가지 과업인 직업을 찾는 것과 가족을 형성하는 과업으로 인해 옆으로 밀려난다. 그 후 30년이 지나 장성한 자녀들이 집을 떠나고, 평생 다녔던 직장을 퇴직하는 시점에 중년기의 위기가 발생하고, 한 번 더 죽음불안에 강력하게 발생한다. 우리가 삶의 정상에 도달함에 따라 우리 앞에 있는 길을 바라보면서, 길은 더 이상 정점을 향해 가지 않고 기울고 사라지는 곳으로 경사져 있다는 것을 알고 두려워한다. 이때부터 죽음에 대한 관심은 마음에서 떠나지 않는다.

일상생활의 모든 순간에 죽음에 대해 전적으로 알면서 생활하는 것은 쉽지 않다. 이것은 태양을 응시하려고 노력하는 것과 같다. 태양을 응시할 때는 눈이 부셔서 잠시만 바라볼 수 있을 뿐이다. 사람은 두려움 가운데 얼어붙어서 살 수 없기 때문에 죽음의 두려움을 약화시키는 방법들을 만든다. 우리의 자녀들을 통해서 미래 속으로 우리 자신들을 투사시키고, 부하게 되고 유명하고 더 크게 될 수 있다고 생각한다. 혹은 궁극적 구조자(ultimate rescuer) 안에서 흔들리지 않는 믿음을 받아들인다.

자신들의 죽음의 면역성에 대해 극도로 자신감이 있는 사람들은 흔히 다른 사람들의 안전이나 그들 자신의 안전에 대한 관심 없이 영웅적으로 살아간다. 다른 사람들은 여전히 죽음에 의해 발생한 고통스러운 분리를 사랑하는 사람, 대의명분(cause), 공동체, 신성한 존재와의 합침을 통해서 초월하려고 한다. 죽음불안은 한 가지 혹은 다른 방법으로 인간 유한성의 고민을 완화시키려는 모든 종교의 어머니이다. 모든 문화에 있는 신은 영생에 대한 어떤 비전을 통하여 인간의 죽을 운명을 누그러지게 하기도 하고, 영원한 현존(eternal presence)을 제공함으로써 두려운 고립감을 달래 주고, 의미에 찬 인생을 사는 분명한 청사진을 제공한다.

그러나 이처럼 가장 철저하고 훌륭한 방어들임에도 불구하고 우리는 죽음불안을 완전하게 억누르지 못한다. 죽음은 마음의 숨겨진 협곡 어딘가에 은닉한 채로 항상 거기에 있다. 그렇기에 플라톤이 말한 것처럼, 아마 사람은 우리의 가장 깊은 부분에 있는 것에 대해 거짓말을 할 수 없다.

내가 만일 철학의 황금기였다고 흔히 말하는 기원전 300년경의 고대 아테네 시민이었다면 죽음의 공포나 악몽을 경험했다는 이 두려움의 얽히고설킨 것의 해결을 위해 누구를 찾아갈까? 아마 나는 고대 아테네의 중요한 철학 학교가 있는 아고라(agora)로 터덕터덕 지나갈 것이다. 그곳에서 플라톤에 의해 세워지고 그의 조카 스페우

016

시푸스Speucippus에 의해 운영된 아카데미(Academy)와, 한때 플라톤의 제자였고 그의 후계자로 지목되었지만 철학적으로 불일치한 아리스토텔레스가 세운 리케이온(Lyceum)을 지나가고, 스토익(the Stoics) 학파와 금욕주의적 성향을 가지고 있는 키니크(the Cynics) 학파의 학교들을 지나갈 것이다. 그리고 마지막으로 에피쿠로스 광장에 도착하여 도움을 찾을 것이다.

오늘날의 현대인들은 이 다루기 어려운 죽음의 불안을 해결하기 위해 어디로 향하는가? 어떤 사람은 가족과 친구에게서 도움을 구할 것이고, 다른 사람은 그들이 다닌 교회나 치료사로 향할 것이다. 또 다른 사람들은 이 책과 같은 것에 자문을 구할 것이다. 오랜 세월 동안 나는 죽음의 공포가 정말 심한 사람들과 상담을 했고, 이것을 통한 관찰, 숙고 그리고 평생 동안 치료하는 과정에서 개발한 중재들이 우리 자신들의 죽음불안을 떨쳐 버릴 수 없는 사람들에게 중요한 도움과 통찰을 제공할 수 있다고 믿는다.

나는 이 책의 제1장에서 죽음의 두려움으로 발생하는 문제들이 처음에는 직접적으로 죽음과 연관되지 않는다는 것을 역설하려고 한다. 죽음의 원인이 되는, 흔히 은폐된 충격이 드러나는 데는 긴 시간이 걸린다. 죽어 가는 두려움이 어떤 사람을 전적으로 움직이지 못하게 함에도 불구하고, 흔히 그 두려움은 은닉되고 사람의 죽음에 대해 아무것도 할 수 없는 증상으로 나타난다.

프로이트는 대부분의 정신병리가 성을 억압함으로 인해 발생하는 결과라고 믿었다. 그러나 나는 그의 관점이 너무 좁다고 믿는다. 나의 임상 경험을 통해서 사람은 성의 억압만이 아니라 사람의 전적인 피조물의 자기(whole creaturely self)와 특별히 자신의 한계적 성향을 억압한다는 것을 이해하였다.

제2장에서는 은닉된 죽음불안을 인식하는 방법을 논의했다. 많은 사람이 죽음에 관한 두려움에 타는 연료가 되는 불안, 우울 그리고 다른 증상들을 가지고 있다. 여기서는 임상 사례와 영화와 문학에서 나오는 이야기와 함께 나의 임상 경험에서의 기술을 가지고 나의 관점을 설명할 것이다.

제3장에서는 죽음을 직면하는 것이 삶의 모든 목적을 빼앗아 가는 절망의 결과를 낳는 것이 아니라는 것을 보여 줄 것이다. 반대로, 이것은 더 풍부한 인생을 살게 할 수 있는 우리를 일깨워 주는 경험이다. 이 장의 핵심은 "물리적인 **죽음을 우리를 파괴시키지만, 죽음에 대한 생각은 우리를 구한다는 것이다**".

제4장에서는 죽음의 두려움을 극복하기 위하여 철학자들, 이론가들, 작가들 그리고 예술가들이 말한 중요한 사상에 대하여 설명하고 논의를 하였다. 그러나 제5장에서 제안하는 것과 같이 생각만으로 우리를 둘러싸고 있는 죽음의 두려움을 이해할 수는 없다. 죽음을 눈앞에 두고 인간의 가장 힘 있는 도움은 생각과 인간관계의 공동 작용이기에, 나는 이 공동 작용을 우리의 일상생활에 적용하는 많은 실제적 방법을 제안했다.

이 책은 나에게 도움을 청하려고 온 환자들에 대한 나의 관찰에 근거한 관점을 기록한 것이다. 그러나 항상 관찰자는 관찰 대상에 영향을 주기 때문에 제6장에서는 관찰자인 나를 점검하고 죽음에 대한 나의 태도와 죽음에 대한 나의 개인적 경험을 기록하였다. 지금까지 죽음불안에 대해 일을 해 온 전문가로서, 그리고 죽음에 점점 가까워지고 있는 사람으로서 나 역시 죽음과 싸우는 사람으로서의 죽음불안에 대하여 솔직하고 명료하게 하고 싶다.

　제7장은 치료사들에게 남기는 교훈이다. 대부분의 치료사는 죽음불안과 직접적으로 일하는 것을 회피한다. 아마 그것은 치료사 자신들의 죽음을 직면하는 것이 싫기 때문일 것이다. 그러나 더 중요한 것은 전문적인 학교에서조차 치료에 있어서 실존적 접근에 대한 훈련이 없거나 거의 가르치고 있지 않고 있다는 현실이다. 나에게 젊은 치료사들은 환자들에게 죽음불안에 대해 깊게 물어보지 않는다고 하는데, 그 이유를 물으면 그들이 환자들에게서 나온 죽음불안에 대해 어떻게 대답해야 하는지 모르겠기 때문이라고 말한다. 죽음불안으로 고통받는 환자들에게 도움이 되기 위해서 치료사는 새로운 생각과 환자들과의 새로운 행태의 관계성이 필요하다. 제7장은 치료사들을 위한 것이지만, 전문적인 용어를 사용하지 않으려고 했기에 어떤 독자도 충분히 이해할 수 있을 만큼 명확한 글이다.

　여러분은 나에게 죽음이라는 유쾌하지 않은 주제에 대한 책을 왜 썼는지 물어볼 수 있다. 왜 태양을 응시하려고 하는가? 왜 미국 정신과의 덕망 있는 학자인 아돌프 마이어Adolf Meyer가 한 세기 전 정신과 의사들에게 주의를 준 "가렵지 않는 곳은 긁지 말아라."라는 충고를 따르지 않는가? 왜 가장 끔찍하고 어둡고, 인생에서 어떻게 해도 바꿀 수 없는 것과 겨루려 하는가? 근래에는 조정된 치료, 간결한 치료, 증상 억제 그리고 사고방식을 변경하려는 시도들의 출현이 단지 이 죽음불안을 눈에 보이지 않게 악화시키고 있다.

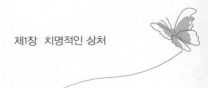

제1장 치명적인 상처

그러나 죽음은 가렵다. 죽음은 언제나 인간을 가렵게 하고, 항상 인간과 함께하고, 어떤 내적 문을 긁고, 부드럽게 윙윙 소리 내어 움직이지만 거의 들을 수가 없는 의식의 막 아래에 있다. 숨겨지고 가장되었기에 다양한 증상에서 새어 나오지만 죽음은 인간의 많은 걱정, 스트레스 그리고 갈등의 원천이다.

멀지 않은 장래의 어떤 날에 죽을 한 사람으로서, 그리고 지난 수십 년간 죽음불안을 다룬 치료사로서 죽음을 마주하는 것은 사람들에게 해로운 판도라 상자를 여는 것이 아니라 사람들을 더 풍요롭게 하고, 더 연민을 가진 삶의 태도 속으로 다시 인생이 살아나는 것이라고 강하게 느낀다.

그래서 나는 이 책을 좋은 마음으로 세상에 선보인다. 나는 이 책을 통해 여러분이 죽음을 직시하도록 도울 것이고, 이렇게 함으로써 죽음의 두려움을 줄여 줄 뿐 아니라 여러분의 삶을 풍요롭게 할 것이다.

죽음은 모든 것이다.
그리고 죽음은 무(nothing)이다.
(죽은 인간의 몸에) 벌레들이 안으로 들어오고
벌레들이 기어 나온다.

제2장

죽음에 대한
불안 인식하기

인간은 모두 각자의 방법으로 죽음을 두려워한다. 어떤 사람에게는 죽음불안이 인생의 배경음악이고, 어떤 행동은 어떤 특별한 순간은 다시는 오지 않을 것이라는 생각을 불러일으킨다. 심지어는 오래된 영화를 보면서, 그 영화에 출연했던 모든 배우가 이제는 먼지일 뿐이라는 생각을 멈출 수 없는 사람들에게는 가슴을 아프게 한다.

다른 사람들에게 그 불안은 더 세고 주체할 수 없는 것이기에 새벽 3시에 폭발하는 경향이 있고, 죽음의 유령 앞에 숨이 막히게 해버린다. 이들은 자신들의 주변에 있는 모든 사람이 죽을 것처럼 그들 자신도 역시 죽게 될 것이라는 생각에 사로잡혀 있다.

다른 사람들은 자신들의 머리에 누가 총을 겨누고 있고, 독일 나치 군이 총을 쏘고, 천둥 같은 소리를 내며 기관차가 자기에게 달려오고, 다리 위나 마천루에서 떨어지는 식으로 곧 일어날 듯한 죽음에 대한 특별한 판타지에 의해 괴롭힘을 당한다.

죽음의 시나리오는 생생한 형태를 가지고 있다. 어떤 사람은 관속에 갇혀 콧구멍에 흙이 들어오는데 칠흑 같은 어둠 속에 영원히 누워 있는 것을 의식한다. 어떤 사람은 사랑하는 사람을 더 이상 볼 수 없고, 들을 수 없거나 혹은 만질 수 없다는 것을 두려워한다. 어떤 사람은 자기의 모든 친구는 땅 위에 있지만 자기는 땅 속에 있어야 한다는 것에 고통을 느낀다. 인생은 자신의 가족, 친구 혹은 개인의 세계에 어떤 일이 발생할지 알 수 있는 가능성 없이 예전과 같이 흘러간다.

우리 각자는 매일 밤 잠 속으로 빠져들어 가면서 죽음의 경험을 하거나, 마취 때문에 의식을 잃고는 한다. 그리스어로 죽음(Thanatos)과 잠(Hypnos)은 쌍둥이 단어이다. 체코슬로바키아의 실존주의 소설가 밀란 쿤테라Milan Kundera는 "죽음에 대한 가장 무서운 것은 미래를 잊어버리는 것이 아니라, 과거를 잃어버리는 것이다. 사실 망각의 행동은 인생 내부에 항상 출현하는 죽음의 형태다."라고 하면서 인간 모두는 망각의 행동을 통해서 죽음을 미리 맛보고 있다고 했다.

많은 사람에게 죽음불안은 명백하고 쉽게 인지할 수 있지만 괴롭게 하는 것이다. 그러나 어떤 사람에게 죽음불안은 섬세하고 교묘하게 다른 증상 뒤에 숨어 있어서, 이것은 탐색과 심지어 원인을 추적하는 발굴에 의해서만 증명된다.

명백한 죽음불안

대부분의 죽음불안은 악, 버림, 소멸에 대한 두려움과 혼재되어 있다. 어떤 사람들은 영원의 거대함 속에 영원히 죽어 있어야 한다는 생각에 흔들린다. 또 어떤 사람들은 죽음이라는 비존재(nonbeing)의 상태를 파악할 수가 없어 그들이 사망한 후에 어디로 갈 것인가에 대한 질문을 곰곰이 생각한다. 어떤 이는 그들의 전적인 개인의 세계가 사라진다는 공포에 초점을 맞춘다. 어떤 이들은 다음에 나오는 32세에 죽음과 진검 승부를 벌이고 있는 여성의 이메일에서 표현된 것과 같이 죽음의 불가피성의 문제와 씨름을 한다.

죽음을 앞둔 사람은 나이 든 여자나 치명적인 병으로 죽음을 기다리는 사람이 아니라 내가 죽게 될 것을 깨닫는 데에서 오는 비통한 심정이 가장 크다고 생각한다. 나는 죽음이라는 것에 대해 중요한 어떤 것이 운명적으로 발생하기보다는 일어나지 않을 수도 있는 것과 같이, 항상 직시하지 않고 비스듬히 생각했다. 공포스러운 경험을 한 후 몇 주간 동안 죽음에 대해 예전에 생각했던 것보다 더 심하게 생각을 했고, 죽음이 더 이상 우연하게 일어날 수 있는 어떤 것이 아니라는 것을 알았다. 나는 이 무서운 진실을 깨닫고, 이전 상태로 돌아갈 수 없었다.

어떤 사람들은 죽음에 대한 두려움을 더 참을 수 없다는 결론에 도달한다. 그들이 거닐던 거리, 가족들이 함께한 장소, 부모, 아이들, 해변가의 집, 고등학교, 좋아하는 캠핑 장소 등 모든 것이 그들의 죽음과 함께 사라져 버린다. 이 세상에 흔들리지 않는 안정된 곳은 없고, 영구적인 것은 아무것도 없다. 이러한 덧없음의 인생에 무슨 의미의 가능성이 있는가? 이 여성의 이메일은 계속된다.

나는 삶의 무의미에 대해 심각하게 인식하게 되었다. 우리의 모든 일은 망각 속으로 사라질 것이고, 지구도 결국 없어질 것이다. 나는 부모, 형제, 남자친구 그리고 벗들의 죽음에 대해 상상을 했다. 나는 자주 언젠가는 내 해골과 뼈들이 (상상이나 가설 속에 있는 해골이나 뼈가 아니라) 내 신체 내부에 있기보다는 밖

에 있을 것이라는 생각을 한다. 이러한 생각은 나를 혼란하게 한
다. 나의 몸으로부터 분리된 존재에 대한 생각이 정말 나의 불안
을 없애지는 못하기 때문에, 영혼의 불멸설에 대한 생각은 나에
게 위로를 줄 수 없다.

이 젊은 여성이 언급한 내용에는 몇 가지 중요한 주제가 있다. 그
녀에게 죽음은 개인적인 것이 되었고, 죽음이 어쩌면 발생할지도 모
르는 혹은 다른 사람한테만 발생하는 것이 아니며, 죽음의 불가피성
은 모든 인생을 무의미하게 한다는 것이다. 그녀는 자신의 육체와
분리된 불멸의 영혼에 대한 생각을 매우 가능성이 낮다고 생각하였
고, 사후 세계의 개념에서 위로를 받을 수 없었다. 그녀는 또한 죽음
후의 망각이 출생 전의 망각과 같은 것인가에 대한 질문을 제기하였
다(이 중요한 점은 에피쿠로스를 이야기할 때 다시 등장할 것이다).

죽음의 공포를 가진 어떤 환자는 첫 번째 상담에서 나에게 이 시
를 주었다.

죽음이 모든 것에 배어들었다.
그 존재가 나를 괴롭힌다,
죽음이 나를 붙잡고, 나를 움직인다.
나는 괴로움 속에
계속해서 울부짖는다.

날마다 절망감이 스며든다.
매순간 흔적을 남기려 하는데

이것이 문제일 수도 있다.
내가 할 수 있는 한 최대한으로
현실에 관여하자.

그러나 죽음은 바로 그 밑에 숨어 기다린다.
어린아이의 담요처럼
내가 매달리는 방어적인 허위의 겉치레.
밤의 적막 속에
죽음의 공포가 되돌아올 때
이 담요에 스며든다.

자연에서 숨쉴 수 있는
잘못된 것을 바르게 할 수 있는
달콤한 슬픔을 느낄 수 있는
나는 더 이상 없을 것이다.

이 견디기 어려운 상실을
알지 못하게 세상에 태어났다.

죽음은 모든 것이고
죽음은 무(nothing) 이다.

    그녀는 특별히 마지막 두 연에서 "죽음은 모든 것이고, 죽음은 무이다."라고 표현한 생각으로 괴로워했다. 그녀는 인간이 아무것도 아닌 무가 되어 간다는 생각이 자신을 소멸시키고 모든 것이 되어 버렸다고 설명했다. 그러나 이 시는 위로가 되는 두 가지 중요한 생각을 가지고 있다. 매 순간 흔적을 남기려고 해서 그녀의 삶이 의미를 얻을 것이라는 사실과, 그녀가 가장 잘할 수 있는 일은 현재의 순간을 기꺼이 받아들이는 일이라는 것이다.

죽음의 두려움은 다른 감정의 대용물이 아니다

명백한 죽음불안은 죽음에 대한 불안이 아니며, 이것이 다른 문제를 가장하고 있는 것이라고 잘못 추측하는 심리치료사들이 가끔 있다. 29세의 부동산업자인 제니퍼의 경우가 이에 해당한다. 그녀는 평생 동안 죽음의 공포가 밤마다 계속되었지만, 이전의 치료사들은 이 문제를 있는 그대로 받아들이지 않았다. 그녀는 일생 동안 자주 한밤중에 잠에서 깨어 온몸이 땀에 젖고 눈을 부릅뜬 채로 자신이 없어지는 느낌에 전율하였다. 그녀 자신이 사라지고, 어두운 곳에서 영원히 비틀거리고, 밖의 세상에 의해서는 전적으로, 전적으로 잊혀 있다고 생각했다. 그녀는 만일 모든 것이 궁극적으로 완벽히 소멸되는 것으로 예정되었다면 아무것도 중요하지 않다고 스스로에게 말했다.

이러한 생각은 그녀의 초기 아동기 이후부터 그녀를 괴롭혔다. 그녀는 다섯 살 때의 경험을 생생하게 기억한다. 죽는 것에 대한 두려움으로 떨면서 부모의 침실로 달려갔을 때, 그녀의 어머니는 제니퍼가 평생 잊지 못할 두 가지를 말하면서 제니퍼를 진정시켰다.

"제니퍼야, 너는 앞으로 살 수 있는 많은 날이 있기에 지금 죽는다는 생각을 하는 것은 말이 안 돼."

"네가 나이가 많이 들어 죽음에 가까워졌을 때 너는 평안하거나 혹은 아프게 될 것인데, 어찌 되었든 두 가지 다 죽음을 피할 수는 없단다."

제니퍼는 어머니의 이 말을 평생 의지하였고 또한 이 공포를 누그러뜨릴 수 있는 추가적 방법을 만들어 내었다. 그녀 자신에게 죽음에 대해 생각할 것인지 혹은 안 할 것인지에 대한 선택은 자신에게 있다고 생각하도록 하였다. 혹은 기억에 남은 좋은 추억들을—아동기 시절 친구들과 함께 웃었던 일, 남편과 함께 로키 산맥을 하이킹하는 동안 본 거울 같은 호수들과 포개진 구름을 보면서 경탄하던 일, 자신의 아이들의 햇볕 같은 얼굴에 키스하던 일—끌어내려고 노력하였다.

그럼에도 불구하고 죽음에 대한 공포는 그녀를 계속 괴롭히기 시작했고, 많은 삶의 만족감을 앗아 가 버렸다. 그녀는 몇몇 치료사에게 상담을 했지만 별 효과가 없었다. 다양한 약 처방은 강렬한 공포를 조금 감소시켰지만, 빈도수는 그대로였다. 제니퍼를 치료한 치료사들은 그녀의 죽음의 두려움에 대해 초점을 맞추지 않았다. 왜냐하면 그들은 죽음이라는 것을 어떤 다른 불안의 대용물이라고 믿었기 때문이다. 나는 그녀를 치료하면서 전 치료사들의 실수를 되풀이하지 않겠다고 결심했다. 나는 전 치료사들이 제니퍼가 다섯 살에 처음으로 경험한 강렬하게 되풀이되는 꿈에 의해 혼동하게 되었다고 믿는다.

가족 모두가 부엌에 있었습니다. 식탁 위에는 지렁이가 가득한 그릇이 있었는데, 아버지가 지렁이를 한 움큼 쥐어서 짜고 거기서 나오는 우유를 억지로 마시라고 했습니다.

그녀가 상담을 의뢰했던 치료사들이 우유를 얻기 위해 지렁이를 쥐어짜는 행위를 페니스와 정액을 상징하는 것이라고 생각한 것은 이해가 된다. 그리고 치료사들은 제니퍼에게 아버지에 의한 성적인 학대가 있었는지를 물어보았다. 나도 처음에는 이러한 생각을 하였다. 그러나 나는 이러한 질문이 치료를 얼마나 잘못된 방향으로 이끌었는지 알게 되었고, 제니퍼의 설명을 들은 후 아버지에 의한 성적인 학대 가능성의 생각을 버리게 되었다. 그녀의 아버지는 극도로 무섭고 폭력적인 말을 하는 사람이었지만, 그녀나 형제자매가 성적으로 학대받은 기억들은 없었다.

제니퍼를 상담한 치료사들 중 어떤 사람도 그녀에게 항상 있었던 죽음에 대한 두려움의 심각함과 의미를 탐색하지 않았다. 이 공통된 실수는 오래된 전통을 가지고 있는데, 그 근원은 심리치료의 처음 책이 되는 프로이트와 브로이어Breuer가 1895년에 출간한 『히스테리에 관한 연구』로 거슬러 올라간다. 이 책을 주의 깊게 읽으면, 프로이트의 환자들의 삶에 죽음의 두려움이 만연해 있는 것이 나타난다. 프로이트가 죽음의 두려움을 정확하게 탐색했더라면, 그가 후기 저술에서 신경증의 시작은 다양한 무의식, 원초적이고 본능적인 힘들과의 갈등에서 발생한다고 설명하는 이론들이 혼란스러워졌을 것이다. 프로이트는 신경증의 기원에서 죽음의 역할이 없다고 저술했는데, 그 이유는 죽음이 무의식에서 나타나는 것이 아니라고 믿었기 때문이다. 그는 이 이유를 두 가지로 설명하였는데, 첫째는 인간이

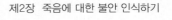

죽음에 대하여 개인적 경험을 가지고 있지 않는다는 것과, 둘째는 인간이 자신의 비존재(죽음)를 깊이 생각하는 것이 불가능하다고 생각했기 때문이다.

프로이트가 제1차 세계대전 동안 체계적이지 않고 짧지만 죽음에 관하여 통렬하고 현명하게 쓴 『죽음에 대한 우리의 태도(Our Attitude Toward Death)』에는 로버트 제이 리프톤Robert Jay Lifton이 말한 "죽음을 죽음으로 생각하지 않은(de-deathfication)"이라는 프로이트의 개념이 있다. 프로이트의 이 정신분석적 이론은 몇 세대 동안 치료사들이 죽음의 개념에서 멀어져 죽음을 특별히 포기(abandonment)와 거세에 대하여 무의식 안에 표현되는 것이라고 믿는 경향으로 옮겨 갔다. 실제로 과거에 대한 정신분석학적 강조는 미래와 죽음의 직면으로부터 후퇴하는 것으로 주장할 수 있다.

나는 제니퍼의 초기 치료에서 그녀의 죽음 두려움에 대하여 분명하게 탐색하기로 했다. 이것에 대해 그녀의 저항은 없었다. 그녀는 상담에 열심이었고, 상담사로 나를 선택한 이유는 나의 저서 『실존주의 심리학(Existential Psychotherapy)』을 읽었기 때문이었고, 삶에서 실존적인 사실들을 직면하기를 원했다. 상담 기간 동안 그녀의 죽음에 대한 생각, 기억 그리고 공상(fantasy)에 집중했다. 그녀의 꿈에 대해, 그리고 죽음공포를 느끼는 동안 어떤 생각이 들었는지 상세히 적어 보라고 말했다.

이 요청에 대한 결과는 그리 오래 걸리지 않았다. 그녀는 몇 주 후에 나치 시대에 관한 영화를 본 후 심한 죽음공포를 경험했다. 그녀는 영화에 묘사된 인생의 완전한 변덕스러움에 크게 동요되었다. 죄가 없는 포로들은 무작위로 선택되어 살해되었다. 죽음은 사방에 깔려 있어 안전한 곳은 없었다. 제니퍼는 어린 시절 집안의 환경과 비슷하다는 것에 충격을 받았다. 예측할 수 없는 아버지의 분노로 인한 위험으로부터 피할 곳이 없는 상황에서, 피난처라고는 오로지 아버지 눈에 보이지 않는 방법뿐이어서 가능하면 말하지 않고 물어보지도 않는 것이었다.

얼마 지나지 않아 그녀는 자신의 어린 시절 집을 방문하였고, 내가 제안한 대로 부모님의 묘를 찾아 명상을 하였다. 환자에게 자신의 부모님 묘에 가서 명상을 하라고 요청하는 것이 이상하게 여겨질 수 있지만, 1895년에 이미 프로이트는 자신의 내담자에게 나와 같은 요청을 했다고 묘사했다. 제니퍼는 아버지의 묘비 옆에 서서 있을 때, 갑자기 아버지에 대해 '무덤 속에서 얼마나 추우실까.'라는 이상한 생각을 가지게 되었다.

상담을 하면서 이 생각에 대하여 제니퍼와 의견을 나누었고, 그녀가 어릴 때 가진 죽음에 대한 비합리적 구성 요소들(예를 들면, 죽은 사람들은 여전히 추위를 느낄 것이다.)의 관점이 여전히 그녀의 상상 속에서 어른의 합리성과 나란히 살아 있음을 알게 되었다.

이 상담을 끝내고 집으로 운전하며 가는 길에 그녀는 어린 시절 유행했던 한 노래가 마음속에 떠올라 노래를 불렀고, 그녀가 이 노래의 가사를 전부 기억한다는 것에 놀랐다.

영구차가 당신 곁을 지날 때
다음 차례는 당신이라는 것을 생각해 본 적이 있나요?
사람들은 당신을 커다란 하얀 천에 싸서
당신을 땅 속 6피트 깊이에 내려 묻으려고

제2장 죽음에 대한 불안 인식하기

큰 검은 상자 안에 넣어

흙과 돌로 묻어 버립니다.

그리고 한 주간은 모든 것이 순조롭습니다.

그 후에 관은 새기 시작하고

벌레들이 기어 들어오고, 기어 나갑니다.

벌레들이 당신의 코에서 카드놀이를 합니다.

그것들이 당신의 눈을 먹고, 당신의 코를 먹네요.

벌레들이 발가락 사이의 부드러운 살점을 먹습니다.

눈을 이쪽저쪽으로 굴리는 큰 벌레는

당신의 위장 안으로 들어가서 당신의 눈을 빼어

위장은 끈적이는 초록색으로 변하고

고름은 휘핑 크림(whipping cream) 처럼 나오고

당신은 그것을 빵 한 조각 위에 바르고

이 빵은 네가 죽었을 때 먹는 것입니다.

　　노래를 할 때 제니퍼는 그녀의 분명하고 확실한 괴로움을 고려하지 않고 이 노래를 반복해서 부르면서 그녀의 언니들이(제니퍼는 막내였다.) 무자비하게 괴롭혔던 기억들이 생각났다.

　　이 노래를 기억하는 것은 제니퍼가 진실에 접근하는 방법이 되었다. 지렁이에게서 짜낸 우유를 마시는 꿈을 반복해서 꾸는 것은 성에 대한 것이 아니라 죽음에 대한 것이었고, 어렸을 때 그녀가 경험한 불안전함과 위험에 대한 것이었다. 이 통찰은—제니퍼가 죽음에 대하여 어린 시절의 만화 영상 같은 견해를 그대로 유지하고 있다—그녀에게 치료의 새로운 가능성을 열어 주었다.

감추어진 죽음불안

치료 시 감추어진 죽음불안을 공개적으로 드러내기 위해서는 탐정과 같은 노력이 필요할 수 있으나, 때때로 누구든지 상담을 받고 있든 아니든 자기반영(self-reflection)을 통해서 죽음불안을 노출시킬 수 있다. 죽음에 대한 생각은 아무리 여러분의 의식적인 마음으로부터 숨겨져 있더라도 꿈속으로 파고들어와 스며들게 된다. 모든 악몽은 죽음불안이 울타리를 벗어나 꿈꾸는 사람을 위협하는 것이다.

악몽은 잠자는 사람을 깨우고, 목숨이 위험에 처해 있다는 것을 알려 주는 것이다. 악몽은 살인자로부터 목숨을 구하기 위해서 달아나는 것, 혹은 매우 높은 곳에서 떨어지는 것, 혹은 치명적인 위협으로부터 숨는 것, 혹은 실제로 죽어 가거나 죽은 것의 꿈을 꾸는 것이다.

죽음은 꿈속에서 자주 상징적 형태로 나타난다. 예를 들어, 위장에 문제가 있는데 이것이 위암일지도 모른다는 과도한 염려를 갖고 있는 한 중년 남성은 가족들과 함께 이국적인 카리브해(Caribbean) 휴양지로 여행을 떠나는 비행기를 타고 있는 꿈을 꾸었다. 그다음에는 위 통증이 두 배가 되어 땅바닥에 누워 있는 자신을 발견했다. 공포 속에서 꿈을 깨었는데, 이 꿈의 의미는 **그가 위암으로 사망을 하였고, 그 없이도 삶이 지속되고 있다**는 것을 나타냈다.

마지막으로, 특정한 삶의 상황은 거의 항상 죽음불안을 불러일으킨다. 예를 들어, 심각한 질병, 가까운 지인의 사망, 성폭행, 이혼, 직장 해고, 혹은 수배를 당하는 것과 같은 개인의 근본적 안전감에 심각한 위협이 되는 것들이다. 일반적으로 이러한 일들에 대한 반응은 명백한 죽음의 두려움으로 나타나게 된다.

무에 대한 불안은 죽음에 대한 진정한 불안이다

몇 년 전에 심리학자 롤로 메이Rollo May는 무(nothing)에 대한 불안은 무언가(something) 되려는 것에 대한 불안이라고 말했다. 다른 말로 하면, 무에 대한 불안은 빠르게 명확한 대상에 달라붙는다는 것이다. 수잔Susan의 사례는 사람이 어떤 사건에 대해 지나치게 불균형한 불안을 가지고 있을 때 명확한 대상에 달라붙는다는 것을 보여준다.

단정하고 유능한 중년의 회계사(CPA)인 수잔은 고용주와의 갈등으로 나에게 자문을 구했다. 이 문제로 몇 달을 만났는데 최종적으로는 이 일을 그만두었고, 경쟁력 있고 매우 성공적인 회사를 시작했다.

몇 년 후에 급한 일로 나에게 상담을 신청을 했을 때, 나는 그녀의 목소리를 인지하지 못했다. 하이 톤으로 자신감에 차 있었던 그녀의 목소리는 두려움과 공포에 젖어 있었다. 전화를 한 당일에 그녀를 만났을 때 나는 그녀의 모습에 놀랐다. 항상 침착하고 옷을 잘 입던 그녀의 모습은 헝클어지고 불안했으며, 얼굴은 붉었고, 울어서 눈은 부었고, 목에는 약간 더러워진 붕대를 감고 있었다.

수잔은 머뭇거리면서 자신의 이야기를 하였다. 성인이 되어 좋은 직업을 가지고 책임감이 있던 아들이 지금 마약 문제로 감옥에 있다고 했다. 경찰이 아들의 경미한 교통 위반으로 인해 차량을 세우고 조사하는 동안에 차 안에서 마약을 발견하였다는 것이다. 약물반응 검사에서 양성이 나왔는데, 아들은 이전에도 음주운전으로 주정부에서 지원하는 회복 프로그램에 참여를 한 적이 있었다고 했다. 그리고 이번에 단속된 것은 마약과 연관된 세 번째 위반이기에 한 달 간 수감되는 형량과 12개월 동안 마약재활 프로그램에 참여하라는 법원의 형을 받았다고 했다.

수잔은 4일 동안 내내 울었다. 잠을 잘 수가 없었고 먹을 수도 없었고 일하러 갈 수도 없었는데, 일하러 가지 않은 것은 지난 20년 동안 처음이었다. 밤에는 누런 봉투 안에 있는 술을 꺼내 마시고, 더럽고 썩은 치아, 시궁창에서 죽어 가는 끔찍한 모습을 가진 아들의 환상에 시달렸다.

나에게 "아들이 감옥에서 죽게 될 거예요."라고 말했고, 아들을 석방시키기 위해 모든 가능한 수단을 동원하면서 완전히 지쳐 버린 자신에 대해서 설명하였다. 어린 시절 아들의 천사 같은 모습, 금색의 곱슬곱슬한 머리칼, 영혼이 담겨 있는 듯한 눈, 그리고 무한적으로 미래가 촉망되던 아들의 사진들을 응시하면서 수잔은 무너져 버렸다.

수잔은 그녀 자신을 매우 능력 있는 사람이라고 생각했다. 그녀의 부모는 무능하고 무절제했지만, 수잔은 그러한 환경에서 성공을 성취한 자수성가한 사람이었다. 그러나 아들로 인한 상황으로 모든 것이 무기력해졌다.

"왜 제 아들이 저에게 이렇게 하죠?"

"이것은 배반이고, 그 아이를 위해 세운 저의 계획에 대한 고의적인 방해 행위예요. 아니면 무엇이겠어요? 전 제 아들에게 모든 것을 주었어요. 아들을 성공시키기 위해서 최고의 교육, 피아노, 승마 레슨 등 가능한 모든 것을 제공했어요. 그런데 어떻게 저에게 이렇게 할 수 있어요? 저의 친구들이 이 사실을 안다고 상상하면 얼마나 수

치스러운 것일까요!"

수잔은 그녀 친구들의 성공한 자녀들을 생각하면서 질투로 불타올랐다.

상담을 하면서 내가 처음으로 그녀에게 한 것은 그녀가 이미 알고 있는 일들을 생각나게 하는 것이었다. 시궁창에 있는 아들에 대한 예측을 하는 것은 있지도 않은 재앙을 보고 있는 비합리적인 것이었다. 나는 전반적으로 그녀의 아들이 잘해 나갔다는 것에 주목했다. 그는 좋은 재활 프로그램에 참여하고, 훌륭한 상담사로부터 상담을 받고 있었다. 중독으로부터의 회복은 매우 복잡해서 중복적인 재발은 불가피한 것이다. 물론 수잔은 이 사실을 알고 있었고, 아들의 회복 프로그램에 있는 가족치료를 일주일 내내 받고 돌아왔다. 더욱이 그녀의 남편은 수잔의 아들에 대한 걱정에 대해 분담하지 않았다.

그녀는 "왜 아들 조지George가 나에게 이렇게 할 수가 있지?"라는 질문이 비합리적이라는 것을 알고 있었고, 이런 것으로부터 빠져나오라고 했을 때 고개를 끄덕이면서 동의했다. 아들의 약물중독 재발은 그녀 때문이 아니었다.

모든 어머니는 아들이 약물중독이 재발되어 감옥에 있다고 생각하면 놀랄 것이다. 그러나 수잔의 반응은 과도한 것 같았다. 나는 그녀의 불안 대부분이 다른 원인에서 대체되었다는 의심을 하기 시작했다.

나는 특별히 그녀가 자신을 지나치게 무기력하다고 느끼는 것에 충격을 받았다. 그녀는 항상 자신을 대단히 능력이 많은 사람으로 여겼는데, 이제는 그 모습이 산산이 부서졌다. 그녀가 아들을 위해 할 수 있는 것은 아무것도 없었다(그녀 자신을 아들의 삶에서 떼어 놓는 일밖에 없었다).

그러나 왜 그녀의 삶에 아들이 그렇게 크게 중심적이었을까? 그건 그녀의 아들이기 때문이다. 이것은 마치 그녀의 전 인생이 아들의 성공에 의존한 것과 같다. 많은 부모와 어떻게 자주 자녀들이 불사성의 계획을 대표하고 있는지 토론했다. 이 생각이 그녀의 흥미를 유발시켰다. 그녀는 아들 조지를 통한 미래에 그녀 자신의 삶을 연장하고 싶다는 것을 인정했으나, 지금은 이 생각을 버려야 한다는 것을 알게 되었다.

"아들 조지는 제 소원을 이루어 줄 만큼 강하지 않아요."라고 수잔이 말했다.

"어떤 자녀들이 부모의 소원을 이루어 줄 만큼 강할까요?"라고 내가 물어보았다.

"더 중요한 것은 조지가 어머니의 소원을 이루어 준다고 약속을 한 것이 아니잖아요. 그래서 그의 행동, 약물중독 재발은 어머니에 대한 배반이 아닙니다!"

상담이 종결될 즈음 나는 그녀의 목에 있는 붕대에 대해 물어보았고, 그녀는 목의 피부를 더 탄력 있게 하기 위하여 성형수술을 받았다고 하였다. 내가 성형수술에 대해서 계속 물어보자 수잔은 참지 못하고 아들의 이야기로 돌아가자고 요구했는데, 그것이 그녀가 나를 찾은 이유였기 때문이라고 하였다.

그러나 나는 계속 말했다.

"성형을 하려고 결정한 것에 대하여 나에게 이야기해 보세요."

"글쎄요, 제 몸이 늙어 가는 것이 싫었어요. 저의 가슴, 얼굴, 특별히 저의 늘어진 목이 싫었습니다. 성형은 저 자신에 대한 선물입니다."

"어떤 생일이죠?"

"최고의 생일입니다, 숫자 6과 0이 있는. 지난주에 60세 생일이었습니다."

그녀는 60세가 된 것에 대하여 이야기했고, 시간이 촉박하게 흐른다는 것을 깨달았다고 했다(나는 나이가 70이 된 것에 대해 이야기했다). 그러고 나서 이렇게 마무리했다.

"수잔, 저는 당신의 불안이 과도하다고 확신합니다. 왜냐하면 당신은 거의 모든 약물중독치료에서 재발이 발생한다는 것을 잘 알고 있기 때문입니다. 당신의 불안은 어디에서인가 발생하는 것인데, 이것이 아들에게 전치되어 아들 때문에 발생하는 것이라고 생각합니다.

수잔은 힘 있게 고개를 끄덕이고 있었고, 나는 "수잔, 당신의 불안은 당신 자신에 대한 불안이고 조지에 대한 불안이 아닙니다. 이 불안은 당신의 60세 생일과 연관되어 있고, 나이가 들어 간다는 것에 대한 자각이고 죽음에 대한 자각입니다. 제 생각에는 당신의 의식 깊은 곳에서 이런 중요한 질문을 하고 있다고 봅니다. '무엇을 하며 나의 여생을 보낼까? 특별히 아들 조지가 나의 바람을 채워 주지 않을 것을 깨달을 때 무엇이 의미를 제공할까?' 등 말입니다."라고 말했다.

수잔의 태도는 참을 수 없는 것에 흥미를 가지는 방향으로 점진적으로 움직였다.

"나이가 드는 것과 시간이 빠르게 흘러가는 것에 대해 많이 생각해 보지 않았습니다. 그리고 이전 치료에서는 이런 생각을 해 보지 않았습니다. 그런데 선생님이 말하는 핵심을 알겠습니다."

상담 끝 시간에 나를 쳐다보면서, 그녀는 "선생님의 생각이 어떻게 저를 도와줄 수 있는지 상상은 할 수 없지만, 그러나 마지막 15분이 저를 집중하게 했습니다."라고 말했다.

"4일 동안은 아들 조지가 저의 생각을 지배하지 않는 가장 긴 기간이었습니다."

나는 다음 주 아침 일찍 상담 약속을 하였다. 내가 아침 시간을 글쓰는 일로 보낸다는 것을 그녀는 알고 있었고, 아침 일찍 상담 약속을 하는 것은 나의 생활 습관을 깨는 것이라고 말했다. 그리고 다음 주의 일부는 나의 아들 결혼식에 참석해야 하기 때문에 다른 약속은 하지 않았다고 말했다.

무언가 도움이 될 수 있는 것을 말하고 싶었기에 "수잔, 이번 결혼은 아들의 두 번째 결혼식이고, 아들이 이혼을 했을 때 힘들었던 시간을 보낸 것을 기억하고 있고, 부모로서 그 시기에 도울 수 없다는 것에 힘들어했습니다. 이런 경험을 했기 때문에 당신이 얼마나 고통스럽게 느꼈는지 압니다. 우리의 자녀들을 도와주려는 소망은 부모에게 연결되어 있습니다."라고 말했다.

이후 상담 두 주간 동안 아들 조지에 대한 이야기를 훨씬 적게 하고, 그녀 자신에 대한 것에 초점을 맞추었다. 그녀가 가진 아들 조지에 대한 불안은 거짓말처럼 감소했다. 예전에 상담사들은 만일 몇 주간 아들과 접촉하는 것을 끊으면 수잔과 조지에게 좋은 것이 될 것이라고 제안했었다(나는 여기에 동의한다). 수잔은 죽음의 두려움에 대하여, 그리고 일반 사람들이 이것을 어떻게 해결하는지 더 알기를 원했고, 나는 이 책에 기록된 죽음불안에 대한 나의 생각을 그녀와 나누었다. 네 번째 주가 되었을 때 수잔은 자신이 정상적인 감정을 가지게 되었다고 말했고, 몇 주 후에 후속 상담 회기를 하기로 했다.

　마지막 상담 회기에서 무엇이 상담을 하는 동안에 가장 도움이 되었는지 물었을 때, 내가 제안한 생각과 나와 의미 있는 관계성을 가지는 것 사이에는 분명한 구별이 있다고 했다.

　"가장 가치 있었던 것은 당신의 아들에 대해 저에게 말했을 때입니다. 이런 방법으로 저를 생각해 준다는 것에 감명을 받았습니다. 또 다른 것은 제가 어떻게 제 삶의 두려움과 죽음을 아들 조지에게 전가했는지에 대하여 이야기를 나눈 것이 절대적으로 저에게 중요한 것이었습니다. 저는 선생님의 생각이 맞다고 믿습니다. 그러나 다른 생각들은, 예를 들어 선생님이 에피쿠로스에서 인용한 것들은, 음…… 아주 지적이어서 제게 이것들이 얼마나 도움을 주었는지 말할 수가 없습니다. 그러나 우리의 상담 안에서 발생한 것들이 매우 효과적이라는 것에 대해서는 말할 필요가 없습니다."

　생각과 관련성(connections) 사이에서 그녀가 만든 이분법은 핵심이다(제5장 참조). 그러나 생각이 아무리 도움이 되더라도, 그것들은 다른 사람들과의 친밀한 관련성에 의해 중요하게 힘을 얻는다.

　이 회기의 끝에 수잔은 자신의 인생에 있어 매우 중요한 변화에 대해 깜짝 놀랄 발표를 하였다.

　"저의 가장 큰 문제 중 하나는 제가 일에 너무 갇혀 지내고 있다는 것입니다. 저는 성인이 된 후 대부분의 시간을 공인회계사로 일했는데, 지금 생각해 보니 그 일은 저에게 맞지 않았던 것입니다. 그 일은 내성적 성향의 전문적인 일이었지만, 저는 외향적인 사람입니다. 저는 외향적인 사람이기에 사람들과 이야기하고 관계를 맺는 것을 좋아합니다. 공인회계사로 일하는 것은 마치 수도원 생활과 같습니다. 제가 하고 있는 일에는 변화가 필요해서, 지난 몇 주간 남편과 함께 우리의 미래에 대하여 심각하게 이야기를 나누었습니다. 저에 게는 아직 다른 직업을 택할 수 있는 시간이 있습니다. 저는 늙고 싶 지 않고, 지난 시간을 돌아보니 다른 일을 하려고 시도조차 하지 않 았다는 것을 알았습니다."

그녀는 계속해서 말을 하였다. 자신과 남편은 과거에 자주 네파 골짜기(Napa Valley)에 숙식과 조식을 해결할 수 있는 건물을 구입하 는 꿈에 대해 이야기를 나눴다고 했다. 최근 갑자기 상황이 심각해 져서, 지난 주말 부부는 부동산 업자와 함께 팔려고 내놓은 여인숙 몇 군데를 보러 다녔다.

6주 후에 수잔은 매력적인 네파 골짜기의 멋진 사진을 보냈고, 사 진 뒤에 "이 집에서 첫날밤을!"이라고 썼으며, 나에게 한번 방문하라 고 권했다.

수잔의 사례는 몇 가지 중요한 점을 제시한다. 첫째, 그녀는 불균 형적으로 많은 불안을 가지고 있었다. 물론 아들이 감옥에 있기 때 문에 괴로워했다. 어느 부모가 괴로워하지 않겠는가? 그러나 그녀 는 그것에 대해 재앙적으로 반응을 하였다. 그녀의 아들은 수년간 약물 복용으로 어려움을 느꼈고 재발을 겪었지만, 수잔은 그것을 재 앙으로 여겼다.

나는 수잔이 목에 붕대를 감고 있는 것을 보았을 때 성형수술을 받았다고 짐작했고, 그 짐작은 맞았다. 그녀 나이 때는 나이 듦에 대 해 모든 사람이 걱정을 한다. 성형수술과 60세 생일에 수술한 목의 자국은 그녀가 아들에게 옮겨 버린 숨겨진 죽음불안을 불러일으켰 다. 나는 상담 과정에서 그녀가 가진 불안의 원인이 어디 있는지 알

게 했고, 그것을 직면하도록 도와주었다.

수잔은 몇 가지 통찰로 인해 흔들렸다. 그것은 그녀의 신체가 늙어 가고 있다는 것이고, 그녀의 아들에게 그녀의 불사성이 투사되었고, 더구나 아들을 도울 수 있는 것이나 자신의 늙어 감을 멈출 수 있는 힘이 없다는 것이었다. 결국 그녀는 삶에 있어 산더미 같은 후회를 하고 있다는 것을 깨닫고 새로운 중요한 변화를 시작했던 것이다.

수잔의 사례는 내가 앞으로 이야기할 많은 사례 중 하나다. 이것은 단순히 죽음불안을 감소시키는 것보다 더 많은 것을 보여 줄 수 있을 것이다. 그래서 죽음에 대한 자각은 삶의 의미를 일깨워 주는 것이고, 삶의 중요한 변화에 중요한 촉매로 작용할 수 있다.

제3장

삶의 의미를
깨닫게 하는 경험

문학 작품에서 가장 잘 알려진 인물 중 하나는 찰스 디킨스Charles Dickens의 소설인『크리스마스 캐럴(A Christmas Carol)』에 등장하는 집요하고 고립되고 성격이 고약한 늙은이 에베네저 스크루지Ebenezer Scrooge이다. 그러나 소설의 끝에 놀라운 변화가 스크루지에게 발생했다. 그의 얼음같이 차가운 모습이 사라져 따뜻하고 너그럽게 되었고, 종업원들과 동료들을 열정적으로 도와주려는 사람이 되었다.

그에게 무슨 일이 일어났던 것일까? 무엇이 스크루지를 변화하도록 했을까? 그의 양심이 그렇게 만들지는 않았다. 크리스마스의 축제 분위기 때문도 아니었다. 그것은 내가 이 책에서 '삶의 의미를 깨닫게 하는 경험(the awakening experience)'이라고 부르는 것과 같은 실존적 충격 때문이었다. 미래의 유령이 스크루지를 찾아와서 그의 미래를 미리 보여 주며 강력한 충격 요법을 주었다. 스크루지는 자신의 방치된 시신을 보았고, 낯선 사람들이 그의 소유물을 전당 잡히는 것을 보았고(심지어 그의 침대 시트와 잠옷조차), 동네 사람들이 자신의 죽음에 대하여 아무것도 아닌 듯 이야기하는 것을 들었다. 그다음에 미래의 유령은 그의 묘지를 볼 수 있는 교회 뜰로 데리고 갔다. 그는 자신의 묘비를 응시하고 자신의 묘비에 새겨진 그의 이름을 손가락으로 만졌다. 바로 이 순간에 **그는 변화를 경험하였다.** 그러고 난 후에 그는 새로운 연민이 가득한 사람이 되었다.

자신의 삶을 되돌아보는 다른 예들—죽음과의 직면을 통해서 삶이 풍요로워지는 경험들—은 중요한 문학과 영화에 많이 있다. 톨스토이의 서사적 소설인 『전쟁과 평화(War and Peace)』의 주인공 피에르Pierre는 사형장에서 자신 앞에 사형수들이 차례로 총살을 당한 이후에 극적으로 집행유예를 받고 살아났다. 이 일을 직면하기 전에 그의 삶은 정신 차리지 못한 잃어버린 영혼처럼 살았지만 이 일로 인해 그의 삶은 변화가 되었고, 소설의 후반에 그는 삶의 열정과 목적을 가지고 살아가게 되었다(도스토옙스키Dostoevsky는 실제로 사형 집행 마지막 순간 스물한 살에 집행유예를 받았고, 그의 삶은 변하였다).

인간의 역사에서 인간의 생각과 사상을 남기는 기록을 시작한 이후에, 톨스토이가 있기 훨씬 전의 사상가들은 삶과 죽음의 상호 의존성을 일깨워 주고 있다. 스토익 학파는, 예를 들어 크리시퍼스Chrysippus, 제노Zeno, 키케로Cicero 그리고 마르쿠스 아우렐리우스Marcus Aurelius 등은 잘 사는 것을 배우는 것은 또한 잘 죽는 것을 배우는 것이며, 역으로 잘 죽은 것을 배우는 것은 잘 사는 것을 배우는 것이라는 점을 말해 주고 있다. 키케로는 "철학을 한다는 것은 죽음을 준비하는 것이다."라고 말했고, 어거스틴St. Augustine은 "죽음을 직면할 때만 인간의 진정한 자기가 태어난다."라고 했다. 중세기의 많은 수도사는 자신의 주거지에 사람의 해골을 놓아두고, 죽음에 대한 생각과 이것으로 인한 삶의 교훈에 초점을 맞추며 살아갔다. 몽테뉴Montaigne는 글을 쓰는 서재의 위치는 글 쓰는 사람의 생각을 명료하게 하기 위하여 공동묘지가 잘 보이는 곳에 위치해야 한다고 제안했다. 인류의 위대한 스승들은 이러한 여러 가지 방법으로 "죽음의 실체는 우리를 파괴하지만, 죽음에 대한 생각은 우리를 구원한다."라는 사실을 생각나게 한다.

049

제3장 삶의 의미를 깨닫게 하는 경험

죽음의 실체가 우리를 파괴함에도 불구하고, 죽음에 대한 생각은 우리를 구원한다. 이것을 좀 더 자세히 살펴보자. 우리를 구원한다? 무엇으로부터 구원한다는 것인가? 그리고 어떻게 죽음에 대한 생각이 우리를 구원하는가?

만들어진 것들과 있는 그대로의 것들의 차이

20세기 독일의 철학자 하이데거Heidegger는 앞의 말을 명료화시켰다. 그는 사람이 두 가지의 방식으로 살아간다고 보았다. 첫째는 일상생활(everyday) 방식이고 다른 하나는 존재론적(ontological) 방식이다(존재론적 방식에서 onto는 '존재: being'라는 의미이고, 접미사 logy는 '연구'라는 의미이다). 일상생활 방식에서 우리는 완전히 환경에 흡수되어 있어 이 세상에 있는 것들에 대해 감탄을 한다. 반면, 존재론적 방식에서는 '존재' 그 자체의 신비스러움에 집중하고 음미하며, 모든 것 그리고 내 존재하는 것에 감탄한다.

만들어진 것들과 있는 그대로의 것들 사이에 결정적인 차이가 있다. 일상생활 방식에 빨려 들어가면 우리는 신체적 외모, 스타일, 소유, 혹은 명예와 같은 사라져 버리는 것들 쪽으로 향하게 된다. 대조적으로, 존재론적 방식에서는 인간의 존재 그리고 죽음 그리고 인생의 불변의 특징에 대하여 더 알고 있을 뿐만 아니라, **더 중요한 변화를 하고 싶어 준비를 한다.** 이것을 수용한다면 당신은 약속, 인간관계, 의미, 그리고 자기실현에 대해 인간의 근본적인 책임성을 다하기 위해 신속히 움직이게 될 것이다.

죽음을 만남으로써 촉매가 되는 드라마틱하며 지속되는 변화에 대한 보고는 앞의 관점을 뒷받침한다. 암으로 죽음을 가까이 둔 환자들과 함께 10년 넘게 집중적으로 치료를 하는 동안, 이들 환자 중 많은 사람이 암으로 인한 무감각한 절망에 굴복하기보다는 긍정적으로 드라마틱하게 변화된 것을 발견했다. 그들은 자신의 삶에서 사소한 것들을 평범하게 여김으로써 삶의 우선순위를 재정리하였다. 이 사람들은 그들이 사랑하는 사람들과 더 깊게 소통을 하였고 변화하는 계절들, 자연의 아름다움, 지난 크리스마스 혹은 새해 등 삶의 기본적 요소들에 대해 더 섬세하게 감사하였다.

변화된 사람들은 타인에 대한 두려움이 줄어들었고, 모험을 하려는 더 큰 의지 그리고 거절됨에 대해 신경을 덜 쓰게 되었다고 한다. 나의 환자 중 한 명은 익살스럽게 "암이 신경증을 치료했습니다."라고 했고, 다른 환자는 "나의 몸을 암이 파먹게 되어서야 인생을 어떻게 살아야 하는 것을 배웠으니, 내가 지금까지 기다려야 했던 것은 정말 유감입니다!"라고 말했다.

인생의 끝에서의 깨달음: 톨스토이의 이반 일리치

톨스토이의 단편소설 『이반 일리치의 죽음』의 주인공 이반 일리치Ivan Ilych는 중년의 자기중심적이며 오만한 관료인데, 치명적인 복부 질병으로 끝 모를 고통 속에 죽어 가고 있었다. 죽음이 가까이 오자 이반 일리치는 그가 전 생애 동안 명예, 외모 그리고 돈에 몰두함으로써 죽음에 대한 자각으로부터 자신을 방어했다는 것을 알았다. 그

제3장 삶의 의미를 깨닫게 하는 경험

는 자신에게 회복에 대한 근거 없는 희망을 제공함으로써 부정과 거짓을 영구화하는 모든 사람에게 분노했다.

그리고 자신의 마음속 깊은 곳에서 대화를 하면서, 그는 나쁘게 살았기 때문에 나쁘게 죽는다는 사실을 아주 명확하게 깨달았다. 그의 전 인생은 잘못 살았다. 죽음으로부터 스스로를 보호하면서 그는 또한 삶으로부터도 보호했다. 그는 자신의 인생이 앞으로 가고 있다고 생각했지만 현실에서는 뒤로 가고 있다는 기차간의 경험과 비교를 하였다. 간략하게 말하면, 그는 자신에 대해 **진정으로 생각하는 사람**(mindful of being)이 되었다.

죽음이 그에게 찾아옴에 따라 이반 일리치는 아직 시간이 있다는 것을 인식하면서, 자신뿐만 아니라 살아 있는 모든 것은 반드시 죽는다는 것을 깨닫는다. 그는 자신 안의 새로운 감정인 삶에 대한 깊은 연민을 발견했다. 어린 아들이 손에 키스하는 것, 어린 하인 소년이 자연스럽게 사랑하는 몸가짐으로 자신을 간호하는 것 그리고 처음으로 자신의 젊은 와이프를 통해 부드러움을 느꼈다. 그는 자신이 그들에게 끼친 고통에 대해 연민을 느끼고, 결국 자신이 고통 가운데 죽는 것이 아니라 집중적인 연민의 기쁨 가운데 죽는다는 것을 느낀다.

톨스토이의 소설은 문학적으로 훌륭한 작품일 뿐만 아니라 우리에게 많은 교훈을 주며, 죽어 가는 사람들에게 위안을 주기 위해 훈련을 받는 사람들에게 필독서이다.

만일 자신에 대해 진정으로 생각하는 사람이 중요한 개인적 변화를 불러일으키는 것이라면, **어떻게 일상적인 양식(mode)에서 더 변화를 추구하는 상태로 갈 수 있을까?** 이것은 단순히 바라는 것 혹은 그렇게 될 것이라는 소원을 품고 이를 '뿌드득' 간다고 해서 가능한 것이 아니다. 일반적으로 사람을 깨닫게 하고 일상적인 양식에서 존재론적인 양식으로 끌어내기 위해서는 긴급하고 돌이킬 수 없는 경험이 필요하다. 나는 이것을 삶을 깨닫게 해 주는 경험이라고 말한다.

그러나 우리의 일상생활에서 이렇게 인생의 의미를 깨닫게 해 주는 경험은 어디에 있는가? 불치의 암에 걸리지도 않고, 사형 집행장에 있지도 않고, 또는 미래의 유령이 찾아오지도 않는 사람들은 어디에서 이런 경험을 할 수 있는가? 나의 경험으로 볼 때, 인생의 의미를 일깨워 주는 주요 촉매제는 중요한 삶의 사건들이다.

- 당신이 사랑하는 사람의 죽음이 주는 슬픔
- 생명을 위협하는 질병
- 친밀한 관계성의 깨어짐
- 인생에서 중요한 생일(50세, 60세, 70세 등등)과 같은 삶의 중요한 이정표
- 화재, 성폭력 혹은 도난과 같은 충격적인 트라우마
- 자녀들이 집을 떠나는 것(빈둥지, empty nest)
- 실직이나 직업의 변화
- 퇴직
- 양로원으로 옮기는 것
- 마지막으로, 더 깊은 자아로부터 오는 메시지를 전달하는 강력한 꿈

이것들은 삶의 의미를 깨닫게 하는 경험으로 작용할 수 있다.

나의 임상 경험에서 열거되는 사례들의 이야기들은 삶의 의미를 깨닫는 형태가 각각 다르다는 것을 보여 줄 것이다. 내가 치료 시 사용한 방법들은 누구에게나 사용할 수 있다. 각 사례를 수정하여 여러분 자신의 자아인식에 사용할 뿐 아니라, 사랑하는 사람들을 돕기 위해 활용할 수 있다.

깊은 슬픔은 삶의 의미를 깨닫게 한다

슬픔과 상실은 사람에게 의미를 일깨워 줄 수도 있고 자신의 존재를 생각나게 할 수도 있다. 앨리스의 사례처럼, 그녀는 최근에 남편의 사망으로 인한 깊은 슬픔과 양로원으로 옮겨야 하는 두 가지의 슬픔을 담당해야 했다. 줄리아의 경우는 친구의 죽음이 그녀의 죽음 불안을 불러일으켰으며, 제임스는 그의 동생의 죽음에 대한 고통을 몇 년 동안 마음속에 묻고 있었다.

영원히 덧없는 인생: 앨리스

나는 매우 오랜 기간 동안 앨리스Alice를 치료하였다. 이 책을 읽는 젊은 독자들은 현대의 단기상담에 익숙하지만, 나는 그녀를 30년간 치료한 것이다. 30년간을 연속해서 치료한 것은 아니다(그러나 어떤 사람에게는 이 정도의 지속적인 지원이 필요하다고 말하고 싶다). 앨리스는 그녀의 남편 앨버트와 함께 악기점을 운영하고 있었다. 그녀는 50세에 나에게 첫 번째 전화를 했는데, 이유는 아들과 또는 친구나 손님들과 갈등이 깊어지기 때문이었다. 앨리스는 2년 동안 개인 치료 상담을 받았고, 3년 동안 집단상담에 참여하였다. 이 기간 동안 많은 회복이 있었지만, 이후 25년 동안 중요한 인생의 위기가 있을 때마다 나를 찾아왔다. 내가 앨리스를 마지막으로 방문한 것은 그녀가 84세에 사망하기 바로 전 그녀의 침대 곁에서였다. 그녀는 나에게 많은 가르침을 주었다. 특별히 인생의 중년기 동안 스트레스를 많이 받는 단계에 대해서 많은 것을 배웠다.

다음 이야기는 앨리스가 75세에 상담을 시작하여 4년간 계속된 마지막 치료 기간 동안에 발생한 것이다. 그녀는 남편이 알츠하이머병 진단을 받자 도움을 청하기 위해서 전화를 했다. 앨리스는 도움이 필요했다. 생의 동반자인 남편이 노년에 알츠하이머병을 앓으면서 점차적으로, 그리고 가차 없이 무너지는 것을 지켜보는 것보다 더한 악몽 같은 시련은 없었을 것이다.

앨리스는 남편이 냉혹한 알츠하이머병의 모든 단계를 통과하는 것을 보면서 괴로워했다. 이 단계의 첫 번째는 열쇠와 지갑을 잃어버리는 급격한 단기 기억의 상실이다. 그다음은 자동차를 어디에 주차했는지 잊어버려서, 그녀는 이 잃어버린 차를 찾기 위해 시내를 헤매며 다녀야 했다. 다음 단계는 길을 잃어버려 방황을 하고, 이럴 때마다 경찰의 도움으로 집으로 오게 되었다. 그리고 남편은 개인위생 습관이 악화되었고, 공감 능력의 상실로 인해 철저하게 자기몰두(self-absorption)에 빠져 버렸다. 앨리스에게 최고로 비참했던 공포는 남편이 55세 때 그녀를 더 이상 알아보지 못했던 것이었다.

남편 앨버트가 사망한 후 애도에 대해 집중했고, 특별히 앨리스가 느끼는 비통과 안도 사이의 긴장감에 집중을 했다. 비통함은 그녀가

10대 때부터 사랑했고 남편으로서 함께 지냈던 앨버트의 사망에 대한 것이었고, 안도감이란 알츠하이머병으로 이제는 낯선 이방인이 되었던 앨버트를 하루 종일 돌보아야 했던 무거운 짐으로부터의 해방이었다.

장례식이 끝난 며칠 후, 그녀의 친구들과 가족들이 자신들의 일상생활로 돌아간 후에 그녀는 텅 빈 집을 직면하면서 새로운 두려움이 나타났다. 캄캄한 밤에 침입자가 자신의 집을 부수고 들어올 것 같은 공포가 밀려왔다. 외부적인 것들은 아무것도 변하지 않았다. 중산층인 그녀의 이웃들은 전과 같이 안정적이었고 안전했다. 친근한 이웃 중의 한 명은 경찰관이었는데 앨리스의 집 이웃에 살았다. 아마도 앨리스는 남편이 사망했기에 보호받지 못한다고 느꼈을 수도 있다. 남편은 병으로 인해 몇 년간 신체를 움직일 수 없었지만, 단순히 그 상태에서 옆에 있었다는 것만으로도 안전감을 주었다. 마침내 그녀는 두려움의 근원이 무엇인지 이해할 수 있는 꿈을 꾸었다.

나는 수영장의 끝자리에서 물에 발을 담그고 앉아 있었습니다. 그리고 소름이 끼치기 시작했는데, 물속에서 큰 잎사귀들이 나에게 다가왔기 때문이었습니다. 나는 그 잎사귀들이 나의 다리를 휙 지나가는 것을 느낄 수 있었습니다. 으악…… 난 지금도 그것을 생각하면 소름이 끼칩니다. 잎사귀들은 검고 커다란 계란 같은 모양이었습니다. 나는 다리를 움직여서 파도를 만들어 그 잎사귀들을 뒤로 가게 하려고 하였지만, 나의 다리는 모래주머니에 눌려 움직일 수가 없었습니다. 아니면 그것은 라임(lime) 주머니일 것이에요.

태양을 직면하기

"그때 저는 당황했고 소리를 지르면서 깨어났습니다. 꿈을 다시 꾸지 않기 위해서 몇 시간 동안 잠을 자지 않으려고 했습니다."

그녀의 꿈에 대한 연상(associations) 중의 하나가 그 의미를 조명시켜 주었다.

"라임 주머니요? 이것이 당신에게는 어떤 의미이죠?"라고 나는 물어보았다.

"매장(burial)입니다."

"이라크(Iraq)에서는 무덤 안에 라임을 던지지 않나요?"

"흑사병이 도는 동안 런던에서도 라임을 던졌습니다."

그 침입자는 죽음이었다. 그녀의 죽음. 남편의 죽음은 앨리스를 죽음에 노출되게 했다.

"남편이 죽을 수 있다면 저도 그렇게 될 수 있습니다. 저도 그렇게 될 것입니다."

그녀의 남편이 사망하고 몇 달이 지난 후, 앨리스는 40년간 남편과 함께 살았던 집을 떠나 양로원으로 옮기기로 결정했다. 그녀는 심한 고혈압과 황반변성(macular degeneration)으로 인해 제대로 볼 수 없었기 때문에 양로원에서는 여기에 필요한 돌봄과 의료 지원이 제공되었다.

이제 그녀는 자신이 소유한 재산을 어떻게 처분해야 하는지에 몰두하고 있었다. 그녀의 마음속에는 이것 외에 어떤 다른 생각을 할 여지가 없었다. 가구, 기억들 그리고 골동품 악기들을 모아 둔 큰 네 개의 침실이 있는 집에서 작은 아파트로 옮겨 간다는 것은 소유했던 많은 것을 버려야 한다는 것을 의미했다. 덴마크에서 일하고 있는 외아들은 일로 인해 돌아다녀야 하고 작은 아파트에 살고 있기 때문

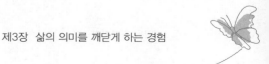

에 그녀의 소유물을 넣어 둘 공간이 없었다. 가장 고통스럽고 어려웠던 선택은 남편과 함께 평생 동안 수집했던 골동품 악기들을 어떻게 할 것인가 하는 문제였다. 이 악기들을 통해서 그녀는 움츠린 삶의 외로움과 적막감 속에서 자주 그녀의 할아버지가 파올로 테스토레Paolo Testore가 1751년에 제작한 첼로를 연주하는 유령 같은 음률을 들을 수 있거나, 혹은 그녀의 남편이 아꼈던 1775년 브리티시 합시코드British harpsichord도 들을 수 있을 것이다.

남편이 세상을 떠난 후 이제는 혼자 지키고 있는 이 모든 물건은 하나하나의 기억과 추억이 어려 있는 것들이었다. 자신들이 사랑하고 아낀 만큼 아껴 줄 줄 모르고 이 물건에 대한 역사도 모르는 낯선 이들에게 넘겨야 한다는 것을 나에게 이야기했다. 결국 그녀 자신의 죽음은 합시코드, 첼로, 플루트, 장난감 피리 등에 서려 있는 모든 추억을 지워 버릴 것이라고 했다.

앨리스는 이사해야 할 날이 불길하게 다가왔다. 조금씩 서서히 그동안 함께했던 가구와 물건들이 사라지는 것을 지킬 수가 없었다. 어떤 것은 팔렸고, 친구들과 낯선 이들에게 넘겨졌다. 집이 텅 비워짐에 따라 그녀의 심리적 혼란이 고조되었다.

특별히 심리적으로 엉망이 된 때는 그녀가 집에서 지낸 마지막 날이었다. 왜냐하면 소유주가 집을 대대적으로 리모델링하는 계획을 세웠고, 집을 완벽하게 비워 달라고 요청했기 때문이다. 심지어 벽에 있던 책장도 제거해야 했다. 벽에서 책장이 뜯겨 나가는 것을 보고 있을 때, 앨리스는 원래 벽의 색상이 종달새 알과 같은 푸른색이었다는 것을 보고 깜짝 놀랐다.

종달새 알의 푸른색! 앨리스는 이 색상을 기억했다. 40년 전 이 집으로 처음 이사를 왔을 때 벽의 색깔은 종달새의 알처럼 푸른색이었다. 오랜 세월이 지났지만 처음으로 이 집을 자신들에게 매매했던 여자의 모습을 회상했다. 그 당시 집주인은 괴로워하며 찌푸리고 비통한 모습을 가지고 있는 미망인이었고, 지금의 앨리스처럼 이 집에서 떠나기를 싫어했다. 앨리스는 전 주인과 같은 미망인이며, 비통하고, 이 집을 떠나기를 싫어했다.

앨리스는 인생은 지나가는 나그네라고 혼잣말로 중얼거렸다. 물론 앨리스는 항상 인생의 덧없음에 대해 알고 있었다. 그녀는 일주일간의 명상 워크숍에 참석을 했고, 여기서 고대 인도어(pali)에서 일시성을 의미하는 아니카(anicca)를 끊임없이 되풀이해서 이야기하지 않았던가. 그러나 그녀는 모든 일에서 그러한 것과 같이 어떤 것을 아는 것과 자신의 경험을 통해 아는 것과의 차이에는 큰 차이가 있다는 것을 알았다.

이제 앨리스는 정말로 자신도 이 집의 전 주인들이 그리했던 것과 같이 단지 집을 통과하여 지나는 일시적인 존재라는 것을 깨달았다. 그리고 집도 역시 일시적이고, 언젠가는 이 땅 위에 다른 집을 세우기 위해 허물어질 것이라는 것을 알았다. 그녀가 소유를 포기하는 과정 그리고 양로원으로 이사를 하는 과정은 오랜 세월 동안 고급스러운 가구와 안락한 삶의 환영 가운데 있던 앨리스에게 삶의 의미를 일깨워 주는 경험이었다. 이제는 소유의 많음이 그녀를 인간 존재의 황량함의 진실로부터 가리고 있었다는 것을 알았다.

그다음 상담 회기에서 앨리스에게 톨스토이의 소설 『안나 카레니나(Anna Karenina)』에 나오는 관련 구절을 큰 소리로 읽어 주었다. 소설에서 안나의 남편인 알렉세이 알렉산드로비치는 아내가 정말로 자신을 떠나려고 한다는 것을 알았다.

"이제 그는 조용히 다리를 건너다가 갑자기 다리가 부서져 다리 밑에 있는 협곡을 발견한 사람과 같은 기분을 경험했다. 그 협곡은 인생 자체였고, 그 다리는 알렉세이 알렉산드로비치가 그동안 살았던 거짓의 삶이었다."

앨리스 역시 인생의 휑한 발판을 딛고 있고, 그 발판 밑에 아무것도 없다는 허무를 어렴풋이 보았다. 톨스토이 소설의 인용은 앨리스에게 도움을 주었다. 부분적으로 그녀가 겪었던 경험이 소설의 내용과 친근감으로 배어 있었고, 또 다른 부분은 내가 톨스토이의 소설에서 좋아하는 구절을 찾아 앨리스에게 읽어 주려고 했던 시간과 노력이 상담사와 내담자의 관계성에 도움을 주었다.

앨리스의 이야기는 이 책 속 다른 사람의 상황에서 다시 나타날 몇 가지 생각들을 소개한다. 그녀 남편의 죽음은 그녀 자신의 죽음불안 모습으로 나타났다. 그 죽음불안은 구체화되었고, 침입자에 대한 두려움으로 변형되었다. 그리고 악몽으로 나타났고, 더 분명하게 애도의 과정에서 "만일 그가 죽을 수 있다면, 나도 죽을 수 있을 것이다."라는 자각으로 나타났다. 이런 모든 경험과 그동안 아끼고 기억으로 가득 차 있는 물건들을 더 이상 소유할 수 없다는 것은 중요한 개인의 변화를 이끌었고, 그녀를 존재론적 양식으로 전환시켰다.

앨리스의 부모는 오래전에 사망하였고, 평생을 같이한 남편의 죽음은 그녀 존재의 위태로움을 직면하게 하였다. 이제 그녀와 무덤 사이에는 아무도 서 있지 않다. 하지만 이러한 경험은 결코 드문 것이 아니다. 앞으로 내가 여러 차례 강조하겠지만 이 경험은 우리 모두에게 공통의 경험이고, 애도에서 흔히 소홀하게 되는 부분은 살아 있는 자들 스스로의 죽음과의 직면이다.

예상치 못한 결말이 있었다. 앨리스가 집을 떠나 요양원으로 들어가야 하는 시간이 왔을 때 나는 긴장을 했다. 그녀가 더 깊고 어쩌면 헤어나올 수 없는 절망 속으로 떨어지지 않을까 걱정을 했기 때문이다. 그러나 이사를 하고 이틀 후에 가볍고 경쾌한 걸음으로 나의 사무실로 와 앉아서 나를 놀라게 했다.

"저는 행복합니다!"

그동안 앨리스와의 모든 상담 시간에 이러한 모습과 태도를 본 적이 없었다. 그녀가 가진 이 행복감의 원인은 무엇일까? (나는 항상 학생들에게 내담자가 행복하게 느끼는 요인을 이해하는 것은 그들을 악화시키는 요인을 이해하는 것과 같이 중요하다고 가르치고 있다.)

앨리스의 행복은 아주 깊은 과거에 그 근원이 있다. 그녀는 어린 시절 고아원에서 성장했고, 다른 아이들과 방을 같이 사용해야 했다. 젊은 나이에 결혼해서 남편의 집으로 이사를 했는데, 그동안 자신만의 방에 대한 간절한 소원이 있었다. 그녀는 십 대에 버지니아 울프Virginia Woolf의 『그녀만의 방(A room of One's Own)』에 깊은 감동을 받았다. 지금 그녀가 기쁜 것은 80세에 드디어 요양원에 자기 자신만의 방을 가지게 된 것이라고 나에게 말했다.

이것만이 아니라 그녀 인생에서 어떤 부분을 반복할 수 있는 기회가 왔다고 느꼈는데, 그것은 싱글로 살면서 홀로 자기 자신만을 위해 사는 것이었다. 이 기회가 바로 그렇게 살 수 있는 시간이었다. 그렇게 그녀는 자신을 자유롭게 자율적이 되도록 하였다. 그녀와 친밀하게 연관되어 있는 사람들 그리고 그녀의 과거와 무의식적 콤플렉스를 전적으로 아는 사람만이 개인적-무의식-역사적인 것이 실존적 우려를 능가하는 이 결과를 이해할 수 있다.

그녀가 평온해진 것에는 또 다른 요소인 해방감(sense of liberation)이 작용했다. 그녀의 가구를 처분하는 것은 그녀에게 큰 상처이기도 하지만, 한편으로는 고통을 덜어 주는 것이기도 했다. 그녀의 많은 물건은 값진 것이었지만 많은 기억의 무게로 무거웠다. 이것들을 떠나보내는 것은 누에가 고치를 벗는 것과 같다고 느꼈다. 그리고 과거의 부스러기와 유령으로부터 자유롭게 되었고 이제는 새로운 방과, 탈피하여 새로운 살갗을 갖고, 새로운 출발을 하게 되었다. 80세에 새로운 인생을 시작한 것이다.

위장된 죽음불안: 줄리아

줄리아Julia는 현재 매사추세츠주에 살고 있는 49세의 영국인 치료사다. 그녀는 2주간 캘리포니아를 방문했을 때 자신이 과거 상담을 하는 과정에서 저항을 경험했던 사례에 대해 몇 회기 상담을 요청하였다. 2년 전 가까운 친구가 죽은 후에 그녀는 이 상실감으로부터 회복하지 못했고, 또한 그녀의 일상을 심각하게 방해하는 몇 가지 증상이 나타나기 시작했다. 그녀는 자신의 병에 대해 과민하게 집착하여, 사소한 가려움 혹은 경련에도 놀라 의사에게 급하게 전화를 하였다. 그뿐 아니라 좋아하던 스케이팅, 스키, 스노쿨링 혹은 약간의 위험이 있는 어떤 운동도 하는 것이 두려웠고 무서웠다. 심지어 자동차 운전을 하는 것이 불편해졌고, 캘리포니아로 오는 비행기에 탑승하기 전에 신경안정제(Valium)를 먹어야 했다. 줄리아의 친한 친구의 죽음이 얇게 위장된 그녀의 죽음불안을 심각하게 불러일으킨

것은 분명한 것 같았다.

사무적으로 솔직하게 죽음에 대한 그녀의 생각을 점검하면서, 그녀 역시 다른 사람들과 마찬가지임을 알게 되었다. 어렸을 때 죽은 새와 벌레 그리고 조부모의 장례식에 참석하면서 죽음과 만났었다. 줄리아는 그녀 자신의 개인적인 피할 수 없는 죽음에 대한 첫 번째 깨달음에 대한 기억은 없었지만, 사춘기 때 한두 번 자신의 죽음에 대해 생각을 해 보았다.

"죽음은 마치 발아래 덫의 문(trap-door)이 열리고, 암흑 속으로 영원히 떨어지는 것 같았습니다. 저는 다시는 그곳에 가지 않기로 결심한 것 같았습니다."

나는 "줄리아, 간단한 질문을 하나 하겠습니다. 왜 죽음이 그렇게 공포스럽죠? 죽음의 어떤 점이 당신을 두렵게 할까요?"라고 물었다.

그녀는 "제가 해야 할 일을 다 끝내지 못하니까요?"라고 즉각적으로 대답했다.

"왜 그렇지요?"

"예술가로서의 제 역사에 대해 말해야 할 것 같습니다. 저의 첫 번째 정체성은 예술가였습니다. 모든 사람과 저의 선생님들이 저에게 선천적으로 뛰어난 예술적 재능을 가지고 있다고 했습니다. 그러나 저는 청소년기와 청년기 동안에 상당한 칭찬을 받았지만 심리학을 공부하기로 결정하고 예술을 멀리했습니다."

그러더니 말을 정정했다.

"아니에요, 지금 한 말이 전부 맞는 것은 아닙니다. 예술을 완전히 멀리한 것은 아닙니다. 자주 그림을 그렸지만 완성된 것은 없습니다. 어떤 그림을 그리다가 그것을 내 책상 서랍 안에 밀어 넣어 버려

제3장 삶의 의미를 깨닫게 하는 경험

서, 사무실의 벽장은 미완의 그림으로 가득 차게 되었습니다."

"그림 그리기를 좋아해서 시작했는데, 무엇이 그림을 완성하는 데 방해를 했던 것이죠?"

"돈입니다. 나는 너무 바쁘기도 하고 풀타임으로 상담치료를 하고 있기 때문입니다."

"수입이 얼마나 되나요? 얼마큼의 수입이 필요하세요?"

"글쎄요, 대부분의 사람이 제가 수입이 많다고 생각할 것입니다. 일주일에 적어도 40시간 상담을 하거나, 그 이상을 합니다. 그런데 사립학교에 다니는 두 아이의 학비가 너무 비쌉니다."

"그러면 남편은 어떻습니까? 당신의 남편도 치료사라고 했습니다. 남편도 당신처럼 일을 열심히 하고 수입도 당신만큼 되지 않습니까?"

"남편은 저만큼의 내담자를 만나고, 때로는 더 많이도 하고, 더 많은 수입이 있습니다. 대부분 그는 신경심리검사를 하기에 더 많은 수입이 있습니다."

"그렇다면 당신과 남편은 함께 일하기 때문에 당신이 필요하다고 생각하는 물질보다 더 많은 수입이 있는 것 같습니다. 그런데 돈의 문제가 당신이 예술을 추구하는 데 전적으로 방해를 한다는 것입니까?"

"글쎄요, 돈 때문입니다. 그런데 좀 이상한 이유에서입니다. 남편과 저는 항상 누가 더 많은 수입을 올리는지 경쟁하고 있습니다. 이것은 공개적으로 하는 것은 아니고, 명백한 경쟁은 아니지만 우리 둘 사이에 이 경쟁이 항상 있다는 것을 알고 있습니다.

"그렇군요. 그러면 질문을 하나 하겠습니다. 어떤 여성 내담자가 상담을 받으러 당신 사무실에 왔다고 가정해 봅시다. 그 사람은 본인이 많은 재능을 가졌고 자신을 창의적으로 표현하고 싶지만 그렇게 하지 못하고 있는데, 그 이유가 그녀는 돈이 필요 없는데 남편과 누가 많은 수입을 올리는지 경쟁하고 있기 때문이라고 말한다면 당신은 그녀에게 무엇이라고 말할 건가요?"

나는 아직까지 줄리아가 영국식 발음을 가지고 즉각적으로 말한 것으로 기억이 난다.

"저는 내담자에게 당신은 어리석게 살고 있다고 말할 것입니다."

그 후 줄리아의 치료는 덜 어리석게 사는 방법을 발견하는 것에 집중되었다. 상담은 그녀의 결혼 관계 속의 경쟁과, 그림을 그리다가 미완성된 채로 벽장과 책상에 넣어진 그림의 의미에 대해서 탐색을 했다. 예를 들어, 줄리아의 다른 운명에 대한 생각이 줄리아의 출생부터 죽음으로 쭉 연결된 진행 방향에 반대로 작용하였는지 아닌지 고찰하였다. 혹은 그녀가 미완성 작품으로 남겨 놓은 것이 어떤 보상이 있기 때문에 그녀가 가진 재능의 한계를 시험하지 않으려는 것인가에 대해서 파악하였다. 어쩌면 그녀는 본인이 진정으로 원하면 위대한 작품의 신념을 영구히 하기 위해 작품을 끝내지 않을 수도 있다. 그리고 이 생각에는 그녀가 원하기만 한다면 위대한 예술가가 되었을 것이라는 어떤 매력적인 부분이 있었을 수도 있다. 어쩌면 그녀가 그린 어떤 작품도 그녀가 스스로에게 요구했던 수준에 도달하지 못했기 때문일 수도 있다.

특별히 줄리아는 탐색했던 마지막 생각에 반응을 했다. 그녀는 자기 자신에 대해서 영구적으로 만족하지 못했고, 8세에 학교 칠판에 적혀 있는 다음 글을 기억했으며, 이것을 살아가는 데 좌우명으로 삼았다.

좋은 것은 더 좋게 되고

그리고 더 나은 것이 가장 좋은 것이 되도록

더 나은 최선을 다하고

결코 멈추지 말아라.

줄리아의 이야기는 죽음불안이 은연중에 분명하게 나타날 수 있는 하나의 예이다. 그녀는 얇고 가볍게 가장된 죽음불안으로 인해 발생한 일련의 증상 때문에 상담을 하게 되었다. 더욱이 앨리스의 사례와 같이 가까운 친구의 죽음 후에 이러한 증상들이 나타나고는 하는데, 이 친한 친구의 죽음은 그녀 자신의 죽음을 직면케 하는 깨달음을 갖는 경험이었다. 치료는 빠르게 진행되었고, 단지 몇 번의 상담을 통해 그녀의 슬픔과 두려움에 찬 행동들이 해결되었으며, 그녀는 그동안 자신을 위해 살지 못해 만족스럽지 못했던 삶의 방식을 똑바로 잡고 극복하려고 노력을 하였다.

"죽음에 대해 정확하게 무엇이 무서운가요?"

나는 이 질문을 자주 내담자들에게 한다. 이 질문은 자주 치료 작업을 촉진시키고 내담자의 다양한 대답을 이끌어 낸다. 줄리아의 "내가 완성하지 못했던 모든 일들"이라는 대답은 죽음을 직면하거나 혹은 죽음을 곰곰이 생각하는 많은 사람에게 **죽음의 두려움과 제대로 살지 못한 인생 사이의 긍정적 상관성**(positive correlation)이라는 중요한 주제를 말해 준다.

바꾸어 말하면, 우리의 인생을 제대로 살지 못할수록 우리의 죽음불안은 더 커진다는 것이다. 우리는 인생을 충분히 경험하지 못할수록, 더 많은 죽음의 두려움을 가질 것이다. 니체Nietzsche는 이 생각을 두 개의 짧은 경구(epigram)로 잘 표현했다. "여러분의 인생을 절정에 이르게 하고, 적합한 때에 죽어라." 그리스인 조르바Zorba가 재촉하기를 "죽을 때 불타 버린 성 외에는 어떤 것도 남기지 말아라". 사르트르Sartre는 자신의 자서전에 "나는 조용하게 나의 끝으로 갈 것이다 …… 나의 심장의 마지막 맥박은 내 저술의 마지막 페이지에 새겨질 것이고, 죽음은 죽은 사람만 데려갈 것이다."라고 기록하였다.

형제 죽음의 긴 그림자: 제임스

제임스James는 46세의 법률가 보조직(paralegal)을 가진 사람으로서, 여러 가지 이유로 치료를 받으러 왔다. 그는 자신의 직업을 싫어했고, 쉴 곳이 없으며 뿌리 뽑힌 사람처럼 느꼈고, 과한 알코올 섭취를 했다. 아내와의 문제 있는 관계 외에는 친밀한 관계가 없었다. 나는 그와의 첫 번째 상담 회기에서 그가 가진 대인 관계, 직업, 결혼, 과다한 알코올 문제 외에는 일시성 혹은 인간의 죽을 운명과 같은 실존적 문제를 발견할 명확한 증거가 없었다.

그러나 곧 그의 깊은 곳에서 이러한 실존적 문제들이 표면으로 나타났다. 한 가지 내가 주목한 점은 그가 타인으로부터 소외된 것에 대해 더 깊이 보려고 할 때마다 항상 일정한 지점인 그의 형 에드아르도Eduardo의 죽음에서 종결이 된다는 것이었다. 에드아르도는 18세에 차 사고로 사망했는데, 당시 제임스는 16세였다. 형의 사망 후 제임스는 미국에 있는 대학교에 입학하기 위해서 멕시코를 떠났고, 그 이후로 그의 가족을 1년에 한 번만 보았다. 그는 항상 죽은 형 에드아르도를 위하여 죽은 자를 기억하는 축제에 참여하기 위해 옥타카

(Oaxaca)에 있는 그의 집으로 갔다.

거의 모든 상담 때마다 뭔가 다른 것들이 나타났다. 그것은 우주의 기원과 마지막에 대한 주제였다. 제임스는 세계가 끝날 것이라는 종말론에 심취해 있었고, 성경의 『계시록(The book of revelation)』을 사실상 암기하고 있었다. 우주의 기원설은 그를 매료시켰고, 특별히 그의 관점에서 인류의 우주 밖에서의 기원을 말하는 고대 수메르인(Sumerian) 서적에 심취했다.

우주의 기원과 마지막에 대한 주제를 다루는 것은 어려웠다. 첫째로, 우선 그의 형의 죽음에 대한 슬픔에 접근하기 어려웠다. 형의 죽음에 대한 그의 정서적 반응에는 엄청난 기억 상실이 둘러 있었다. 형의 장례에서 그가 딱 한 가지 기억하는 것은 그가 울지 않았던 유일한 사람이라는 것이었다. 그에게 형의 장례는 일간지에 실린 다른 가족의 이야기를 읽는 것 같았다. 해마다 망자를 기억하는 축제에서조차 제임스는 그의 몸은 축제에 있지만 마음과 정신은 그곳에 없다고 느꼈다.

죽음에 대한 불안감은 죽음이 위협적이지 않다고 말하는 제임스에게는 문제가 아니었다. 사실 그는 죽음이라는 것을 긍정적인 사건이라고 여기고 있고, 그의 가족들과 함께 다시 만나게 될 것이라는 즐거움의 기대를 가지고 바라고 있었다.

나는 여러 가지 방법으로 그의 비정상적인 신념을 탐색했고, 이 과정에서 그의 신념에 대한 나의 과한 회의주의를 보이지 않으려고 노력했으며, 그의 방어를 높이지 않으려고 애썼다. 나의 상담 전략은 그가 말한 외계 세계 혹은 UFO의 잔재에 대한 장단점을 피하는 것이었고, 대신 두 가지에 초점을 맞추었다. 첫째는 그가 갖는 흥미에 대한 심리학적 의미와, 둘째는 그의 인식론에 대해서다. 즉, 그가 알고 있는 것을 어떻게 알았으며, 어떠한 자료를 그가 사용하고, 무엇이 충분한 증거를 구성했는지에 대해서 탐색하는 것이었다.

나는 그가 아이비리그의 대학에서 훌륭한 교육을 받았음에도 불구하고 인간의 기원과 같은 주제에 대해서 학문적 조사를 줄기차게 반대하는 것에 대해 많이 의아해했다. 그가 비밀스럽고 초자연적인 믿음을 수용하는 대가는 무엇이었을까? 내가 보기에는 모든 것이 그에게 해로운 것이었다. 이런 것이 그를 고립시켰다. 그는 친구들이 자신을 이상한 사람으로 여기지 않도록 이런 것들을 공유하지 않았다.

모든 나의 노력이 효과가 없었고, 치료는 정체되었다. 상담 기간 동안 그는 불안정했고 상담치료에 대해 조급해했다. 일반적으로 상담의 시작은 "박사님, 상담치료를 얼마나 더 해야 합니까?" 혹은 "내가 거의 다 치료가 되었습니까?" 혹은 "이 상담은 상담비를 끊임없이 지불해야 하는 끝나지 않는 상담이 되는 것입니까?"와 같은 회의적이거나 무례한 질문으로 시작되었다.

그러다가 한 상담에 모든 것을 바꿔 놓을 강력한 꿈 이야기를 했다. 상담 전인 며칠 전에 꿨지만, 이 꿈은 불가사의한 밝음으로 그의 마음속에 새겨져 있었다.

저는 한 장례식장에 있었습니다. 시신이 테이블 위에 누워 있었고, 성직자가 시신을 방부 처리하는 기술을 가르치고 있었습니다. 사람들이 줄을 지어 시체를 지나갔고, 저도 그 줄에 있었습니다. 저는 시신에 많은 방부 처리와 화장을 했다는 것을 알았습니다. 마음을 단단히 먹고 줄 앞쪽으로 갔습니다. 처음에는 시신의 발을 응시하였고, 그리고 다리, 눈을 계속해서 시신의 위쪽으로 훑어갔습니다. 오른쪽 손이 붕대에 감겨 있었고, 그리고 시신의 머리를 보았는데, 시신이 형 에드아르도라는 것을 알았습니다. 숨이 막히고 울기 시작했습니다. 두 가지의 감정을 느꼈습니다. 슬픔과 안심이었습니다. 왜냐하면 그의 얼굴에 상처가 없었고 피부가 보기 좋았기 때문입니다. '형이 좋아 보이네.'라고 속으로 말했습니다. 그리고 형의 머리 쪽으로 가까이 가서 숙이면서 "형 좋아 보여."라고 말했습니다. 그러고 나서 여동생 옆에 앉아서 여동생을 향해 "형이 좋아 보이네."라고 말했습니다. 꿈의 끝에 에드아르도 방에 혼자 앉아 로즈웰 UFO 목격(Rosewell UFO sightings)에 대한 형의 책을 읽고 있었습니다.

제임스가 꿈에 대해 자발적으로 연상하는 것이 없었음에도 불구하고, '자유연상(free associate)'을 해 보도록 요구했다.

"당신 마음의 눈에 남아 있는 이미지를 보고 분명하게 생각해 보기 바랍니다. 당신 마음에 떠오르는 생각을 설명해 보세요. 어떤 것이 보이든, 심지어 어리석거나 관계없는 것들이라도 빠트리거나 삭제하지 말기 바랍니다."

제임스는 "몸 전체에 고무 튜브가 여기저기 꽂혀 있습니다. 아마 방부액 같은 노란색 액체의 웅덩이 안에 누워 있는 몸통이 보입니다. 그 외에는 아무것도 없습니다."라고 했다.

"장례식장에서 형의 시신을 실제로 보았습니까?"

"기억이 나지 않습니다. 형이 사고로 사지가 절단되어 손상되었기 때문에 관을 닫아 놓은 장례식이었다고 생각합니다."

"제임스, 당신이 이 꿈을 생각할 때 얼굴이 많이 일그러지고 표정이 많이 바뀌는 것을 보았습니다."

"이상한 경험이었습니다. 한편으로 이 꿈에 더 이상 들어가고 싶지 않지만, 또 다른 한편으로는 그 꿈에 끌립니다. 그 꿈은 끄는 힘이 있습니다."

나는 그 꿈이 중요한 것을 느꼈고 계속해서 질문했다.

"형이 좋아 보였다고 세 번이나 반복해서 이야기했는데, 이것에 대해 어떻게 생각합니까?"

"네, 형은 좋아 보였습니다. 적당히 햇볕에 그을리고 건강해 보였습니다."

"그런데 제임스, 형은 사망했습니다. 만일 죽은 사람이 건강해 보인다면 그것은 무슨 의미일까요?"

"저는 잘 모르겠습니다. 당신은 어떻게 생각하세요?"

"형의 얼굴이 건강해 보인다는 것은, 당신이 형이 살아 있었으면 좋겠다고 바란다는 것을 반영하는 것입니다."

"머리로는 선생님의 말씀이 맞다고 생각합니다. 그러나 말은 단지 말뿐입니다. 저는 그것을 느끼지 못합니다."

"형을 교통사고로 사지가 잘려 나간 16세의 소년으로 생각해 보기 바랍니다. 이 사고가 당신의 전체 삶에 상처를 남겼습니다. 아마 이제는 그 16세의 소년을 위해 연민의 감정을 당신이 가져야 할 시간이라고 생각합니다."

제임스는 천천히 고개를 끄덕였다.

"제임스, 당신이 슬퍼 보입니다. 무엇을 생각하세요?"

"저는 형의 사고를 알려 준 어머니의 전화 벨 소리를 기억하고 있습니다. 간략하게 사고에 대한 이야기를 들었고, 대단히 큰 불행한 일이 있다는 것을 알았습니다. 그리고 다른 방으로 옮겼는데, 이 일에 대해 더 이상 듣기 싫었기 때문이라고 추측합니다."

"형의 죽음에 대해 당신이 가진 고통을 견디어 내는 방법은 아무 것도 듣지 않고 들으려 하지 않는 것이었습니다. 그리고 그 비극을 잊기 위한 당신의 부정, 음주, 불안정한 것은 더 이상 도움이 되지 않습니다. 이 고통을 잊기 위해 한쪽 문을 닫으면 이 고통은 다른 곳을 통해서 당신에게 들어오기에 고통은 항상 거기에 있습니다. 그래서 이번에는 그 고통이 당신의 꿈으로 나타난 것입니다."

제임스가 고개를 끄덕였고, 나는 계속해서 말했다.

"꿈의 결말에 나온 UFO와 로즈웰에 대한 책은 무엇인가요?"

제임스는 크게 숨을 내쉬며 천장을 응시하였다.

"저는 그것이 무엇인지 알고 있었습니다. 그리고 선생님이 이것에 대해 질문할 것이라는 것도 알고 있었습니다!"

"제임스, 이것은 당신의 꿈입니다. 당신이 그 꿈을 만들었고, 당신이 그 꿈에 UFO와 로즈웰을 집어넣은 것입니다. 이것들과 죽음과의 연관성은 무엇입니까? 무엇이 당신 마음에 떠오릅니까?"

"선생님은 수용하기 어렵겠지만, 저는 형의 서가에서 UFO와 로즈웰에 관한 책을 발견했고, 장례식이 끝난 후에 그 책을 읽었습니다. 이것을 잘 설명할 수는 없지만, 책의 내용은 우리가 어디에서 왔는지를 정확하게 알 수 있다면, 아마 인간이 UFO와 지구 밖에서 왔다는 것을 알게 된다면 저는 훨씬 더 좋은 삶을 살 수 있을 것 같습니다. 그렇게 되면 우리가 왜 이 지구에 있는지 알게 될 것입니다."

제임스는 그의 형의 신앙 구조에 들어가서 자신의 형을 살아가도록 노력하는 것 같았다. 그러나 나는 이런 생각이 그에게 쓸모 있는 것인지 의심했고 침묵을 지켰다.

이 꿈과 여기에 대한 토의는 치료에 변화를 가져다주는 신호가 되었다. 제임스는 자신의 삶과 치료에 대해 더 진지하게 받아들이기 시작했고, 우리의 치료적 관계는 더 돈독해졌다. 제임스는 더 이상 상담비용에 대해 빈정거리지 않았고, 얼마나 오랫동안 상담이 지속되어야 하는지 질문하거나 자신이 치료가 되었는지에 대해 질문하지 않았다. 이제 제임스는 죽음이 그의 청소년 시절에 깊게 상처를 남겼고, 자신의 형에 대한 슬픔은 자신의 삶의 진로에 많은 영향을 주었고, 마침내 그의 극심한 고통은 자신을 살펴보는 것과 자신이 죽음을 면할 수 없는 존재라는 것을 단념시켰다는 것을 알았다.

제임스는 초자연적 현상에 대해 흥미를 버리지 않았지만, 자신에게 광범위한 변화를 가져왔다. 알코올중독 회복 프로그램에 의존하지 않고 술을 끊었고, 아내와의 관계도 회복했고, 직장을 그만두고 세상에 무엇인가 도움을 줄 수 있는 의미 있는 전문직을 하기 위해 시각 장애인들에게 도움을 줄 수 있는 안내견 훈련 프로그램에 등록했다.

깨닫는 경험으로서의 중요한 결정

중요한 결정들은 종종 깊은 원인을 가지고 있다. 모든 선택에는 포기가 있고, 각각의 포기는 인간의 한계성과 일시성을 깨닫게 한다.

선택받은 것과 선택 가능성이 더 이상 없는 것: 팻

4년 전 이혼을 한 45세의 증권중개인 팻Pat은 사람들과 새로운 관계성을 형성하는 데 어려움을 가지기 때문에 치료를 받으러 왔다. 나는 팻이 이혼을 결정하기 5년 전에 몇 달 동안 치료를 했다. 나를 다시 만나기를 원한 이유는 그녀에게 관심이 있는 새로운 매력적인 샘이라는 남성을 만났지만, 불안이 폭풍을 일으켰기 때문이다.

팻은 자신이 역설(paradox)에 빠졌다고 했다. 샘을 사랑하지만 그 사람을 계속 만나는 것에 대해 괴로워했다. 그녀가 나에게 전화를 걸어야 했던 절박한 이유는, 자신의 가까운 친구들과 사업상의 지인과 함께하는 파티에 초대를 받았는데, 여기에 샘과 함께 갈 것인가 아닌가의 문제 때문이었다. 그녀는 이 딜레마에 끊임없이 집착하여 괴로움이 점점 더 크게 번졌다.

왜 이러한 문제로 고민할까? 첫 번째 상담 회기에 그녀가 가진 불편함의 의미를 찾아내지 못한 후, 나는 간접적인 접근을 시도했고 상상을 해 보라고 제안했다.

"팻, 이것을 해 봐요. 이것이 도움이 될 것입니다. 눈을 감고 샘과 당신이 파티에 도착했다고 상상해 보기 바랍니다. 샘의 손을 잡고 파티에 들어갑니다. 당신의 친구들이 당신을 보고 손을 흔들며 당신에게 다가옵니다. 당신 마음의 눈에 이 장면이 보이세요?"

그녀는 고개를 끄덕였다.

"그 장면을 계속 보고, 감정이 이입되도록 하세요. 자신을 살펴보고 느끼는 모든 것을 말해 보세요. 긴장을 풀고, 당신 마음에 떠오르는 모든 것을 말해 보세요."

"으악, 파티가 싫어요." 하며 얼굴을 찡그렸다.

"저는 샘의 손을 놓고, 다른 사람들에게 제가 샘과 같이 있는 걸 보여 주고 싶지 않습니다."

"계속 말해 보세요. 왜 원치 않습니까?"

"왜 그런지 모르겠습니다! 그는 저보다 나이가 많은데, 겨우 두 살 많습니다. 아주 잘 생겼습니다. 그는 홍보 관련 직업을 가지고 있고, 자신을 사회적으로 어떻게 처신해야 하는 알고 있는 사람입니다. 그러나 저 혹은 우리는 한 쌍의 커플로 보일 것입니다. 나이 든 한 쌍의 커플로 인식되면 저에게 더 이상의 가능성은 없는 것입니다. 이렇게 되면 저에게 관심을 보이는 모든 남자에게 '아니요.'라고 말해야 합니다. '선택받는 것'과 '선택의 가능성이 더 이상 없어지는 것'입니다."

그녀는 눈을 떴다.

"그러니까, 예전에는 이러한 이중적 의미에 대해 생각해 보지 않았습니다. 대학교 때 남자친구의 사교 클럽 핀(pin)을 달고 있으면 그 남자에게 선택받았다는 것이지만, 또한 다른 남자로부터의 선택의 가능성은 없는 것입니다."

"팻, 당신의 딜레마를 적절하게 표현했습니다. 다른 느낌은 없습니까?"

팻은 다시 눈을 감고 그녀의 상상 속으로 빠져들었다.

"제 결혼에 관한 것들이 보입니다. 제 결혼을 망친 것에 대해 죄책감을 느낍니다. 예전에 치료를 받았을 때는 제가 결혼을 망쳤다고 생각하지 않았습니다. 선생님과 저는 이 죄책감에 대해 깊은 상담을 했습니다. 그런데 이 죄책감에 대한 생각이 다시 기어 나오고 있습니다. 저의 결혼은 제 인생에서 첫 번째 실패였습니다. 그전까지 모든 것이 다 잘되고 있었습니다. 물론 결혼은 몇 년 전에 끝이 났습니다. 그런데 실제로 다른 남자를 선택하는 것은 이혼의 가능성을 실감나게 하는 것입니다. 제가 절대로 옛날로 돌아갈 수 없다는 것은 확실합니다. 이혼은 제 인생의 과거입니다. 이것은 돌이킬 수 없고 사라져 버린 시간입니다. 맞습니다. 저는 이것을 알고 있습니다. 그런데 저는 이것을 알고 있었지만, 지금 제가 갑자기 그것을 아는 것과는 다릅니다."

팻의 이야기는 자유와 죽음의 관계성을 보여 주고 있다. 어려운 결정들은 자주 실존적 관심과 개인적 책임성의 근저 속으로 미치는 원인을 가지고 있다. 왜 팻의 결정이 그렇게 고민스러웠는지 살펴보자.

첫 번째 원인은 팻의 결정이 포기를 전제로 해야 했기 때문이다. 모든 긍정은 부정을 포함한다. 그녀가 샘에게 선택을 받으면, 다른 젊고 아마도 더 뛰어난 남자들의 선택 가능성들이 배제된다. 그녀가 표현한 것과 같이 샘에게 선택을 받게 되면 다른 가능성들을 버려야 한다. 다른 가능성들을 포기해야 한다. 그녀에게 가능성들의 좁음은 어두운 면을 가지고 있다. 즉, 더 많은 가능성을 막을수록 더 작고, 짧고 그리고 활력적이지 않은 그녀의 인생이 되기 때문이다.

철학자 하이데거Heidegger는 죽음을 "더 이상의 가능성은 없다(The impossibility of further possibility)."라고 정의하였다. 이러한 점에서 팻의 불안이 외관상으로 나타나는 피상적인 일인 파티에 남자친구를 데리고 가는 것에 대한 결심이 딜레마에 빠진 이유는 무엇일까? 그것은 죽음불안이며, 이것은 팻의 죽음불안이라는 바닥 없이 깊은 우물에서 퍼 올린 것이다. 이것이 깨닫는 경험으로 작동하는 것이다. 그녀의 결심에 대한 더 심오한 의미에 대하여 초점을 맞추는 것이 상담의 효율성을 뚜렷하게 증진시켰다.

　책임감에 대한 분석은 그녀가 젊은 시절로 되돌아갈 수 없다는 불가능성에 대한 더 큰 깨달음을 주었다. 그녀 또한 자신의 인생은 이혼하기 전까지 계속 상승하는 것 같았다고 했다. 그러나 지금은 이혼이 정말로 돌이킬 수 없는 사건이라는 것을 깨달았다. 결국 그녀는 이혼을 자신의 마음에서 흘러가도록 내버려 두었고, 포기를 수용하고 미래로 향하였으며, 샘과 결합하는 것을 결정할 수 있었다.

　인간은 항상 성장하고, 발전해야 하고, 위로 상승해야 한다는 팻의 착각은 이상한 것이 아니다. 이러한 인간이 가진 착각은 계몽주의 이후의 서구 문명에서 발전해야 하는 사상과 미국 사회의 경제적 상태의 상승에 의해 크게 강화가 되었다. 물론 앞으로 나아간다는 진전(progress)은 단지 마음속으로 구성한 생각일 뿐이다. 즉, 인류 역사를 개념화하는 데는 여러 가지 방법이 있다. 고대 그리스에서는 진전에 대한 사상에 대해 동의하지 않았다. 대조적으로 그들은 과거 지난 세기의 더 밝게 빛났던 황금시대를 돌아보았다. 팻이 그랬던 것과 같이 상승진보는 신화에 불과하다는 갑작스러운 깨달음은 충격일 수 있고, 이것에는 생각과 신념의 상당한 이동이 뒤따른다.

일깨워 주는 경험으로서의 인생의 이정표

　각성 경험의 다른 예들은 더 평범하고 더 미묘한 경험들이다. 이 경험들은 중·고등학교와 대학교 친구들의 재회, 생일과 기념일, 재산 정리와 유서 작성, 50회 혹은 60회의 생일과 같은 삶에서의 이정

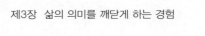

표와 연관되어 있다.

중 · 고등학교와 대학교 동창과의 재회

특별히 졸업한 지 25년 후의 중 · 고등학교와 대학교 동창들과의 재회는 잠재적으로 풍부한 경험을 제공한다. 이제는 성인이 다 되고 나이가 들어 보이는 학창 시절의 동창을 보는 것보다 인생의 빠름을 보여 주는 것은 없다. 물론 이미 사망한 동창들의 이름을 되새겨 보는 것은 우리를 더 진지하고 강력하게 각성하게 한다. 어떤 동창들의 모임에서는 자신들의 양복 깃에 학창 시절의 사진을 달고 동창들을 만나면서, 어린 시절의 얼굴과 현재의 얼굴을 비교하며 주름진 얼굴에 젊은 시절에 있었던 천진난만한 눈을 발견하도록 한다. 이렇게 하면서 '많이 늙었어, 모두들 많이 늙었네. 나는 이 집단에서 무엇을 하고 있는 것이지? 나는 친구들에게 어떻게 보일까?'라는 생각을 거부할 수 있을까?

나에게 동창들과의 만남은 내가 30년 전, 40년 전, 심지어 50년 전에 읽은 소설의 결론과 같다. 동창들은 서로가 깊은 친밀감의 공통된 과거의 일들을 가지고 있다. 그들은 당신이 성인으로서의 사회적 역할을 가지고 있기 전의 신선하고 젊었을 때의 당신을 알고 있다. 그렇기 때문에 동창들과 재회 후 뜻밖의 많은 새 결혼이 이뤄지기도 한다. 옛날 학교 친구들은 신뢰감을 느끼고, 옛사랑은 다시 불타오르고, 오래전에 모두 무한한 희망을 배경으로 시작한 드라마의 출연 멤버들이다. 그래서 나는 내담자들에게 그들의 동창 모임에 참석하고 동창들의 반응에 대해 기록하라고 격려한다.

재산 정리

재산 정리는 불가피하게 실존적인 깨달음을 불러일으킨다. 재산 정리를 할 때 당신의 죽음·상속자에 대해 말하고, 일평생 모아 둔 물건과 돈의 분배에 대해 골몰히 생각을 한다. 당신의 일생을 정리하는 이 과정에서 많은 질문이 떠오른다. 누구를 사랑하는가? 누구를 사랑하지 않는가? 누가 나를 보고 싶어 할까? 내가 누구에게 관대할 것인가? 당신의 인생을 되돌아보는 과정에서 인생의 끝을 직면하면서 장례 절차를 마련하고, 마무리되지 않은 일들을 직면하여 해결해야 하는 실제적인 조치를 해야 한다.

죽음을 기다리는 치명적인 병을 가진 나의 환자 중 한 사람은 자신의 불륜을 정리하는 과정을 시작했다. 그의 가족에게 불편함을 일으킬 수도 있는 모든 이메일 메시지를 삭제하는 일에 며칠이 소비됐다. 그는 오래된 연인으로부터 받은 메일을 삭제하면서 슬픔에 휩싸였다. 모든 사진, 추억되는 물건들, 열정적인 경험들을 최종적으로 제거하는 것은 불가피하게 실존적인 불안을 불러일으켰다.

생일과 기념일

중요한 생일과 기념일 또한 잠재적인 자각의 경험이 될 수 있다. 일반적으로 생일 선물, 케이크, 축하 카드 그리고 즐거운 파티와 함께 축하를 하지만, 진정 무엇에 관한 축하인가? 아마 그것은 냉혹한 세월의 빠름에 대한 어떤 슬픈 추억을 떨쳐 버리려는 시도에 대한 축하일 것이다. 치료사는 환자의 생일, 특별히 중요한 생일, 10년마다 오는 기념일을 잘 기록하여 놓고, 생일과 기념일을 맞이하는 기분이 어떠한지 물어본다.

50세 생일을 맞이한 윌리엄　인간 죽음의 문제에 대해 예민한 치료사들은 죽음 문제에 공통성이 있다는 것에 감명을 받을 것이다. 몇 번이고 되풀이해서 나는 이 책의 한 부분을 쓰기 시작했는데, 바로 그날 한 환자가 (나는 의식적으로 죽음에 대한 것을 잡아당기지 않았는데) 관련된 임상적 사례를 나에게 주었다. 나는 이 각성하는 경험에 대한 부분을 쓰면서 치료가 발생하는 시간을 깊이 생각한다.

윌리엄과 네 번째 상담이었다. 그는 대단히 이지적인 49세의 변호사였다. 나를 찾은 이유는 일에 대한 열정을 잃어버렸고, 일을 하는데 자신이 가진 많은 지적 재능을 사용하지 않기 때문이었다(그는 일류 대학교의 최우수 졸업생이었다).

윌리엄은 그의 동료들이 자신에게, 무료로 과도하게 일을 하여 지불 청구가 가능한 사건이 너무 적다고 공개적으로 비판한다는 말을 하면서 상담을 시작했다. 15분 후에 그의 작업 상황을 설명하면서, 항상 조직 사회에 잘 적응하지 못했던 내력을 길게 이야기했다. 이것은 중요한 배경이 되는 정보인 것 같아서, 이 부분을 이야기할 때는 거의 침묵을 지키고 있었다. 물론 그가 무료로 일을 하면서 보여준 연민에 대해서는 언급을 했다.

잠깐의 침묵 후에 윌리엄은 "그런데, 오늘이 저의 50세가 되는 생일입니다."라고 말했다.

"50세 생일인데, 맞이한 느낌이 어떠십니까?"

"글쎄요, 아내는 생일로 야단법석을 떨고 있습니다. 오늘 저녁에 몇몇 친구들과 함께 생일을 축하하는 저녁식사를 할 겁니다. 그런데 그것은 제 생각이 아닙니다. 저는 싫습니다. 야단법석을 떠는 것이 싫습니다.”

“왜 그렇죠? 생일을 위해 이렇게 하는 것을 왜 싫어하죠?

“저는 어떤 종류의 칭찬도 불편합니다. 저는 ‘저 사람들이 진짜 나를 모른다.’ 혹은 ‘그들이 나를 알았다면…….’이라고 내면으로 중얼거리면서 묵살해 버립니다.”

“만일 저 사람들이 정말로 당신을 잘 안다면, 그들이 어떻게 말할까요?”라고 물어보았다.

“저 자신조차도 저를 모릅니다. 저는 칭찬을 받는 것이 불편할 뿐 아니라, 칭찬을 하는 것도 불편합니다. 왜 그런지 이해할 수가 없습니다. 제 마음 깊숙이 어두운 층이 깔려 있다고 말하는 것 외에는 뭐라고 말할 수 없습니다.”

“윌리엄, 그 어두운 층에서 분출되는 것이 무엇인지 알고 있습니까?”

“네, 거기에 죽음이라는 것이 있습니다. 죽음에 대한 책을 읽을 때마다, 특별히 어린아이의 죽음에 대한 것을 읽을 때마다 말문이 막힙니다.”

“저와 함께 있으면서 어두운 층에서 무언가가 올라옵니까?

“그렇지 않습니다. 왜요? 선생님은 다른 것을 생각하세요?

“저는 우리의 첫 상담이나 두 번째 만남에서 당신이 갑자기 격한 감정을 느끼고 눈물을 흘린 것에 대해서 생각하고 있습니다. 당신은 눈물을 흘리는 것이 매우 드문 일이라고 말했습니다. 이렇게 말한 것이 전혀 기억나지 않습니까?”

“전혀 기억이 나지 않습니다. 사실 그때를 전혀 기억하지 못합니다.”

"저는 이것이 당신의 부친과 어떤 문제를 가지고 있다고 믿습니다. 이 기회에 한번 그것이 무엇인지 밝혀 봅시다."

나는 내 컴퓨터 쪽으로 걸어가서 윌리엄 자료에서 '눈물' 단어를 찾아본 후 자리로 돌아왔다.

"그것은 아버지에 관한 것이었습니다. 그 당시 슬픔에 가득 차서 아버지와 인간적인 대화를 해 보지 못한 것에 대해 후회한다고 하면서 갑자기 눈물을 흘렸습니다."

"아, 맞습니다, 기억이 납니다. 아, 방금 어젯밤에 아버지에 관한 꿈을 꾼 것이 생각났습니다. 방금 전까지는 이 꿈에 대한 기억이 없었습니다. 만약 선생님이 상담을 시작할 때 어젯밤에 꿈을 꾼 것이 있냐고 물어보았다면 없다고 했을 것입니다. 어쨌든 그 꿈에서 저는 아버지와 삼촌에게 이야기를 하고 있었습니다. 아버지는 12년 전에 돌아가셨고, 삼촌은 2년 전에 돌아가셨습니다. 저와 아버지 그리고 삼촌이 즐겁게 대화를 하고 있을 때, 저 스스로에게 말하는 것을 들었습니다. 이분들은 다 돌아가셨어, 다 죽으신 분이야, 그런데 걱정하지 마, 이 모든 것을 이해할 수 있어, 이런 건 꿈에서는 정상이야."

"꿈에서 당신 스스로에게 한 말이 꿈을 깨지 않고 잘 수 있도록 만든 것 같습니다. 부친에 대해서 자주 꿈을 꿉니까?"

"제 기억에는 전에는 한 번도 꾸지 않았습니다."

"윌리엄, 상담 시간이 거의 다 되어 가지만 당신이 일전에 이야기했던, 칭찬을 해 주고 칭찬을 받는 것에 관해서 한번 물어보겠습니다. 그런 것이 이 상담실에서도 일어났습니까? 당신과 저 사이에 말이죠. 초기에 당신이 무료로 변호 일을 한다고 설명하였을 때, 제가

태양을 직면하기

당신의 연민에 대해서 말을 했습니다. 그런데 당신은 저에게 반응을 하지 않았습니다. 그때 제가 당신의 연민에 대해 긍정적으로 이야기 했을 때 어떻게 느꼈는지 궁금합니다. 그리고 당신이 저에 대해 긍정적으로 말하는 데 어려움을 느끼는지 알고 싶습니다." [나는 이 경우와 같이 지금-여기(here-and-now)에 대한 이야기를 하지 않고 시간을 보내는 경우는 거의 없다.]

그는 일어날 준비를 하면서 "확실히 모르겠습니다. 이것에 대해 생각해 보도록 하겠습니다."라고 말했다.

내가 한마디를 더 했다.

"윌리엄, 마지막으로 한 가지 물어보고 싶은 것은 오늘 상담과 저에 대해 다른 느낌이 없었습니까?"

윌리엄은 "좋은 상담이었습니다."라고 답했다.

"상담 초기에 제가 눈물 흘린 것을 기억한 것에 감동을 받았습니다. 그러나 상담이 끝날 때 제가 칭찬받을 때 또는 그 반대로 선생님을 제가 칭찬할 때 어떻게 느끼는지 질문할 때 상당히 마음이 불편하기 시작했습니다."

"좋습니다. 그런 불편함이 상담치료에 있어서 가장 좋은 방향으로 안내할 것이라고 확신합니다."

윌리엄과의 상담치료에서 내가 '어두운 면'에 대해서 물어보았을 때 예상 밖으로, 그리고 자발적으로 죽음의 주제가 나온 것에 주목하기 바란다. 상담 중에 상담 기록을 보기 위해 내 컴퓨터의 자료 화면을 보는 것은 매우 드문 경우지만, 그가 매우 이지적인 사람이기에 상담 중에 그가 보인 감정의 표현을 찾고 싶었다.

윌리엄에게 내가 할 수 있었던 모든 실존적 문제들을 생각해 보

자. 첫째는 그의 50번째 생일이다. 이런 중요한 생일은 대개 많은 내적 분기점이 된다. 그리고 내가 그의 숨어 있는 층에 관해 질문을 하자 놀랍게도, 내가 유도하지 않았음에도 불구하고 죽음에 대해 책을 읽을 때, 특별히 아동의 죽음에 대해서는 감정이 격하여 말문이 막힌다고 했다. 그리고 나서 다시 기대하지 않았던 아버지와 삼촌과 이야기했다는 꿈을 떠올렸다.

이후에 진행된 상담치료에서 그 꿈에 대해 초점을 맞추어 상담을 했을 때, 윌리엄은 죽음에 관한 그의 숨겨진 두려움과 슬픔을 알게 되었다. 숨겨진 두려움과 슬픔은 그의 아버지의 죽음, 어린아이들의 죽음, 그리고 이것들 뒤에 있는 그 자신의 죽음이었다. 죽음에 관한 두려움의 감정으로부터 벗어나야 한다고 결론을 내렸는데, 이유는 그가 이 죽음이 불시에 자신에게 닥쳐 오는 것을 막을 필요를 느꼈기 때문이다. 상담치료 중에 몇 번이나 감정을 억누를 수 없게 되었고, 나는 그의 어두운 면과 말로 표현할 수 없는 두려움을 공개적으로 말하도록 도와줬다.

일깨워 주는 경험으로서의 꿈

만일 우리가 강력한 꿈이 주는 의미를 들을 수 있다면 삶의 의미를 깨닫게 되는 경험을 할 수 있을 것이다. 슬픔에 잠긴 한 젊은 미망인이 나에게 말해 주었던 잊을 수 없는 꿈을 생각해 보자. 이 꿈은 사랑하는 사람의 상실이 어떻게 자기 자신의 죽음으로 유족과 직면할 수 있는지를 보여 주는 명쾌한 예이다.

태양을 직면하기

저는 허술한 여름 별장의 그물망이 쳐진 현관에 있었는데, 정문에서 몇 피트 떨어진 곳에서 거대한 입을 가진 위협적인 짐승이 기다리고 있는 것을 보았습니다. 저는 너무 무서웠습니다. 제 딸에게 무슨 일이 발생할까 걱정이 되어서, 먹이를 주어서 그 짐승을 만족시키려고 결정하고 붉은 격자무늬로 만든 봉제 인형을 문 밖으로 던졌습니다. 그 짐승은 그것을 삼켜 버렸지만 가지 않고 그곳에 기다리고 있었습니다. 짐승이 저를 응시하고 있었고, 제가 먹이였습니다.

젊은 미망인은 분명하게 꿈을 이해했다. 그녀는 처음에 이미 그녀의 남편을 빼앗아 간 죽음(꿈에 나타난 위협하는 짐승)이 이제는 자신의 딸을 향한다고 생각했었다. 그러나 거의 즉시 그녀 자신이 위기에 놓여 있다고 깨달았다. 그녀가 다음 차례였고, 짐승이 그녀에게로 왔다. 붉은 무늬가 있는 봉제 인형의 먹이를 가지고 짐승을 달래고, 주의를 다른 곳으로 돌리려고 시도했다. 내가 물어볼 필요도 없이, 그녀는 이 상징의 의미를 알고 있었다. 그녀의 남편이 붉은 격자무늬의 헐렁한 바지를 입고 죽었기 때문이다. 그 짐승은 달랠 수가 없었고, 그 짐승이 향하는 먹이는 그녀였다. 이 설득력 있는 명백한 꿈은 상담치료의 큰 변화를 가져왔다. 그녀의 죽음이라는 재앙의 손실로부터 자기 자신의 유한성과 어떻게 살아야 할 것인가를 더 고려하는 방향으로 바뀐 것이다.

깨닫는 경험은 진귀하거나 호기심이 있는 개념과는 거리가 멀다. 대신 이것은 임상에서 빵과 버터 같은 것이다. 그 결과로서 나는 치료사들에게 어떻게 깨닫는 경험을 알아내고, 이것을 치료에 사용할

제3장 삶의 의미를 깨닫게 하는 경험

수 있는지에 대해 가르치고 있다. 다음에 나오는 마크의 이야기에서와 같이 꿈은 깨닫는 경험의 문을 활짝 열어 이끌었다.

슬픈 꿈이 깨닫는 경험으로: 마크

마크Mark는 40세의 심리치료사로, 장기적으로 지속되는 불안과 죽음에 관한 간헐적인 공황발작으로 인해 치료를 받으러 왔다. 첫 번째 상담에서 그가 얼마나 불안정하고 흥분하는지 보았다. 그는 6년 전 사망한 누나 제닛의 죽음을 고통스럽게 마음속에 담고 있었다. 마크의 어머니는 마크를 출산 후 5년이 지나 뼈암으로 고생하고, 암이 재발하여 많은 훼손을 초래하는 수술을 받고 10년 후 사망을 하였는데, 이 기간 동안 누나는 어머니를 대신해서 마크를 돌보아 주었다.

제닛은 20대 초반에 만성적 알코올 중독자가 되었고, 결국 간질환으로 세상을 떠났다. 누나가 병상에 있을 때 돕기 위해 수십 번의 대륙을 횡단하며 돌보는 헌신을 했지만, 그는 누나를 충분히 돌보지 못했다는 자책을 버릴 수 없었다. 누나의 죽음에 어느 정도 책임이 있다는 스스로의 비난을 멈출 수 없었다. 그의 죄의식은 집요했고, 그를 과거로부터 분리하는 데 많은 어려움을 겪게 되었다.

언급한 것과 같이 잠재적 깨달음의 경험은 모든 종류의 슬픔에 거의 있고 자주 꿈속에 나타난다. 마크가 자주 꾸는 악몽 중 하나에서는 누나의 손에서 피가 흐르는 장면을 설명하였는데, 이것은 어렸을 때의 기억과 연관된 장면이었다. 그가 다섯 살 무렵 누나는 이웃집에 있었는데, 손을 선풍기 팬 안으로 집어넣어 사고가 발생하였다. 마크는 누나가 비명을 지르며 달려가는 모습이 생각났다. 많은 양의 출혈이 있었고, 마크와 누나 둘 다 너무나 놀랐다.

마크는 자신이 어렸을 때 가졌던 생각을 떠올렸다. 만약 그의 보호자인 크고 능력 있고 강한 누나가 진짜로는 피가 나서 비명을 지르는 것과 같이 연약하고 쉽게 무너진다면, 그는 정말로 무서운 것이라고 생각했다. 자신도 보호하지 못하면서 어떻게 나를 보호할 수 있을 것인가? 그렇다면 그의 무의식 속에 도사리고 있는 것은 어떤 공식이 있었을 것인데, 그것은 "만일 누나가 죽는다면, 나도 죽을 것이다."라는 것이었다.

마음을 더 열어 죽음에 대해서 마크와 이야기를 하게 되자, 그는 더욱 마음이 동요되었다. 내 상담실에서 그는 자주 서성거렸다. 그는 일생 동안 항상 움직였다. 한 여행이 끝나면 다음 여행을 계획하고, 가능한 한 모든 경우에 새로운 장소를 방문하였다. 어디서든 영구적인 뿌리를 내려놓으면 저승사자(Grim Reaper)에게 먹이가 되는 앉아 있는 오리가 될 것이라는 생각이 그의 마음을 한 번 이상 스쳐갔다. 그는 자신의 모든 인생이 단지 죽음을 기다리고 있는 고정 패턴에 불과하다고 느꼈다.

점차로 일 년간의 힘든 상담치료 후에 그는 누이의 죽음에 대한 그의 죄의식을 떨쳐 버리게 안내하는 꿈을 꾸었다.

연로하신 삼촌과 숙모가 7구역(squares) 떨어져 있는 누나 제닛을 방문하려고 했다. (이 말을 하면서 종이를 달라고 하더니 7×7이라고 표시를 했다). 제닛이 있는 곳에 가기 위해서는 강을 건너야 했다. 나도 누나를 방문해야 한다는 것을 알고 있었지만, 해야 할 일이 있어 집에 머무르기로 했다. 삼촌 내외분이 떠나려고 할 때 나는 누나에게 작은 선물을 보내야 된다고 생각했다. 내외분이 차를 타고 떠났을 때, 선물에 함께 넣어야 하는 카드를 빠트린 것을 알고 그들의 뒤를 쫓아갔다. 카드가 어떻게 생겼는지 기억이 나는데, 다소 형식적이고 거리감이 느껴지는 것이고, 그 안에 "나의 누이 제닛에게."라고 써 있었다. 강 건너편에 제닛이 격자 무늬 위에 서 있는 것을 볼 수 있었다. 그런데 감정의 동요는 없었다.

이 꿈의 이미지는 예외적으로 투명했다. 연로한 친척들은 사망했고(이것은 강을 건너는 것으로 이미지화되었다.) 7구역 떨어진 제닛을 방문하러 간다(마크의 치료에서 7구역이란 제닛이 7년 전에 사망을 했다는 것). 마크는 이 강을 후에 건너야 한다는 것을 알고 있었음에도 불구하고 머물러 있기로 결정했다. 그는 할 일이 있었고 살아 있어야 한다는 것을 알고 있었다. 그는 누나를 놓아주어야 한다는 것을 알고 있었다(선물과 함께 동봉된 형식적인 카드와 강 건너편에서 손을 흔드는 누나를 보면서 비통이 없었던 것에서 암시가 되었다).

이 꿈이 마크의 변화를 예고했다. 과거에 사로잡힌 것이 사라지고, 점차적으로 현재에서 더 충분히 살 수 있는 것을 점진적으로 배웠다.

꿈은 나의 많은 내담자에게 또한 새로운 문을 열어 주었다. 은퇴를 준비하는 외과 의사인 레이와 케번에게는 상담치료가 종결할 때 새로운 문이 열렸다.

은퇴를 준비하는 외과 의사: 레이

68세의 외과 의사 레이는 자신에게 다가오는 은퇴에 대한 지속적인 불안으로 인해 상담치료를 원했다. 두 번째 상담 시간에 레이는 자신의 꾼 짧은 파편적인 꿈을 이야기했다.

아마 어린 시절, 초등학교 6학년 반 동창회 모임에 갔습니다. 건물 안으로 들어가서 입구에 걸린 학급 사진을 보았습니다. 오랜 동안 그 사진을 유심히 쳐다보았고, 반 동창들의 얼굴을 다 보았지만 저의 얼굴만 보지 못했습니다. 그 사진에서 저를 발견할 수 없었습니다.

"꿈속에서 당신의 기분은 어땠습니까?"라고 물어보았다. (항상 나의 첫 질문은 꿈 전체나 일부와 관련된 감정을 찾는 것에 특별히 유용하다).

"말하기 어렵습니다. 꿈은 무겁고 진지한 것 같은데, 유쾌하지 않은 것은 분명합니다."

"그 꿈과 연상된 것이 있으면 저에게 말해 보세요. 아직 당신의 마음눈에서 그 꿈을 보고 있습니다." (꿈이 선명할수록 환자의 연상은 더 많은 유용한 정보를 제공한다.)

그는 고개를 끄덕였다.

"사진이 제일 중요한 것입니다. 사진을 뚜렷이 보고 있습니다. 많은 얼굴을 알아보지 못하지만, 사진에 제가 없다는 것은 알고 있습니다. 저를 사진에서 발견할 수 없습니다."

"무엇이 그렇게 만들었을까요?"

"네, 확신하지는 못하지만 두 가지 가능성이 있습니다. 첫째는 제가 저의 학급 혹은 다른 학급에 끼지 못했다는 느낌이 있습니다. 저는 인기가 없는 아이였습니다. 항상 밖을 배회했습니다. 그러나 작업실(operating room)은 예외였습니다."

"두 번째 가능성은 어떤 것이죠?"

내가 재촉해서 물어보았다.

"네, 두 번째 가능성은 학급 아이들이 사진에 다 있었지만 제가 없었는데, 아마 저의 죽음을 암시하거나 예측하는 것이 아닐까요?"

그의 목소리가 낮아졌다.

이렇게 꿈을 통하여 많은 풍부한 자료들이 나타나고 몇 가지 가능한 방향들이 제공이 되었다. 예로, 레이가 학급에 끼지 못하는 것, 인기가 없는 것, 친구가 없는 것, 작업실 외에 어디에서나 집과 같은 느낌을 가지지 못한 것에 대해 탐색할 수 있었다. 나는 레이가 "저 자신을 발견할 수 없어요."라고 말한 것에 집중할 수 있었고, 그의 핵심과 동떨어져 있다는 그의 감각에 초점을 맞췄다. 그의 꿈은 이러한 그의 문제들에 대해 초점을 맞출 수 있도록 한 해의 상담치료 계획에 도움을 주었다.

그러나 무엇보다도 나의 관심은 꿈속에 본 학급 사진에 레이가 없었다는 한 가지에 집중되었다. 자신의 사진이 없는 것을 자신의 죽음과 연관시킨 그의 말이 가장 관련 있는 문제인 것 같았다. 어쨌든 그는 68세로 다가오는 은퇴의 불안으로 상담치료를 받으러 온 사람이다. 은퇴를 생각하는 누구든지 죽음에 관해 숨겨 있는 관심을 가지고 있고, 꿈을 통해 자주 죽음에 관한 불안을 나타내 보인다.

깨닫는 경험으로서의 치료의 끝

치료의 끝에 관한 꿈: 케번

48세의 엔지니어 케번의 주기적인 공포증은 14개월간의 치료 동안 거의 완전하게 사라졌고, 이런 꿈을 꾸었다.

> 나는 긴 건물 안에서 쫓기고 있었다. 누가 쫓아오는지는 모른다. 나는 놀라서 지하실로 가는 계단 쪽으로 내려가고 있었다. 어느 한 지점의 천장에서 마치 모래시계처럼 모래가 똑똑 떨어지는 것을 보았다. 나는 앞으로 더 나갔지만 어두워서 나갈 길을 찾지 못했다. 그때 갑자기 지하실 복도 끝에서 거대한 창고의 문이 약간 열린 것을 보았다. 무서웠지만, 그 문을 통과했다.

이 어두운 꿈의 느낌을 물었을 때, "두려움과 무거움."이라고 케번이 답했다. 연상에 대한 것을 물어보았지만, 거의 없었다. 그는 꿈에 대해 아무 생각도 떠오르지 않았다. 나의 실존적 관점에서 상담을 종결하는 것과 나에게 작별을 말하는 것은 그에게 다른 상실과 죽음에 대한 생각을 불러일으켰을 것이라고 느꼈다. 꿈에서 특별히 두 가지 이미지가 내 관심을 끌었다. 모래시계와 같이 모래가 떨어지는 것과 창고의 문이다. 이것에 대해 나의 생각을 설명하기보다는 이 이미지에 대해 연상해 보라고 재촉했다.

"모래시계가 무슨 생각을 하게 합니까?"

"시간에 대한 생각입니다. 시간이 촉박합니다. 인생의 절반이 지났습니다."

"그러면 창고는 무슨 생각을 하게 합니까?"

"시체 창고. 영안실."

"케번, 오늘이 상담치료 마지막입니다. 우리의 시간이 끝나가고 있습니다."

"네, 저도 그 생각을 했습니다."

"영안실과 시체 창고. 몇 주간 동안 죽음에 대해서는 말을 하지 않았습니다. 그런데 애초에 이것 때문에 저에게 온 것입니다. 종결하는 상담을 맞이한 당신에게 오래된 문제들이 나타나고 있습니다."

"저도 그렇게 생각합니다. 제 질문은 정말로 상담을 종결할 준비가 되어 있는지 묻고 있습니다."

경험이 많은 치료사들은 이러한 질문을 치료를 연장할 정도로 심각하게 받아들이지 말아야 한다는 것을 알고 있다. 대개 의미 있는 치료 과정을 거친 내담자들은 상담 종결에 대해 많은 애매함을 가지고 있고, 처음 증상이 재발되는 경험을 한다. 예전에 어떤 사람은 심리치료를 순환치료로 언급한 적이 있다. 매번 개인적 변화를 더 엄격하게 보호하면서, 동일한 문제를 반복적으로 들고 나온다. 나는 케번에게 계획대로 상담치료를 종결하자고 제안했지만, 이 후 두 달 간 후속 상담치료가 있었다. 후속 상담에서 케번은 잘했고, 치료에서 얻은 것을 그의 일상생활에 잘 적용하는 과정도 좋았다.

깨닫는 경험은 이반 일리치와 같이 죽음의 자리에서 발생하거나 많은 암 환자의 가까운 죽음의 경험까지, 개인들이 실존적 문제들을 시험할 준비가 되어 있는 일상생활에서 더 세밀한 직면(생일, 슬픔, 동창 재회, 꿈, 빈둥지증후군)으로 만나는 범위가 넓다. 깨닫는 각성은 이러한 실존적 문제들에 민감성을 가진 친구나 치료사와 같은 다른 사람의 도움에 의해서 자주 도움을 얻을 수 있다.

이러한 실존적 문제와 경험하는 것의 핵심은, 죽음 직면은 불안을 불러일으키지만 또한 삶을 매우 풍요롭게 할 수 있는 잠재력을 가지고 있다는 것을 마음에 새겨야 한다. 그러나 각성의 경험들은 강력하지만 수명이 짧다. 그래서 이 각성의 경험들이 어떻게 오래 지속될 수 있는지를 이어서 전개해 나갈 것이다.

제**4**장

생각의 힘

생각은 힘을 가지고 있다. 과거 많은 위대한 사상가와 작가들의 통찰은 우리가 죽음에 동요되어 불안한 것을 가라앉히도록 도와주고, 인생에서 의미 있는 길을 찾도록 도와준다. 제4장에서는 죽음의 불안에 의해 괴롭힘을 당하는 환자들에게 가장 효과적인 치료를 한 것으로 판단되는 사상가들과 작가들의 생각을 살펴볼 것이다.

에피쿠로스와 영원한 지혜

에피쿠로스는 철학의 고유한 사명이 인간의 고통을 덜어 주는 것이라고 믿었다. 인간 고통의 근본 원인은 무엇인가? 그 이유에 대해 에피쿠로스는 "어느 곳에나 있는 죽음에 대한 두려움이다."라고 명확하게 답한다.

피할 수 없는 죽음의 무서운 생각은 인생의 즐거움을 방해하고 기쁨을 남기지 않는다. 왜냐하면 어떤 활동도 인간이 갈망하는 영원한 생명(eternal life)을 만족시킬 수 없고, 모든 활동은 본질적으로 여기에 대한 보상이 없기 때문이다. 에피쿠로스는 많은 사람이 삶을 혐오했고, 아이러니컬하게도 자살의 지점에까지 이르러서도 생을 혐오했다고 기록을 남겼다. 다른 사람들은 열광적이고 목적이 없는 활동에 몰입을 하는데, 이것은 단지 인간의 조건 안에 있는 내재된 죽음의 고통을 피하는 것 외에는 다른 목적이 없다고 했다.

에피쿠로스는 인간은 즐거운 경험에 대한 깊이 새겨진 기억을 저장하고 회상하는 것을 촉구함으로써 고상한 행동에 대한 끊임없고 만족스럽지 못한 탐구를 한다고 말한다. 그는 만일 우리가 그러한 기억들을 언제나 끄집어 낼 수 있는 것을 계속해서 배울 수 있다면, 끝없는 쾌락주의적 추구가 필요하지 않을 것이라고 제안했다.

전설에 의하면 에피쿠로스는 자신의 권고를 따라 그의 임종 침상에서(신장결석에 따른 합병증)에서 극심한 고통에도 불구하고 그의 친한 친구와 학생들과 함께 나눴던 즐거운 대화를 회상하면서 평정심을 유지했다고 한다.

그는 죽음의 관심은 대부분의 개인들에게 의식화되지 않기에 위장된 표현에 의해 추론되어야 한다고 강조했다. 예를 들면, 과도한 종교성, 모든 소모적인 부의 축적, 권력과 명예에 대한 맹목적 추구는 불사성(immortality)의 위조된 판을 보여 주는 것이라고 했다. 이것은 현대의 무의식적 관점을 예상했던 에피쿠로스의 천재적 표현이다.

어떻게 그는 죽음불안의 경감을 완화시키려고 시도하였는가? 그는 그의 제자들이 교리문답서처럼 외웠던 잘 구성된 논리의 시리즈를 만들었다. 이 논리의 주장 중 많은 것은 과거 2,300년 넘게 논의되어 왔고, 아직도 여전히 죽음의 불안을 극복하는 데 밀접하게 연관이 되어 있다. 이 장에서는 그의 논리에서 가장 많이 알려진 세 가지를 살펴볼 것인데, 이 세 가지는 많은 내담자와 함께 상담을 하면서 가치가 있다고 발견한 것이며, 개인적으로는 나의 죽음불안을 완화시키는 데 가치가 있는 것이다. 그 세 가지는 다음과 같다.

1. 영혼의 죽음

2. 죽음이라는 궁극적 무(nothingness)

3. 대칭성(symmetry)의 논리

영혼의 죽음

에피쿠로스는 영혼은 죽음을 면할 수 없는 것이기에 육체와 함께 사멸된다고 했다. 그의 결론은 소크라테스Socrates의 결론과 정반대의 것이다. 소크라테스는 에피쿠로스보다 100년 전에 사형을 받기 전 영혼의 불멸설에 대한 것과 그의 지혜의 탐구를 공유하는 마음을 같이하는 사람들의 영원한 공동체를 즐길 것이라는 기대 속에서 위안을 찾았다. 플라톤의 대화집 『파에도(Phaedo)』에 잘 서술되어 있는 소크라테스의 입장 대부분은 신플라톤주의자들에 의해 받아들여지고 보존되어, 궁극적으로 사후 세계에 대한 기독교의 신앙에 중요한 영향을 미쳤다.

에피쿠로스는 동시대의 종교 지도자들에 대하여 격렬하게 비난했다. 왜냐하면 그 시대 종교 지도자들은 자신들의 권력을 확대시키기 위해, 종교의 규율과 율법을 지키지 않으면 사후에 받게 될 징벌이 있을 것이라는 경고를 하면서 그들의 추종자들에게 죽음불안을 증가시켰기 때문이다. (그 후 수세기 동안 중세 기독교의 종교 그림들은 지옥의 형벌을 표현하였고, 15세기의 히에로니무스 보쉬Hieronymus Bosch가 그린 최후 심판의 장면들은 죽음불안을 피투성이가 되는 모습으로 그려 시각적 차원을 더했다).

에피쿠로스는 만일 우리가 인간으로서 영혼이 살아남지 못한다면 사후에 두려워해야 할 일이 아무것도 없다고 주장한다. 우리는 의식도 가지지 않을 것이고, 사라진 삶에 대해 후회도 없을 것이고, 신에 대해서도 두려워할 일이 없을 것이다. 그는 신의 존재에 대해 부정하지 않았다[그 논쟁은 위험한 것이었는데, 소크라테스는 불과 한 세기 전에 이단(heresy)이라는 죄목으로 처형을 당했다]. 에피쿠로스는 신을 인간 생활에서 의식하지 못하고, 신은 단지 평안과 인간이 열망해야 할 행복의 모델로서만 유용하다고 했다.

죽음이라는 궁극적 무

두 번째 논의에서 죽음은 아무것도 없는 무라고 했는데, 이유는 영혼은 죽는 것이고 죽을 때 흩어져 버리기 때문이라는 관점을 가지고 있다. 흩어져 버린 것은 인식하지 못하고, 인식되지 못한 어떤 것도 인간에게는 아무것도 아니기 때문이다. 다른 말로 한다면, 내가 있는 곳에 죽음은 있지 않고, 죽음이 있는 곳에 나는 없다는 것이다. 그래서 에피쿠로스는 "우리가 죽음을 결코 인식할 수 없을 때 왜 죽음을 두려워하는가?"라는 신념을 가지고 있다.

에피쿠로스의 입장은 우디 앨런Woody Allen이 신랄하게 말한 "나는 죽음이 두렵지 않다. 죽음이 일어날 때 나는 그냥 거기에 있고 싶지 않다."와 같다. 에피쿠로스는 죽음과 '나'는 결코 공존할 수 없기에 죽음이 발생했을 때 죽음을 모를 것이고, 우리는 그 자리에 없을 것이라고 했다. 왜냐하면 우리는 죽었기 때문에 죽은 것을 알지 못하는데, 그러면 두려워할 것이 없기 때문이다.

대칭성의 논리

에피쿠로스의 세 번째 논의는 죽음 후에 우리의 비존재(non-being) 상태는 우리가 태어나기 전에 있는 상태와 같은 상태라는 관점을 가지고 있다. 나는 이 오래된 논의에 관한 많은 철학적 논쟁에도 불구하고, 이 논쟁이 죽어 가는 사람들에게 위안을 주는 힘을 가지고 있다고 믿는다.

사람들은 이 논쟁에 대해 몇 세기에 걸쳐 언급을 했지만, 위대한 러시아 작가 블라디미르 나보코브Vladimir Nabokov의 자서전 『말하라 기억하라(Speak, Memory)』보다 수려하게 표현된 것은 없다. 이 책은 다음과 같이 시작된다.

요람이 단절(abyss) 위에서 흔들린다. 상식적으로 인간의 존재는 두 개의 영원한 어둠 사이 순간의 빛의 틈일 뿐이다. 이 두 개의 영원한 어둠은 일란성 쌍둥이임에도 불구하고, 일반적으로 인간은 출생 전의 단절을 한 시간에 4,500번의 심장 박동으로 가는 것보다 더 차분하게 본다.

나는 개인적으로 출생 이전의 시간과 죽음 이후의 시간인 두 가지의 비존재 상태를 생각하는 많은 경우 위로가 된다. 즉, 이 두 비존재는 일란성 쌍둥이인데 인간은 죽음 후의 시간에 대해 많이 두려워하고 처음에 대해서는 두려워하지 않는다는 것이다.

한 독자가 보낸 이메일에 관련된 감정이 나타난다.

이제 저는 다소간 망각이라는 단어에 대해서 편안합니다. 망각은 단지 논리적 결론인 것 같습니다. 저는 어렸을 때부터 사람은 죽은 후에 필연적으로 태어나기 전의 상태로 돌아간다고 생각했습니다. 사후 세계에 대한 생각은 이치에 맞지 않고, 결론의 단순함과 일치하지 않습니다. 사후 세계의 생각으로 제 자신을 위로할 수 없습니다. 왜냐하면 행복하든지 행복하지 않든지 간에, 사후에도 끝나지 않는다는 존재에 대한 생각은 유한한 존재라는 사실보다 훨씬 더 두렵게 하기 때문입니다.

일반적으로, 죽음의 공포로 고통을 당한 환자와 하는 초기 상담에는 에피쿠로스의 생각을 소개한다. 이렇게 하는 것이 환자에게 치료의 이상적인 일을 소개하고 내담자와의 관계성을 가지려는 나의 의지를 전달해 준다. 즉, 나는 환자가 가지는 두려움의 방에 기꺼이 들어가고, 죽음의 공포스러운 여정을 쉽게 하는 데 도움을 제공하는 것이다. 몇몇 환자들은 에피쿠로스의 생각이 부적절하고 내용이 없는 것이라는 것을 발견하지만, 대부분의 환자는 위안과 도움을 얻는다. 그 이유는 아마 에피쿠로스의 생각이 환자들의 보편적 관심사를 상기시켜 주고, 에피쿠로스와 같은 위대한 사상가들이 자신들과 같은 문제를 가지고 극복하려고 노력했다는 사실 때문일 것이다.

파문 효과

일시적인 인생이라는 고통과 죽음의 불안에 대항하는 나의 치료 기간에 얻은 생각 중에 파문 효과(rippling)가 유난히 강력하다는 것을 발견했다.

파문 효과는 우리 각자 개인이 자주 의식적이거나 지식을 가지지 않고 몇 년 또는 몇 세대 동안 영향을 미칠 수 있는 중심된 원을 창조하는 것을 말한다. 우리가 다른 사람에게 영향을 미친 것이 결국 또 다른 사람에게 영향을 미치게 되고, 이것은 마치 연못에 잔물결이 시작되어 이것이 물결이 보이지 않을 때까지 지속되지만 나노(nano) 수준에서는 계속되는 것과 같은 현상이다. 우리 자신의 어떤 것을 남길 수 있다는 생각은, 심지어 우리가 알고 있는 것을 넘어서 인간의 유한성과 일시성에서 오는 불가피한 무의미를 이야기하는 사람들에게 잠재적인 답을 제시한다.

파문 효과는 반드시 우리의 이미지나 이름을 남기는 것을 의미하지는 않는다. 대부분 우리들은 오래전에, 지금은 척박한 땅의 부서진 거대한 골동품 조각상에 대한 셸리Shelley의 시를 읽을 때 후대에 명성을 남기는 것이 허무하다는 것을 배웠다.

내 이름은 오지만디아스Ozymandias이며 왕 중의 왕이다.
나의 업적, 권력 그리고 절망을 보라.

개인의 정체성(identity)을 남기려 하는 시도는 항상 헛된 것이다. 왜냐하면 인간 삶의 일시성은 영원한 것이기 때문이다. 내가 사용하는 '파문 효과'란 우리의 인생 경험에서 무언가를 남긴다는 것 대신에 언급하는 것이다. 어떤 특징, 지혜, 안내, 선, 타인이 알든 모르든 위로가 전달된다는 것이다. 바바라의 이야기는 여기에 해당된다.

태양을 직면하기

그 사람을 알려면 그 사람의 친구들을 보라: 바바라

몇 해 동안 죽음불안으로 고통받던 바바라Babara는 죽음불안을 눈에 띄게 경감시킨 두 가지 사건을 이야기했다.

첫 번째 사건은 30년 만에 처음으로 모인 동창회에서 발생했다. 학창 시절 친하게 지냈던 약간 어린 친구인 앨리슨은 바바라에게 달려와 포옹하였고, 앨리슨은 10대 때 바바라가 보여 주었던 광범위한 조언에 대해 고맙다고 하였다.

바바라는 파문 효과에 대한 일반적인 개념을 오래전부터 알고 있었다. 학교 교사로서 학생들에게 영향을 미쳤지만, 학생들이 그녀에 대한 기억과 영향을 받은 것은 별개의 것으로 여기고 있었다. 잊어버렸던 어린 시절 친구들과의 만남이 그녀에게 파문 효과가 정말로 존재한다는 것을 알려 주었다. 바바라는 자신의 조언과 안내의 많은 부분이 어린 시절 친구들의 기억 속에 지속되고 있다는 것이 기쁘고 놀라웠다. 정말로 놀란 것은 다음날 앨리슨의 13세 된 딸을 만났을 때다. 그 딸은 자기 엄마의 전설적인 친구를 만났다는 사실에 흥분하고 있었다.

동창 모임을 마치고 집으로 돌아오는 비행기 안에서 모임에 대한 회고를 하는 동안 죽음에 관한 새로운 깨달음을 얻었다. 그녀가 생각했던 것처럼 죽음은 완전한 소멸이 아닐 수도 있다는 사실이었다. 그녀라는 사람이나 심지어 그녀라는 사람에 대한 기억이 살아남는 것은 그렇게 본질적인 일이 아닐 수도 있다. 중요한 것은 그녀의 파문 효과가 지속된다는 사실이다. 그녀의 파문 효과의 중요성이란 어떤 행동과 생각에 대한 파문이 다른 사람들의 삶에서 선과

제4장 생각의 힘

기쁨을 경험할 수 있게 돕고, 이 파문이 그녀를 자랑스럽게 하고 불멸, 공포, 매스 미디어와 세상에 독점물인 폭력에 대항하여 행동하는 것이다.

이러한 생각들은 두 번째 사건에 의해 더 강화되었다. 그녀의 모친은 이후 두 달 후에 사망하였고, 장례식장에서 간략한 어머니에 대한 이야기를 하게 되었다. 어머니가 가장 좋아하는 글귀가 그녀의 마음속에 떠올랐다. 그 사람을 알려면 그 사람의 친구들을 보아라.

이 글은 힘을 가지고 있었다. 바바라는 외동딸로서 어머니의 돌봄, 자상함, 삶에 대한 사랑이 자신 안에 살아 있다는 것을 알고 있었다. 그녀가 어머니에 대한 이야기를 하고 장례식장 주위를 둘러보았을 때 어머니의 영향이 바바라의 친구들에게 전달되었고, 친구들이 자신들의 자녀와 손자와 손녀들에게 전달할 것이라는 것을 느낄 수 있었다.

아동기 이후, 완전한 공허(nothing)에 대한 생각보다 바바라를 무섭게 한 것은 없었다. 내가 소개했던 에피쿠로스의 논의도 효과가 없었다. 예를 들어, 나는 죽음 후의 자각은 존재하지 않기에 완전한 공허인 무에 대해 경험하지 못할 것이라고 했지만 그녀는 안도하지 않았다. 그러나 그녀가 다른 사람에게 제공한 돌봄, 도움 그리고 사랑의 행위를 통하여 존재가 지속된다는 파문 효과에 대한 생각은 그녀의 두려움을 크게 감소시켰다.

"그녀를 알려면 그녀의 친구들을 보라."

이 생각에 담겨 있는 뜻은 생의 의미를 얼마나 강력하게 구조화하고 큰 위로를 주는 것인가. 제5장에서 더 논의하겠지만, 중세 종교 드라마인 〈에브리맨(Everyman)〉이 주는 메시지는 선행은 죽음에 이를 때까지 동행하고 후세대에까지 파문을 미칠 것이라는 것이다.

바바라는 일 년 후에 어머니의 묘비 제막식을 하기 위해 묘소를 다시 방문했고 다양한 파문 효과를 경험했다. 많은 친척 묘지 사이에 위치해 있는 어머니와 아버지의 묘소를 보면서 우울해지는 것이 아니라, 그녀의 정신이 맑아지고 가벼워지는 놀라운 경험을 한 것이다. 왜일까? 말로 이것을 표현하는 것은 어렵지만, 가장 근사치로 할 수 있다면 "만약 부모님이 그렇게 할 수 있었다면, 나도 할 수 있다." 였다. 그녀의 조상들은 죽어서조차 그녀에게 중요한 것을 전달해 주었다.

파문 효과의 또 다른 예

파문 효과의 사례들은 많이 잘 알려져 있다. 이 세상을 살면서 직접적으로나 간접적으로 사람이 다른 사람에게 중요한 영향을 미치고 있다는 이 중요한 배움을 경험해 보지 않은 사람이 어디 있을까? 나는 제6장에서 나의 멘토들이 어떻게 나에게 영향을 미쳤는지 여러분에게 보여 줄 것이다. 정말 내가 다른 사람들에게 가치 있는 사람이 되려는 나의 바람은 은퇴해야 하는 시기를 넘어서 컴퓨터 자판에서 글을 쓰는 주된 이유이다.

나의 저서 『치료의 선물』에서 방사선 치료로 인해 머리털이 다 빠진 것 때문에 사람들이 가발 없이 있는 자신의 모습을 보는 것에 대해 몹시 불편하게 생각했던 한 환자의 사건에 대해서 기술하였다. 이런 사람이 내 사무실에 와서 자신의 가발을 벗었을 때 나는 몇 가닥 남지 않는 머리카락을 부드럽게 만져 주었다. 나는 몇 년 후에 간

제4장 생각의 힘

단한 상담치료 중에 그녀를 다시 보았는데, 그녀는 나의 책에서 자신에 관하여 쓴 것을 최근에 다시 읽었고, 이 내용들이 치료사들과 환자들에게 전해진다는 것에 기쁨을 느꼈다고 했다. 자신의 경험이 자신이 알지 못하는 사람들에게까지 어떤 방법으로 유익을 줄 수 있다는 것을 알았다는 것은 그녀에게 기쁨을 주었다.

파문 효과는 마음을 졸이며 자신을 미래에 투사하고자 하는 많은 계획과 비슷한 것이다. 가장 명확한 계획은 유전자를 자녀들에게 전수해 줌으로써 혹은 장기기증을 통하여 우리의 심장이 다른 사람을 대신해서 움직이고, 기증한 각막이 타인의 눈을 뜨게 하는 생물학적으로 투사하는 바람이다. 나는 약 20년 전 양쪽 눈에 각막 이식을 했다. 나는 사망자가 누구인지 알지 못함에도 불구하고 그분에게 감사한 마음을 가지는 경험을 자주 한다.

다른 파문 효과의 예는,

* 정치적, 예술적 또는 재정적 성취를 통한 탁월성
* 자신의 이름으로 빌딩, 연구소, 재단, 장학금을 남기는 것
* 기초과학에 기부를 하여 다른 과학자들이 연구할 수 있게 하는 것
* 미래 인류의 삶을 위한 구성 요소로 될 수 있게 흩어진 분자들을 자연에 다시 재결합하는 것

내가 특별히 파문 효과에 대해 초점을 맞추었다는 이유는, 치료사로서의 관점에서 파문 효과는 한 개인에서 다른 사람에게 발생하는 조용하고, 부드럽고, 만질 수 없이 전달되는 것을 볼 수 있는 예외적인 특별한 관점을 가지고 있기 때문이다.

일본의 영화 감독인 아키라 쿠로사와_{Akira Kurosawa}는 1952년 감독을 맡아 세계에 알려진 명화 〈이키루(Ikiru)〉에서 파문 효과의 과정에 대해 훌륭하게 묘사했다. 이 영화는 비굴한 일본관료로 몇 개월 전에 위암 진단을 받고 몇 개월밖에 살 수 없다는 판정을 받은 와타나베_{Watanabe}에 대한 것이다. 이전의 삶을 편협하게 살아서 그의 고용인들은 그에게 '미라(mummy)'라는 별명을 붙여 불렀는데, 이 암은 그에게 각성의 경험을 주었다.

진단을 받은 후 그는 30년 만에 처음으로 일을 하지 않고 은행구좌에서 거액을 인출해서 활기가 넘치는 나이트클럽에서 다시 삶으로 돌아오기 위해 돈을 소비했다. 그는 헛된 지출로 소비를 한 이후에 직장을 떠난 전 여자 직원을 만나게 되었다. 그녀는 와타나베의 대리점에서 일하는 것이 너무 답답해서 직장을 떠났던 직원이다. 그녀는 살고 싶었다! 그녀의 생동성과 에너지에 감탄한 와타나베는 그녀를 쫓아가서 어떻게 살아야 하는지 가르쳐 달라고 애원했다. 그러나 그녀가 말한 것은 단지 그녀의 옛날 직업이 관료적인 무의미한 것이어서 그것을 싫어했다는 것만 알려 줬다.

현재 그녀는 장난감 공장에서 인형을 만드는 새로운 직업을 통해서 아이들에게 행복을 가져다줄 수 있다는 생각에 영감을 받고 있다. 와타나베가 자신이 암을 가지고 있고 죽음에 가까웠다고 말했을 때, 그녀는 두려움으로 가득 차 급히 떠나면서 어깨 너머로 한마디의 말만을 흘리면서 가버렸다.

"무엇인가를 만드세요."

와타나베는 변화하여 그의 직업으로 돌아와서 관료적인 의식에 제한되는 것을 거부하고, 모든 규칙을 깨고, 몇 세대에 걸쳐 아이들

이 놀 수 있는 근린공원을 만드는 데 그의 남은 인생을 헌신했다. 이 영화의 마지막 장면은 와타나베에게 죽음이 가까이 와서 공원 그네에 앉아 있는 모습이다. 눈보라가 몰아침에도 불구하고 의자에 앉아 새롭게 발견한 평정성을 가지고 죽음을 맞이하는 모습이 그려진다.

중요한 어떤 것을 만들어 전수가 되고 다른 사람들의 삶의 반경을 확대시키는 파문 효과의 현상은 죽음에 대한 두려움을 깊은 만족감으로 변형시킨다. 이 영화는 와타나베의 변신만 강조하는 것이 아니라 공원의 중요성도 강조한다. 사실, 영화에서 술에 취한 시 공무원들은 와타나베가 공원을 만드는 것에 대해 어떤 공로로 인정받아야 하는지에 대한 긴 아이러니한 토론을 시작한다.

파문 효과와 삶의 일시성

많은 사람이 자신의 죽음에 대해 거의 생각하지 않는다고 하지만, 사실은 죽음의 생각, 두려움, 삶의 일시성에 사로잡혀 있다고 한다. 모든 즐거운 순간들은 차츰 사라질 것이고, 속히 끝이 날 것이라는 배경 생각에 의해 침식된다. 친구와 함께하는 즐거운 산책은 모든 것이 사라질 예정이라는 생각에 의해 악화된다. 그 친구는 죽게 될 것이고, 산책길에 있는 숲은 도시 개발로 사라지게 될 것이다. 만일 모든 것이 먼지로 변한다면 이 모든 것의 의미는 무엇인가?

프로이트는『일시성에 대해서』라는 짧은 에세이에서 이 논의를 잘 설명했다. 이 에세이는 그의 친구인 시인과 동료 분석가와 함께했던 여름 산책에 대해 자세히 이야기한 것이다. 시인은 모든 아름다움은 아무것도 아닌 무로 회귀하도록 결정되어 있고, 더구나 그가 사랑한 모든 것은 궁극적 소멸로 인해 그 가치가 떨어진다고 한탄을 하였다. 프로이트는 이 시인의 우울한 결론에 대한 논쟁을 하며, 일시성이 가치나 의미를 부정하는 것은 아니라고 강력하게 부정했다. 프로이트는 "가치를 떨어뜨리기보다는 그 반대입니다."라고 했다.

"향유 가능성의 제한은 즐거움의 가치를 없애 버리는 것이 아니라 증가시킵니다."

그는 무의미는 일시성 안에 내재되어 있다는 생각에 대해 강력한 반대 논점을 말한다.

인생의 일시성이 우리 삶의 즐거움을 방해한다는 생각을 나는 이해할 수 없다. 자연의 아름다움을 보자. 자연은 매번 겨울로 인해 파괴되지만 봄에는 생명이 다시 온다. 이것을 우리 인간의 삶과 연결시키면, 삶은 사실 영원한 것으로 볼 수 있다. 인간의 아름다운 형태와 얼굴은 살아가는 동안에 영원히 사라져 가지만, 이 사라짐들은 신선한 매력을 준다. 단 하루, 밤에만 피는 꽃이기 때문에 덜 사랑스럽지는 않다. 나는 또한 예술의 미와 완전 혹은 지적 성취의 가치가 일시적 제한성으로 인해 그것들의 가치를 상실한다는 것을 더 이상 이해할 수 없다. 우리가 오늘날 감탄하는 그림이나 조각들이 산산조각이 될 시간이 올지도 모르고, 혹은 우리의 시와 사상가들의 업적을 더 이상 이해할 수 없는 무리의 사람들이 올지도 모르고, 혹은 모든 지구상에 숨쉬는 동물들이 숨을 멈추는 지질학적 신기원이 올지도 모른다. 그러나 이 모든 것의 가치와 완전은 우리 자신의 정서적 삶의 중요성에 의해서만 결정되는 것이다. 그것은 우리와 함께 생존할 필요가 없기에 절대적 지속 시간과 무관하다.

　그래서 프로이트는 인간의 미학(esthetics)과 가치를 죽음의 삼킴
으로부터 분리시켜 죽음의 두려움을 완화시키려 했고, 인간 삶의 일
시성이 개인 삶의 정서적 삶에 활력적으로 중요한 것들에 대해 영향
을 미칠 수 없다는 것으로 단정하였다.

　많은 전통은 일시적인 경험에 대한 초점과 순간 속에서의 삶의 중
요성을 강조함으로써 일시성을 극복하기 위해 힘을 모으는 데 노력
했다. 예를 들어, 불교 수련에는 일련의 아니카(anicca: 비영구성, 일
시성)에 대한 명상이 있는데, 이 명상은 나무에서 잎사귀가 마르고
떨어져 없어지고 나무 자체도 미래에 없어진다는 것에 초점을 맞추
고, 결국은 인간의 육체도 그렇게 된다는 것에 초점을 맞추어 묵상
하는 수련이다. 사람은 이 수련을 '탈조건화(decontioning)'처럼 혹은
두려움 속에 자신을 몰입함으로써 두려움에 익숙해지는 노출치료
(exposure therapy)의 형태로 생각할 수 있다. 아마 이 책을 읽으면서
어떤 독자에게는 이러한 비슷한 효과가 있을 수 있다.

　파문 효과는 우리 각자의 중요한 것이 우리가 알 수 없거나 인지
하지 못함에도 불구하고 누군가에게 전해지고 지속된다는 것을 생
각나게 함으로써 인간 삶의 일시성이라는 고통을 완화시킨다.

죽음불안을 극복하는 데 도움이 되는
강력한 생각들

철학자나 다른 사상가들의 힘 있는 글과 금언은 자주 인간 자신의 죽음불안과 삶의 성취에 대해 유용하게 반추할 수 있도록 도울 수 있다. 말의 독창성, 수사학적 기교를 통해서든지 혹은 글 내용의 울림 혹은 강력한 에너지로 휩싸여 완벽하게 표현된 사상들은 고독한 독자나 환자를 친숙하지만 정적인 방식(mode of being)으로 감동시킬 수 있다. 아마 내가 제안한 것과 같이 위대한 사상가들이 우리가 가진 비슷한 인생의 한계성들과 싸우고 그것을 극복했다는 것을 아는 것은 위로가 되는 사실일 것이다. 혹은 아마도 그들의 기억에 남는 말은 절망이 예술로 변형될 수 있음을 보여 주는 말일 것이다.

가장 훌륭한 금언을 남긴 니체는 강력한 생각의 힘을 적절하게 표현하였다.

"훌륭한 금언은 모든 시대에 자양분의 역할을 하지만, 그 시대의 사람들이 수용하기에는 너무 어렵고, 천년이 되어도 사람들의 마음에 소화가 되지 않는다. 그래서 이것이 문학의 거대한 패러독스다. 금언은 변하는 것 가운데에서 변하지 않는 것이며, 소금처럼 항상 존중받고 맛을 잃지 않는 음식과 같다."

이러한 금언들 중 어떤 것은 분명하게 죽음불안을 내포하고 있고, 다른 것들은 사소한 관심으로 인생을 소비하는 것에 대해 저항하게 하고, 우리를 좀 더 깊게 들여다볼 수 있도록 용기를 준다.

111

제4장 생각의 힘

"모든 것은 사라진다. 예외는 없다."

잔 가드너John Gardner의 훌륭한 소설『그렌델(Grendel)』을 보면, 베오울프(Beowulf) 지역에서 고통을 당하는 괴물이 인생의 불가사의에 대한 답을 배우기 위해서 현자를 찾아간다. 현자는 그에게 "궁극적인 악은 시간이 영구적으로 사멸한다는 것이고, 살아 있는 존재는 소멸된다는 것이다."라고 말한다. 현자는 자신의 인생 명상에서 네 개의 영감을 받은 단어, 두 개의 간결하고 심오한 명제로 요약했다.

"모든 것은 사라진다. 예외는 없다."

"모든 것은 사라진다."에 관해서는 이미 많이 언급했기에 두 번째 명제인 "예외는 없다."에 대한 의미를 알아보자. "예외는 없다."는 많은 사람이 결정을 내려야 할 필요성에 의해 산만해지는 근본적인 이유이다. 모든 사람이 "네."라고 하면 거기에는 반드시 "아니요."가 있고, 모든 긍정적 선택은 다른 것을 포기해야 한다. 우리들 중 많은 사람은 존재에 얽매여 있는 한계, 소멸 그리고 상실을 완전히 이해하는 것을 두려워한다.

예로, 37세의 의사 레스Les는 그와 결혼을 원하는 몇몇 여성들을 포기해야 한다는 것이 큰 문제였다. 마침내 그는 결혼을 하여 100마일 떨어져 있는 부인의 집으로 옮기고 새로운 도시에 그의 두 번째 병원을 열었다. 그럼에도 불구하고 몇 년 동안 하루의 반나절은 그의 옛날 병원에서 진료를 했고, 옛 여자 친구들을 보기 위해서 그 도시에서 한 주에 하룻밤을 보냈다.

상담치료에서 레스가 다른 대안에 대해 거절하는 것에 대한 그의 저항에 초점을 맞췄다. 옛날 병원의 문을 닫고 옛 여성들과의 연애 관계를 끝내자는 대안에 대해 거절하는 것이 그에게 어떤 의미인지 밀어붙이자, 그는 점차적으로 자신의 과대자기상(grandiose self-image)에 대하여 알게 되었다. 그는 어린 시절 집안에서 '금쪽같은 내 새끼'였다. 음악, 체육 그리고 과학에서는 국가상을 받은 다재다능한 아이였다. 그는 선택하는 것이 무엇이든 자신이 성공할 것을 알았고, 다른 사람들에게는 제한이 있지만 자신은 예외이고, 어떤 것도 포기하지 않는 사람이라고 여겼다. "예외는 없다."라는 것은 다른 사람들에게나 해당하는 말이고, 자신에게는 아니었다. 그가 가진 개인적 신화에서 인생이라는 것은 더 크고 더 좋은 미래로 영원히 나선형으로 올라가는 것이어서, 이 신화를 위협하는 모든 것에 대항을 했다.

처음에 레스의 치료는 욕망, 정절 그리고 우유부단에 초점을 맞추어야 할 것으로 보였지만, 결국 더 깊은 실존적 문제에 대해 탐색하는 것이 필요했다. 그는 더 크고 밝게 연속적으로 성장하는 운명을 가졌고, 동시에 다른 사람들에게 운명 지어진 제한, 심지어 죽음으로부터 자신은 면제되었다는 신념을 가지고 있었다. 레스는(제3장에 언급된 팻과 같이) 무엇인가를 포기해야 한다는 것에 의해 예민하게 위협을 느꼈다. "예외는 없다."라는 법칙을 벗어나기 위한 시도를 했고, 이러한 시도의 명백함이 상담치료의 초점을 분명히 했으며, 앞으로 어떻게 진행해야 할지를 촉진시켰다. 한 번은 그가 포기를 수용하고 그가 광적으로 가지고 있는 모든 것으로부터 관심을 돌리자, 현재 경험하는 삶과 특별히 당면한 현재에서 자신의 아내와 아이들과의 관계성에 대해 상담할 수 있었다.

인생이 영구하게 나선형으로 올라가리라는 믿음은 심리치료에서

자주 생긴다. 예전에 50세 된 여인을 상담했었는데, 그녀의 남편은 70세의 저명한 과학자였으나 뇌졸중으로 치매에 걸렸다. 특별히 그녀는 병든 남편이 아무것도 안하고 텔레비전 앞에 앉아 있는 것을 못 견뎌 했다. 그녀는 할 수 있는 것을 하려고 노력하면서도, 남편의 병을 호전시키기 위해 책을 읽거나, 체스를 두거나, 스페인어를 배우거나, 단어 맞추기 게임과 같은 어떤 것이든 하라는 잔소리를 멈출 수가 없었다. 남편의 치매는 위대한 배움을 향해 항상 추구하고 더 많은 발견과 요구가 있어야 한다는 그녀의 인생 비전을 산산이 부서지게 했고, 대안을 수용하기 어렵게 했다. 인간 모두는 유한하고, 유아와 아동기의 통과 의례를 거쳐 성숙되고, 궁극적으로는 소멸되게 운명 지어졌다는 것을 수용하기 어려웠다.

"우리가 지치고 힘이 들면,
우리가 오래전 극복했던 생각에 의해 공격을 당한다."

내가 예전에 상담을 통해 세 번을 만났던 이혼한 의사 케이트Kate의 상담치료에서 니체의 말은 중요한 역할을 했다. 케이트는 68세가 되었고, 다가오는 은퇴, 늙어 감 그리고 죽음의 두려움에 대한 만연한 불안을 가지고 나와 상담을 했다.

어느 날, 그녀는 새벽 4시에 깨어 화장실에 가다가 미끄러져 머리에 큰 상처를 입었다. 피가 많이 났지만 그녀는 이웃이나 자녀들이나 앰뷸런스가 오도록 전화를 하지 않았다. 그녀는 머리카락이 가늘어져서 부분가발을 사용하고 있었는데, 이 가발 없이 머리숱이 없는 늙은 대머리 노인인 자신의 모습을 동료들이 있는 병원에서 보이는 시련을 직면할 수 없었기에 전화를 하지 않았던 것이다.

그래서 수건과 냉찜질할 얼음 그리고 커피 아이스크림을 움켜잡고 침대에 누워 상처 부위에 냉찜질을 하고 아이스크림을 먹으면서 20년 전 돌아가신 어머니 생각에 울었고, 자신이 완전히 버려졌다는 느낌을 받았다. 그러나 결국 새벽이 되자 아들에게 전화를 했고, 그 아들이 동료의 개인 병원으로 모시고 갔다. 의사는 상처를 봉합하고 최소한 일주일은 가발을 쓰지 말라고 했다.

내가 3일 후에 케이트를 보았을 때 그녀는 머리를 숄로 감싸고 있었고 자신의 가발, 그녀의 이혼, 부부 중심의 문화에서 독신 상태라는 것에 대한 수치심으로 가득 차 있었다. 또한 그녀는 거친 어머니, 정신병적인 어머니에 대해서도 수치심이 있었다. 어머니는 케이트가 행복하지 않을 때 항상 커피 아이스크림을 먹었다. 케이트의 아동기 동안 내내 지속되었던 가난, 그리고 케이트가 어렸을 때 가정을 포기하고 떠난 책임 없는 아버지에 대해 수치심을 느꼈다. 패배한 것 같은 기분이었다. 그녀는 예전에 했던 상담치료, 그리고 그 후에 있었던 2년간의 치료에 진전이 없었다고 느꼈다.

가발 없이 자신을 보이는 것을 원하지 않았기 때문에 한 주간 내내 집안에서 보냈고(상담 한 회기 때는 제외하고) 집안을 대대적으로 청소했다. 집 안의 작은 방을 청소하면서 20년 전에 나와의 상담이 기록된 노트를 발견하였는데, 20년 전에도 지금 그녀가 가진 똑같은 문제를 다루고 있었다는 것을 알고 충격을 받았다. 그때 그녀의 수치심을 경감케 하고자 치료를 했고, 그녀의 불편하고 여전히 살아 있어 자신에게 강요하는 어머니로부터 자유롭게 하기 위해 긴 기간을 힘을 다해 임했다.

115

다음 상담 회기 때 그녀는 손에 그 노트를 들고 있었고, 머리에는 멋스러운 터번을 두르고는 자신이 치료가 되지 않는다고 매우 실망하면서 나의 사무실에 들어 왔다.

"예전에 저는 늙어 가는 문제와 죽어 가는 것의 두려움으로 선생님을 방문했었습니다. 그리고 오늘 다시 많은 세월이 흐른 후에 돌아가신 저의 정신병적인 어머니를 그리워하며, 커피 아이스크림을 먹으며 저 자신을 달래고, 수치심에 가득 차서 같은 장소에 왔습니다."

"케이트, 저는 당신이 그 오래된 노트를 가지고 오면서 어떻게 느끼고 있는지 압니다. 당신에게 도움이 될 수 있는, 니체가 한 세기전에 한 말을 해 볼게요. 니체는 '우리가 지치고 힘이 들면 오래전 극복했던 생각에 의해 공격을 당한다.'라고 했습니다."

평상시 좀처럼 침묵의 순간을 허락하지 않고, 항상 설득력 있는 말과 문장으로 쏘아붙이던 그녀가 갑자기 조용해졌다.

나는 니체의 말을 반복했다. 그녀는 고개를 천천히 끄덕였고, 다음 상담에서는 늙어 가는 것과 미래에 대한 그녀의 두려움에 대한 관심에 대해 다시 상담할 수 있었다.

니체의 금언은 새로운 것이 없다. 나는 케이트가 그녀의 트라우마에 대한 대응으로 단순히 어린 시절로 퇴행하고 있다는 것을 이미 재확인해 주었다. 그러나 그녀의 경험이 니체와 같은 위대한 정신과 고상한 표현을 상기시킨다. 이것들이 그녀로 하여금 자신의 독한 마음이 단지 일시적이라는 사실을 움켜잡도록 도와주었다. 그것은 그녀가 한때 그녀 내면의 악마들을 정복했고, 다시 한번 이렇게 할 것이라는 것을 뼛속까지 이해하는 데 도움이 되었다. 심지어 영향력은 좋은 생각이라도 한 번으로 충분하지 않고, 반복되는 것이 필요하다.

똑같은 삶을 반복해서 영원히 살아가는 것

니체는 그의 저서 『짜라투스트라는 이렇게 말했다』에서 지혜가 가득 찬 나이 든 예언자가 사람들과 그 지혜를 나누기 위해 산에서 내려오기로 결심한 이야기를 그렸다.

그가 사람들과 나눈 사상 중 '가장 강력한 사상'은 영원한 반복(eternal recurrence)이었다. 짜라투스트라는 도전을 제안한다. 만일 당신이 영원하게 똑같은 삶은 살게 된다면, 이것이 어떻게 당신을 변화시킬 수 있는가?

다음에 나오는 이야기가 '영원한 복귀(eternal return)'라는 사상 실험에 대한 그의 첫 번째 설명이다. 나는 이 이야기를 자주 내담자에게 크게 읽어 주곤 한다. 소리 내어 당신 자신에게 큰 소리로 읽어보라.

> 만일 어느 날 낮이나 밤에 당신이 가장 외로워할 때 악마가 찾아와 "너는 지금 살고 있는 생과 지금까지 살아온 생을 다시 한 번 살 것이고, 헤아릴 수 없을 만큼 더 살 것이고, 그 인생에 새로운 것은 없을 것이다. 그러나 너의 삶에 모든 고통, 모든 즐거움, 모든 생각, 한숨 그리고 크든 작든 형용할 수 없을 정도의 어려운 것들이 너에게 똑같은 순서와 결과로 되돌아올 것이다. 심지어 거미와 나뭇가지 사이에 보이는 달빛, 그리고 이 순간과 나 자신도 똑같이 너에게 그렇게 될 것이다. 존재의 영원한 모래시계는 계속해서 거꾸로 뒤집히고, 너는 인생이라는 먼지와 함께 있을 것이다!"라고 말했다면 당신은 몸을 던지고 이를 갈면서 이

렇게 말한 악마를 저주하지 않겠습니까? 혹은 당신이 그에게 이렇게 대답했을 엄청난 순간을 경험한 적이 있습니까? "그대 작은 신(악마)이여, 나는 이보다 더 신성한 말을 들어 본 적이 없습니다." 만일 이러한 생각이 당신을 사로잡는다면, 그것은 당신을 있는 그대로 변화시키거나 혹은 아마도 당신을 맥 못 추게 꺾어 버릴 것입니다.

똑같은 삶을 영원히 반복해서 산다는 생각은 충격적일 수 있고, 일종의 작은 실존적 충격치료일 수 있다. 이것은 흔히 우리가 어떻게 인생을 진정하게 살고 있는가를 심각하게 생각하게 하는 진지한 사고 실험이다. 스크루지에 나오는 크리스마스 유령이 한 것처럼, 이 생각은 당신의 하나뿐인 인생을 가능한 한 적은 후회를 하면서 충실히 잘 살아야 한다는 당신의 자각을 증진시킬 것이다. 그래서 니체는 우리를 하찮은 관심에 선점되어 있는 것으로부터 멀어지도록 하여 활기차게 사는 목표로 이끄는 가이드 역할을 한다.

당신이 충실히 잘 살지 못하는 이유가 당신 밖의 외부에 있다는 생각에 집착하는 한, 당신 삶의 긍정적 변화는 발생하지 않을 것이다. 당신을 공정하게 대하지 않는 사람들—버릇없는 남편, 요구만 하고 우호적이지 않은 직장 상사, 나쁜 유전자, 억제할 수 없는 충동—에게 전적으로 탓을 돌린다면, 당신은 곤경 상태에 남아 있을 것이다. 당신 스스로가 당신 삶의 결정적인 상황에 대해 책임을 가지고 있으며, 당신만이 이것을 변화시킬 힘이 있다. 당신 외부의 압도적인 제한을 직면해도 여전히 자유를 가지고 있고, 이러한 제한들에 대해 다양한 태도를 취할 수 있는 선택권을 가지고 있다.

니체가 좋아했던 말 중의 하나는 "당신의 운명을 사랑하라(아모르 파티, amor fati)."이다. 이것을 다른 말로 하면, "당신이 사랑할 수 있는 운명을 만들어라."이다.

처음에 니체는 영원한 복귀의 사상을 진지한 제안으로 발전시켰다. 만일 시간이 무한적이라면 물질은 유한하고, 그러면 모든 물질의 배열은 무작위로 반복되어야 할 것이다. 마치 십억 년 동안 우연히 셰익스피어의 햄릿Hamlet을 만들어 낸 원숭이 타이피스트들의 가상집단처럼 말이다. 이러한 관점은 수학을 흔들어 버리고, 논리학자들에게 많은 비판을 받았다. 몇 년 전 니체가 14세부터 20세까지 교육받았던 포르타(Pforta)를 방문했을 때 나는 그의 성적표를 볼 수 있게 되었다. 그리스어와 라틴어 그리고 고전 수업에서 매우 좋은 성적을 받았지만(그러나 나를 안내했던 나이 든 기록 보관원은 니체가 그의 반에서 고전 문학의 최우수 학생은 아니라고 조심스럽게 알려 줬다), 특별히 수학은 나쁜 성적을 받았다. 니체는 수학적인 것이 자신의 강점이 아니라는 것을 알고 사고 실험으로서 영원한 복귀에 대해 더 선별적으로 관심을 가졌을 것이다.

만일 당신이 이 실험에 참가해서 그 사상들이 고통스럽거나 심지어 참을 수 없었다면, 분명한 이유는 당신이 당신의 인생을 충실히 살았다고 믿지 않는다는 것이다. 나는 '당신이 어떻게 삶을 충실히 살지 않았는가? 당신의 인생에서 무엇을 후회하는가?'와 같은 질문을 하면서 이 실험을 계속할 것이다.

나의 목적은 사람을 과거의 후회의 바다에 빠트리는 것이 아니라, 궁극적으로 미래를 향해 그리고 잠재적으로 인생을 변화시키는 질문을 응시하도록 하는 것이다. 지금으로부터 1년이나 혹은 5년 후에 당

신이 쌓아 가고 있는 새로운 후회에 대해 비슷한 실망을 하지 않으려면 지금 당신의 인생에서 무엇을 할 수 있는가? 다른 말로 하면, 쌓여 가는 후회를 계속하지 않고 살 수 있는 방법은 발견할 수 있는가?

니체의 생각실험은 인생을 온전하게 사는 데 실패하였다고 느끼는 것에서 오는 죽음불안을 가지고 있는 사람들을 돕는 의사치료사들을 도울 수 있는 유력한 도구를 제공한다. 도로시Dorothy가 이런 임상적인 예를 보여 준다.

10%의 도로시

회사에서 회계장부 담당을 하는 40세의 도로시는 삶에 갇혀 있다는 것을 온몸으로 느꼈다. 그녀는 무수히 많은 자신의 결정에 대해 후회로 가득 차 있었다. 바람피우는 남편을 용서하지 않기 위해 이혼을 했고, 친정아버지가 돌아가시기 전에 화해를 하지 못했으며, 불유쾌한 지리적 위치에 있고 보상을 제대로 받지 못하는 직업에 메여 살아가는 것에 후회가 많았다.

하루는 오리건주 포틀랜드시의 구인광고를 보았다. 이곳은 살아가기에 좋은 장소로 생각이 되어 잠시 동안이지만 정말로 이직할 생각을 했다. 그러나 이러한 흥분은 그녀를 낙담시키는 부정적인 생각으로 인해 즉시 가라앉아 버렸다. 자신이 그곳으로 옮기기에는 너무 나이가 들었고, 자녀들은 친구들과 헤어지는 것을 싫어할 것 같았으며, 포틀랜드에 아는 사람이 아무도 없었고, 월급은 현재보다 낮았으며, 새로 일할 직장에서 새로운 동료들을 좋아할지 확신할 수 없었기 때문이다.

도로시는 "잠시 동안 희망을 가졌지만, 저는 여전히 갇혀 있습니다."라고 말했다.

나는 도로시에게 "제가 보기에는 당신 스스로 인생의 덫을 만들고 그 덫에 걸리는 것 같습니다. 어떻게 보면 이러한 환경들이 당신을 변화시키는 데 방해가 될 수도 있다는 것을 이해합니다. 그러나 이 환경 때문에 당신이 갇혀 있다는 것을 모두 설명할 수 있을지는 의문입니다. 이러한 실제 환경들을 당신이 어떻게 할 수 없는 것들이라고 생각해 봅시다. 당신의 자녀들, 당신의 나이, 월급, 부담스러운 직장 동료들이, 당신이 인생의 덫에 걸렸다고 생각하는 이유의 90%가 된다고 생각해 봅시다. 그러나 저는 여전히 당신이 가진 것이 적지만, 10%의 부분에는 당신이 할 수 있는 부분이 있지 않을까 생각합니다."라고 말했다.

그녀는 고개를 끄덕였다.

"그래서 오늘 상담치료에서는 당신이 가진 유일한 부분이고 당신이 변화시킬 수 있는 그 10%에 대해 이야기해 봅시다."

이 시점에서 나는 니체의 생각실험을 설명했고, 영원한 복귀에 관한 글을 크게 읽었다. 그리고 도로시에게 이 말과 연관해서 미래 속으로 자신을 투사하라고 했다. 그리고 이러한 제안을 했다. "도로시, 일 년이 지났다고 생각하고, 우리가 이 장소에서 다시 만났다고 생각해 보기 바랍니다."

도로시는 끄덕였고, "알았습니다. 그러나 저는 이것이 어떻게 될지 압니다."라고 말했다.

"그렇더라도, 한번 해 봅시다. 지금부터 일 년이 지났습니다."

나는 역할극(role play)을 했다.

제4장 생각의 힘

"도로시, 지나간 일 년을 되돌아볼 때, 새로운 후회가 무엇인지 저에게 말해 보기 바랍니다. 혹은 니체의 생각실험과 같이 당신은 지난해와 영원히 똑같이 살 의향이 있습니까?"

"아니요, 저는 절대로 영원히 그 덫에 갇혀 살고 싶지 않습니다. 그러나 세 명의 자녀들, 적은 돈, 싫은 직업은 여전히 저를 꼼짝 못하게 합니다."

"자, 지난 일 년 동안 당신의 상황을 생각해서 당신이 책임져야 할 10%를 생각해 봅시다. 지난 12개월 동안 당신의 행동과 결정에 대한 어떤 후회가 있습니까? 다르게 행동할 수 있었던 것은 어떤 것입니까?

"감옥 문이 열렸었습니다. 딱 한 번입니다. 포틀랜드에서의 직장 가능성."

"만일 당신이 1년을 더 살 수 있었다면……."

"네, 네. 요점이 무엇인지 알았습니다. 아마 저는 다음 해에도 포틀랜드의 구인광고에 지원조차 안 한 것에 대해서 후회하면서 지낼 것 같습니다."

"맞습니다. 바로 이것이 제가 당신이 죄수이기도 하고 간수이기도 하다는 의미입니다."

도로시는 포틀랜드의 직장에 지원했고, 그 도시를 방문했고, 인터뷰도 했으며, 직장을 얻었다. 그러나 결과적으로 포틀랜드의 학교, 기후, 부동산 가격, 생활비를 조사한 후 직장을 포기했다. 그러나 이러한 과정은 그녀의 시야(그녀의 감옥의 문)를 열어 주었다. 직장에 대해 진지하게 생각했다는 사실이 그녀로 하여금 자기 자신을 다르게 느끼게 했다. 4개월 후에는 집과 가까운 곳의 새로운 직장에 지원해서 더 좋은 자리의 직장을 얻었다.

니체는 시간의 침식에도 충분히 강하게 견딜 수 있는 두개의 '화강암'과 같은 문장을 남겼다. "너 자신이 되어라."와 "나를 죽이지 못하는 것은 나를 더 강하게 만든다."이다. 이 문장들은 치료의 일반적인 문장이 되었다. 이 두 문장을 차례로 살펴보도록 하자.

"너 자신이 되어라."

첫 번째 화강암과 같은 문장 "너 자신이 되어라."는 아리스토텔레스와 관련된 말이고, 이것이 스피노자Spinoza, 라이프니츠Leibnitz, 괴테Goethe, 니체, 입센Ibsen, 카렌 호네이Karen Horney, 에이브러햄 매슬로Abraham Maslow, 그리고 1960년대 인간의 잠재력에 대한 운동으로 전달이 되고, 현대에 자기실현(self-realization)의 사상으로 전수가 되었다.

"너 자신이 되어라."라는 개념은 니체가 선언한 다른 개념인 "당신의 인생을 완성하라."와 "적절할 때 죽어라."와 긴밀하게 연결되어 있다. 이런 다양한 말로 니체는 우리의 비활성화된 삶을 피하라고 독려하고 있다. 그는 너 자신을 만족시키고, 너의 잠재성을 실현하고, 용감하고 충실하게 살고, 그러고 나서 후회 없이 죽으라고 말한다.

31세의 법률 비서인 제니Jennie는 자신이 가진 심각한 죽음불안으로 인해 나에게 상담을 요청했다. 네 번의 상담을 마친 후, 그녀는 꿈을 꾸었다.

저는 태어난 워싱턴에 있었고, 지금은 돌아가신 저의 할머니와 함께 걷고 있었습니다. 그리고 커다란 저택들이 있는 아름다

운 지역에 갔습니다. 우리가 들어간 저택은 엄청 컸고 모든 것이 하얀색이었습니다. 거기에 고등학교 시절의 옛 친구가 가족들과 살고 있었습니다. 그녀를 봐서 반가웠고, 그 친구가 집을 구경시켜 주었습니다. 집이 아름다웠고 방으로 가득 차서 놀랐습니다. 저택에는 31개의 방이 있었고, 각 방에 모두 가구가 채워져 있었습니다! "나의 집은 방이 다섯 개이고 이 중에 2개의 방에만 가구가 있어."라고 친구에게 말했습니다. 저는 매우 걱정하면서 깨어났고, 남편에게 굉장히 화가 났습니다.

제니가 꾼 꿈에서 31개의 방은 그녀가 31세라는 말이고, 그녀가 자신에 대해 탐험해야 했던 모든 다른 분야에 대한 것이다. 그녀의 집에 5개의 방만 있고 2개의 방에만 가구가 있다는 것은 그녀가 자신의 인생을 바르게 살지 못했다는 것을 나타내는 것이다. 3개월 전에 돌아가신 할머니는 두려움에 있는 꿈을 은폐하는 것이다.

그녀의 꿈은 상담치료 과정을 극적으로 전개시켜 주었다. 나는 그녀가 가진 남편에 대한 분노에 대해 물어보았고, 몹시 당황하면서 남편이 자주 구타한다는 사실을 말했다. 그녀는 자신의 삶에서 중요한 결정을 해야 한다는 것을 알고 있었지만, 이혼하는 것이 무서웠다. 남자에 대해 아는 것이 없었고, 다른 남자를 만날 수 없을 것이라고 확신했었다. 몇 년 동안 그녀의 자존감은 낮았고, 결혼 생활을 위태롭게 하고, 결혼 생활에서 많은 변화의 요구를 남편에게 직면시키기보다는 남편의 폭력을 참았다. 이 상담을 마친 후 그녀는 집으로 돌아가지 않고 대신 그녀의 부모에게로 곧장 가서 그들과 몇 주간을 머물렀다. 남편에게 최후통첩으로 부부치료에 참석하라고 했다. 남편은 이 제안에 동의했고, 1년간의 부부치료와 개인치료는 결혼 생활에 많은 변화를 가져왔다.

"나를 죽이지 못하는 것은 나를 더 강하게 만든다."

니체의 화강암 같은 두 번째 문장은 많은 현대 작가들에 의해 사용되고 남용되었다. 이 문장은 헤밍웨이가 좋아하는 주제 중의 하나였다(그의 작품 『무기여 잘 있거라』에서 그는 "우리는 황폐한 곳에서 더 강해진다."라고 했다). 여전히 이 개념은 힘든 경험이 우리를 더 강하고 역경에 적응하도록 한다는 것을 알려 주는 힘을 가지고 있다. 이 금언은 폭풍우 속에서도 나는 그 뿌리를 땅속에 깊게 내리고 더 강하고 더 크게 성장한다는 니체의 사상과 긴밀하게 연결되어 있다.

이 주제에 대한 다른 예는 대형 공업 회사의 대표인 유능하고 지략이 풍부한 여성에 관한 것이다. 그녀는 어렸을 때 아버지로부터 악의적이고 지속적인 언어폭력으로 고통을 받았다. 한 상담 회기 때 미래치료에 기발한 생각을 제공하는 꿈을 이야기했다.

"꿈속에서 기억 전체를 지워 버릴 수 있는 기술을 가진 치료사를 보고 있었습니다. 아마 이것은 짐 캐리의 영화 〈이터널 선샤인(Eternal Sunshine of the Spotless Mind)〉에서 얻은 생각인 것 같습니다. 어느 날 치료사가 저에게 아버지 존재에 대한 모든 기억을 지워 버리길 원하냐고 물어보는 것을 상상했습니다. 제가 아는 것은 집에 아버지가 없었다는 것뿐입니다. 처음에는 그 제안이 좋은 것 같았지만, 이것에 대해 생각을 더 해 보면서 잘못된 요구라는 것을 알았습니다."

"왜 잘못된 요구입니까?"

"네, 처음에는 그것이 쉬운 일인 것 같았습니다. 저의 아버지는 괴물이었고, 아동기 내내 저와 형제들을 두려움에 떨게 했습니다. 그러나 결국 제 기억을 내버려 두고 하나도 지우지 않기로 결정했습니다. 제가 당한 비참한 학대에도 불구하고, 저는 제가 되고자 하는 꿈을 넘어 인생에서 성공했습니다. 어디에서든지, 어떻게든지 하여 저는 강인했고, 임기응변의 재능을 개발했습니다. 이렇게 된 것은 그런 아버지가 있음에도 **불구하고**인가요? 아니면 아버지 **때문**인가요?"

이 꿈은 그녀가 자신의 과거를 보는 중요한 관점을 바꾸는 첫 번째 단계였다. 아버지를 용서하는 것에 대한 문제가 아니라, 과거에 발생한 아버지와의 변경할 수 없는 것들을 받아들여야 하는가의 문제이다. 나는 그녀가 조만간 더 좋은 과거에 대한 희망을 포기해야 한다는 의견에 흔들렸다. 그녀는 집에서의 성장 과정에서 직면한 역경에 의해 만들어졌고 강해졌다. 이 환경을 통해 어떻게 역경에 대처해야 하는지 배웠고, 기발한 전략을 개발했고, 이것이 평생 그녀를 지켜 주었다.

"어떤 사람은 죽음의 채무를 회피하기 위해
인생의 대출을 거부한다."

버니스Bernice는 짜증 나게 하는 문제 때문에 상담치료를 받게 되었다. 그녀와 남편 스티브는 20년 넘게 행복한 결혼 생활을 했는데, 현재는 남편으로 인해 설명할 수 없는 짜증을 느끼고 있다. 그래서 그녀는 이별에 대한 환상을 즐길 정도로 스스로 결혼 생활에서 물러나 있는 것을 느꼈다.

나는 그렇게 느끼기 시작했던 시기와 남편에 대한 감정이 변하기
시작했던 시점을 물었다. 그녀의 대답은 분명했다. 그 시점들은 남
편의 70세 생일부터였고, 주식 중개인의 직업에서 갑자기 퇴직하고
집에서 남편의 개인적 포트폴리오(유가증권의 일람표)를 관리하기 시
작할 때부터였다.

그녀는 남편을 향한 분노 때문에 당황스러웠다. 남편은 변할 기색
이 없었지만, 그녀는 남편을 비난할 수 있는 무수한 것을 발견했다.
남편이 지저분한 것, 과도한 TV 시청 시간, 외모에 무신경한 것, 운
동 부족을 이유로 남편을 비난했다. 남편 스티브는 버니스보다 나이
가 스물다섯 살이나 더 많음에도 불구하고 전혀 자신을 관리하지 않
는, 여전히 스물다섯 살 더 늙은 사람이었다. 남편의 은퇴는 그녀로
하여금 이제는 정말 남편이 늙은 사람이라는 것을 인식하게 하였다.

상담 과정에서 몇 가지 역동적인 것들이 나타나기 시작했다. 첫
째로 그녀는 남편으로부터 거리 두기를 희망했다. 그 이유는 그녀가
말하는 것과 같이 "빠르게 앞으로" 늙어 가는 것을 회피하길 원하는
것이다. 둘째는 그녀가 10세 때 겪었던 어머니의 죽음을 지워 버릴
수가 없었다. 남편이 죽을 때 다시 발생할 것 같은 이 고통의 상실을
직면하는 것을 원하지 않았다.

버니스가 남편을 향한 애착을 감소시켜 남편이 죽을 때 오는 고통
으로부터 그녀 자신을 보호하기 위해 이러한 것을 시도하는 것 같았
다. 나는 그녀가 끝이 되어 가는 것과 상실로부터 자신을 보호하기
위해 남편에게 가지는 화 그리고 남편으로부터 멀어지려고 하는 것
은 효과적인 방법이 아니라고 제안했다. 나는 프로이트의 친구 중
한 명인 오토 랭크Otto Rank의 말을 인용함으로써 그녀 자신의 역학을

그녀에게 명확하게 할 수 있었다.

"어떤 사람은 죽음의 채무를 회피하기 위해 인생의 대출을 거부한다."

이 원동력은 드문 것이 아니다. 나는 우리 대부분의 상실의 두려움이 너무 크기 때문에 자신 스스로를 무감각하게 하고 열광적으로 삶에 들어가는 것을 피하는 사람들을 알고 있다.

버니스를 치료하면서 그녀에게, "이렇게 사는 것은 크루즈선을 타고 여행을 하는데 크루즈선 여행이 언젠가는 끝날 것이라는 고통을 피하기 위해 이 여행 중에 친구를 만들거나 혹은 흥미로운 활동을 거부하는 것과 같다."라고 말했다.

"선생님이 정확하게 이해하셨습니다."

"혹은 일출을 즐기지 못하는 것의 이유는……."

"네, 네, 네, 선생님의 의견을 밝혔습니다."라고 그녀는 웃으면서 나의 말을 가로챘다.

우리가 변화에 대해 상담치료를 계속했을 때 몇 가지 주제들이 나타났다. 그녀는 10세 때 어머니의 죽음으로 인해 겪었던 고통을 다시 여는 것을 두려워했다. 상담 몇 회기 이후에 그녀는 자신의 무의식적인 방어 전략이 비효과적이라는 것을 이해하게 되었다. 그 이유는 그녀는 더 이상 아무것도 할 수 없고 자원이 없는 10세 소녀가 아니었기 때문이다. 남편이 죽게 될 때 그 슬픔을 피하는 것은 불가능할 뿐 아니라, 남편이 자신을 가장 필요로 할 때 멀리하고 포기한 것에 대한 죄의식에 의해 그녀의 슬픔이 크게 악화될 것이라는 것을 인식하게 되었다.

오토 랭크는 상담치료에서 매우 유용할 수 있는 "삶의 불안"과 "죽음불안" 사이에 지속되는 긴장 사이에 유용한 역학을 가정하였다. 사람은 성장 과정에서 자신의 개성화(individuation), 성장 그리고 잠재력을 이루기 위해 노력한다. 그러나 여기에는 대가가 있다! 한 인간이 탄생하고, 자신을 확장하고, 본능으로부터 굽히지 않는 과정에서 인간은 삶의 불안, 절박한 외로움, 취약성의 감정, 더 완전함과의 근본적인 연결의 상실을 마주치게 된다. 우리가 사는 삶의 불안을 참을 수 없을 때 우리는 무엇을 하는가? 우리는 다른 방향으로 간다. 우리는 뒤로 물러나고, 분리하지 못하고 후퇴하고, 어떤 것에 융합함으로써 안식처를 발견한다. 즉, 다른 사람에게 자신을 섞어 버리고, 다른 사람에 자신을 맡김으로써 자신을 포기하는 것이다.

자신을 섞거나 타인에게 맡기는 융합(merger) 해결책은 처음에는 편안하고 안락하지만, 이 방법은 불안정하다. 즉, 이것은 하나뿐인 자신을 상실하고 침체성으로 후퇴하게 된다. 결국 융합은 '죽음불안'을 불러일으킨다. 삶의 불안과 죽음불안, 혹은 개성화와 융합의 두 가지 기둥에서 사람은 일생 동안 왕복하는 것이다. 이 공식은 어니스트 베커Ernest Becker[2]의 명저인 『죽음의 부정(The Denial of Death)』에서 중심적인 주제가 되었다.

상담치료를 종결하고 몇 달 후, 버니스는 매우 불안한 꿈을 꾼 후, 호기심을 가지고 이 꿈에 대해 이야기하고 싶다는 요청을 했다.

저를 쫓아오는 악어로 인해 공포에 질려 있었습니다. 악어를 피하기 위해 공중에 20피트나 뛰어오를 수 있음에도 불구하고

129

---

2 (역자 주) 1924~1974. 미국 시러큐스(syracus) 대학 의과대 정신의학과에서 인류학을 가르치며, 교수 이자 작가로서 14년을 보냈다. 『죽음의 부정』으로 1974년 퓰리처상(Pulitzer prize)을 수상했다.

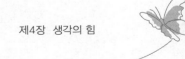

제4장 생각의 힘

악어가 계속 쫓아오고 있었습니다. 숨으려고 할 때마다 저를 발견하고 쫓아왔습니다. 저는 온몸을 떨면서 잠을 깨었고 땀으로 흠뻑 젖었습니다.

버니스는 상담치료 과정에서 이 꿈의 의미를 파악했다. 그녀는 악어가 그녀를 쫓아다니는 죽음이라는 것을 알았다. 그런데 왜 지금 이 꿈을 꾸었을까? 여기에 대한 답은 악몽을 꾸기 전날 있었던 사건을 탐색하면서 명확해졌다. 그날 저녁에 그녀의 남편 스티브는 가까스로 큰 교통사고를 피할 수 있었고, 결과적으로 버니스는 남편에게 밤에 시력이 좋지 않기 때문에 영원히 밤에 운전하는 것을 포기하라고 했으며, 이 말 때문에 남편과 심하게 다투었다.

그런데 왜 악어일까? 이것은 어디서 온 것일까? 당일 저녁 '악어 사나이'로 불리는 호주 사람 스티브 어윈Steve Irwin이 다이빙을 하다가 노랑가오리(stingray)에 의해 죽었다는 끔찍한 TV뉴스를 본 후 침실로 간 것을 기억하였다. 이것에 대해 계속 상담할 때, 갑자기 그녀는 다이빙을 하다가 죽은 사람 스티브 어윈의 이름이 남편의 이름과 내 이름의 조합이라는 것을 아는 '아하(aha)!' 경험을 했다. 남편과 악어 사나이의 죽음은 그녀가 가장 두려워했던 것이었다.

쇼펜하우어의 세 편의 에세이:
사람은 무엇인가, 사람은 무엇을 가졌는가, 사람은 무엇을 대표하는가

우리 모두는 자아의식을 완전히 상실하면서 너무 외부적인 것에 관심이 많고, 재산을 모으는 데 관심이 많거나 혹은 다른 사람이 무엇을 생각하는가에 관심이 많은 사람들을(아마 우리 자신들을 포함해서) 모르는 사람은 없을 것이다. 이러한 사람들은 질문을 받으면 답을 자기 안에서 찾기보다는 외부에서 찾는다. 이 사람들은 다른 사람들이 바라거나 기대하는 답을 알아내기 위해 타인의 얼굴을 살핀다.

나는 쇼펜하우어가 노년에 쓴 세 편의 에세이를 요약하는 것이 이러한 사람들에게 유용하다는 것을 발견했다(철학적 성향이 있는 사람들을 위해, 이 내용은 명확하고 접근하기 쉬운 언어로 쓰여 있다). 근본적으로 이 세 편의 에세이의 중점은, 인간을 중요하게 하는 것은 오직 그 사람이 어떤 사람이여야 할 때만이지, 그 사람이 가진 부, 물질적 소유, 사회적 신분 혹은 좋은 평판이 행복을 낳는 것은 아니라는 것이다. 이러한 사상들은 실존적 관심사에 대하여 명확하지 않지만, 우리는 피상적 관심에서 더 깊은 관심으로 이끄는 데 도움을 준다.

1. **우리가 가진 것** 물질적 소유는 사람을 속이는 것이다. 쇼펜하우어는 부와 물질의 축적은 끝이 없는 것이고 만족할 수 없는 것이라는 점을 고상하게 설득한다. 우리가 더 많이 소유할수록 우리의 욕망은 배가 된다. 부는 바닷물 같아서 더 많이 마실수록 우리는 더 목말라하게 된다. 그래서 결국은 우리가 물질을

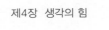

소유하는 것이 아니라, 물질이 우리를 소유하는 것이다.

2. **다른 사람 눈에 비치는 우리**　　명성은 물질적 부와 마찬가지로 사라져 가는 것이다. "우리의 걱정과 불안의 절반은 다른 사람의 의견에 대한 관심에서 오는 것이다 …… 이 가시를 우리의 육체에서 빼 버려야 한다." 좋은 외모를 만들고 싶은 충동은 매우 강력해서 어떤 죄수들은 자신들의 옷과 최후의 몸짓을 가장 먼저 생각하며 처형장으로 갔다. 다른 사람들의 의견은 어떤 순간에 변할 수 있는 유령 같은 것이다. 우리는 다른 사람들이 실제로 어떻게 생각하는지 알 수 없기 때문에, 다른 사람들의 의견은 실에 매달려 우리를 다른 사람들이 생각하는 것 또는 나쁘게도 그들이 생각하는 것의 노예로 만든다.

3. **우리의 됨됨이**　　정말로 우리에게 중요한 것은 오직 우리 자신(됨됨이)이다. 쇼펜하우어는 좋은 양심은 명성보다 더 낫다고 말한다. 우리의 가장 중요한 목표는 지치지 않는 생각과 독립과 도덕적 삶으로 이끄는 좋은 건강과 지적 풍부함이다. 내적인 마음의 평정함은 우리를 불편하게 하는 것들에서 오는 것이 아니라, 그러한 것들을 해석하는 우리로부터 온다는 것을 아는 것에서 생긴다.

우리 인생의 질은 우리가 경험하는 자체에서 오는 것이 아니라 우리가 그 경험들을 어떻게 해석하는가에서 온다는 이 마지막 생각은 고대로 거슬러 올라가는 중요한 치료적 원리이다. 이것은 스토익 학파의 중심 내용이었고, 이것이 제노Zeno, 세네카Seneca, 마르쿠스 아우렐리우스Marcus Aurelious, 스피노자Spinoza, 쇼펜하우어 그리고 니체에게 전해져 내려왔고, 역동적 치료와 인지행동치료의 근본적 개념이 되었다.

———

에피큐리언 논의, 파문 효과, 활성화되지 않은 삶의 회피, 내가 인용한 격언의 진실성 강조와 같은 생각들은 죽음불안을 극복하는 데 유용한 것이다. 그러나 이러한 모든 생각의 힘은 내가 다음 장에서 다룰 다른 사람들과의 친밀한 관계성이라는 또 다른 요소에 의해 크게 향상된다.

133

제4장 생각의 힘

마침내 우리 모두가 죽어 가고, 모든 다른 감각적인 존재들이 우리와 함께 죽어 간다는 것을 알게 될 때 우리는 인간의 연약성에 대해 타는 듯한, 거의 가슴이 찢어지는 듯한 것을 느끼며 매 순간과 모든 존재의 소중함을 가지기 시작하고, 이러한 것으로부터 모든 존재를 향한 깊고 투명한 무제한 연민이 성장하기 시작한다.

—소기알 린포치Sogyal Rinpoche,
『티베트인의 삶과 죽음에 관한 책(The Tibetan Book of Living and Dying)』에서

제5장

죽음의 공포
극복하기

죽음은 운명이다. 생존하고자 하는 바람과 소멸에 대한 당신의 두려움은 항상 우리 곁에 있다. 생존과 소멸은 본능이 우리의 원형질에 내장되어 있고 어떻게 우리가 살아가는지에 대해 모든 순간에 영향을 준다.

수세기에 걸쳐 우리 인간은 죽음의 공포를 개선하기 위해서 아마도 사람 수만큼이나 많은 의식적인 것, 무의식적인 엄청나게 많은 방법을 개발하고 있다. 어떤 방법들은 효과적이고 어떤 것은 엉성하고 효과가 없다. 다음의 이메일을 보낸 한 젊은 여성은 확실하게 자신들을 죽음과 직면하도록 하여 죽음의 그림자들을 자신들의 중심 존재 안으로 통합하는 사람들 중 하나이다.

2년 전에 사랑하는 아버지를 잃었고, 이후로 상상할 수 없는 성장을 경험하였다. 이전에는 자주 나의 유한성을 직면하는 나의 힘에 대해 의문을 가졌고, 나는 언젠가 죽게 될 것이라는 생각에 사로잡혔다. 그러나 지금은 두려움과 불안 속에서 전에는 알지 못했던 삶에 대한 사랑을 발견하였다. 때로는 내가 사소하게 지나가는 일들과 스타일에 대해 관심을 덜 갖기 때문에 친구들로부터 멀어지는 것을 느낀다. 그러나 지금 나는 무엇이 중요하고 무엇이 중요하지 않은지 확고한 것을 가지고 있다고 느끼기 때문에 이 상태를 받아들인다. 나는 사회가 나에게 기대하는 일들 대신에 내 인생을 풍요롭게 하는 일들을 하면서 여기에 따르는 긴장감을 어떻게 다뤄야 하는지를 배워야겠다고 생각한다. 나의 재점화된 야망이 나의 죽음 두려움을 은폐하는 것 이상이라는 것을 알게 된 것은 놀라운 일이다. 사실, 이것은 죽음을 인정하고 수용하는 나의 의지이다. 나는 그것을 얻을 수 있는 내 능력에 대한 어떤 진정한 자신감을 얻었다.

이것을 얻지 못한 사람들은 항상 죽음을 부정, 전환 혹은 전이를 통해 죽음을 다룬다. 우리는 앞에서 이런 것들에 대한 짧은 글을 통해 부적합하게 대처하는 예들을 보았다. 줄리아는 사소한 위험을 수반하는 어떤 활동에 참여하기를 만성적으로 두려워하며 거부했고, 수잔은 죽음불안을 사소한 관심으로 대체했으며(제3장 참조), 악몽에 시달리는 사람들 혹은 '죽음의 빛을 회피하기 위해 삶의 대출을 거부하는' 자신들을 폐쇄적으로 만드는 사람들을 보았다. 여전히 다른 사람들은 죽음불안을 회피하기 위해 충동적으로 고상함, 섹스, 끝없는 부의 추구 혹은 권력을 추구하고 있다.

죽음불안에 휩싸여 있는 성인들을 어떤 이국적 질병에 감염된 것처럼 이상한 사람으로 여겨서는 안 된다. 이러한 것을 경험하는 사람들은 가족과 문화가 죽음이라는 얼음처럼 차가운 것을 견디어 낼 수 있는 적합한 방어를 할 수 있는 보호막을 제공하는 데 실패했기 때문이다. 이들은 너무 어린 시절에 너무 많은 죽음을 만났을 수도 있고, 그들의 집에서 사랑, 보살핌 그리고 안전감을 경험하는 데 실패했을지 모른다. 이들은 자신들의 가장 깊은 죽음에 대한 관심사를 남들과 나누지 못한 고립된 사람이었을 수 있다. 이들은 신경과민자, 특별히 이들의 문화가 제공한 죽음을 부정하는 종교적 신비의

위로를 거부하는 자의식 과잉의 개인들일 수도 있다.

모든 역사적 시대는 각각 죽음을 다루는 방식을 가지고 있다. 많은 문화에서는, 예를 들어 고대 이집트에서는 죽음을 부정하고 사후 세계에 대한 약속을 중심으로 분명하게 조직되었다. 죽은 자의 무덤은, 적어도 상류층의 사람들의 무덤은 안락한 사후 세계라 할 수 있도록 일상생활에 필요한 가공품으로 채워져 있었다.

특이한 예를 하나 들자면, 브루클린 미술박물관(Brooklyn Museum of Art)에는 사후 세계에서 죽은 자들의 즐거움을 위해 함께 매장한 하마의 석상들이 있는데 죽은 자들을 겁먹게 하지 않도록 하기 위해 다리를 짧게 조각했고, 결국 이것은 상해를 끼치지 않음을 보여 주는 것이다.

근세 유럽과 서양 문화에서는 출산 중 여성과 아이들의 사망률이 매우 높았기 때문에 죽음이 사람들 눈에 더 많이 띄었다. 당시에는 오늘날과 같이 죽어 가는 사람들을 병원 침대에서 커튼으로 가려 격리하지 않았다. 대신 대부분 가족들이 지켜 보는 가운데 임종을 맞이했다. 사실상 때 이른 죽음으로 모든 가정이 상처를 받았고, 묘지는 집 근처에 위치해 있어서 자주 방문할 수 있었다. 기독교에서는 사후에 영생을 약속했고, 성직자들은 삶의 출입에 대한 공식적인 열쇠를 가지고 있었으며, 대부분의 서민은 사후 세계의 약속을 포함하고 있는 종교적인 위로로 향하게 되었다. 물론 오늘날 많은 사람이 이러한 신앙으로부터 위로를 얻는다. 제6장에 나오는 종교적 위로에 대한 논의에서, 마지막 죽음의 최후에 직면하는 위로와 죽음을 부정하거나 혹은 죽음을 죽음으로 인정하지 않으면서 위로를 얻는 것을 구분할 것이다.

개인적으로 나의 심리치료에 있어서 죽음불안에 접근하는 가장 효과적인 방법은 실존적인 것이라고 생각한다. 나는 지금까지 본질적인 가치를 가지고 있는 중요한 생각에 대해 설명했으나, 이 장에서는 이 중요한 생각을 진정으로 영향을 줄 수 있는 데 필요한 인간 연결성(human connectedness)이라는 추가적인 구성 요소에 대해 논의하고 싶다. 죽음불안을 줄이고 개인적 변화에 영향을 미치는 각성 경험을 활용하는 데 가장 효과적인 것은 지금까지 언급한 생각들과 다른 사람들과의 친밀한 연결 사이로부터 오는 공동 작용(synergy)이다.

사람의 유대 관계

우리 인간 존재는 다른 사람들과 연결되도록 깊이 관계되어 있다. 인간사회를 어떤 관점에서 연구하든지(폭넓은 진화론적 역사 관점에 서든지 혹은 한 사람 개인의 발달 관점이든지) 우리는 다른 사람과 연결되어 있는 인간관계적 관점에서 인간을 봐야 한다. 인간이 아닌 영장류, 원시적 인간 문화 그리고 현대사회에 대한 연구 결과에서 오는 설득력 있는 자료는, 인간은 어디에 속하고자 하는 욕구가 강하고 근본적이라는 것이다. 그래서 인간은 구성원들 가운데에서 강하고 지속적인 관계성을 가지며 공동체 안에서 항상 살고 있다. 이것에 대한 확증은 어느 곳에나 있다. 한 가지 예를 든다면, 최근 긍정심리학의 많은 연구에서는 친밀한 관계성이 행복의 필수적인 조건이라는 것을 강조한다.

그러나 죽어 가는 것은 외로운 것이고, 삶에서 가장 외로운 사건이다. 죽어 가는 것은 당신을 다른 사람으로부터 분리할 뿐 아니라, 세상 그 자체로부터의 분리라는 훨씬 더 무서운 형태의 외로움에 당신을 노출시킨다.

두 가지 종류의 외로움

두 가지 종류의 외로움이 있는데, 매일 겪는 외로움과 실존적인 외로움이다. 매일 겪는 외로움은 대인 관계에서 오는 것으로, 다른 사람으로부터 고립된 것에 대한 고통이다. 이 외로움은 흔히 친밀감의 두려움 혹은 거부, 수치심 혹은 사랑스럽지 않은 존재라는 것과 연결되어 있는데 우리 모두에게 익숙한 것들이다. 사실 심리치료에서 대부분의 일은 내담자가 다른 사람들과 더 친밀함을 형성하고, 유지하고, 관계성을 지속하는 것을 배우도록 내담자를 돕는 것이다.

외로움은 죽어 간다는 고통을 크게 증가시킨다. 너무나 자주 우리 문화는 죽어 가는 사람들에 대하여 침묵의 커튼과 격리를 만든다. 임종 시 가족과 친구들은 죽어 가는 이에게 무엇을 말해야 할지 모르기 때문에 흔히 더 멀어진다. 이들은 죽어 가는 사람을 불편하게 할까 봐 두려워하고, 또한 그들 자신의 개인적 죽음을 직면하는 두려움으로 죽어 가는 이에게 가까이 하는 것을 회피한다. 그리스 신들조차 인간의 죽음이 오는 순간에 두려움으로 인해 달아났다.

이 매일 겪는 외로움은 두 가지 방향으로 작용하는데, 죽어 가는 사람을 피하려는 경향을 가지는 것만 아니라, 피하려는 경향이 죽어가는 사람과 외로움 속에서 결탁한다. 살아 있는 사람들은 사랑하는 사람들을 그들의 섬뜩하고 절망적인 세계로 끌어내리지 않도록 침묵을 받아들인다. 신체적으로 아프지는 않지만 죽음의 불안 가운데 있는 사람은 이와 똑같은 것을 느낄 수 있다. 물론 이러한 고립은 공포를 더 심하게 한다. 여기에 대해 윌리엄 제임스William James는 한 세기 전에 다음과 같이 기록했다.

"사람이 자신이 살고 있는 사회에서 유리되어 다른 구성원들에게 절대적으로 관심을 받지 못하는 상태가 물리적으로 가능하다면, 이보다 더 교묘한 형벌은 만들어지지 않을 것이다."

두 번째 형태의 외로움인 실존적 고립은 더 심오하고, 개인과 다른 사람 사이를 연결할 수 없는 차이에서 오는 것이다. 이 차이는 우리 각자가 홀로 존재 속으로 던져졌고 홀로 여기로부터 나와야 한다는 결론만이 아니라, 오직 우리 각자들에게만 충분하게 알려진 세계에 거주해야 한다는 사실에서 유래한다.

141

18세기에 임마누엘 칸트Immanuel Kant는 우리 모두가 완성되고, 잘 구성되고, 공유된 세상에 들어와 살고 있다고 널리 퍼져 있는 상식적인 추측을 깨뜨렸다. 오늘날 우리는 신경 조직으로 인해 각자가 자신들의 현실을 창조하는 데 실질적인 역할을 하는 것을 알고 있다. 다른 말로, 우리는 내적으로 구성된 수많은 정신적 카테고리(예를 들면, 양과 질, 원인과 결과)를 가지고 있어 우리에게 들어오는 정보들이 있을 때 이 카테고리들이 작동을 하면서 자동적이고 무의식적으로, 우리 각자의 독특한 방법으로 세상을 구성할 수 있게 한다.

그래서 실존적 소외는 우리의 생물학적 인생의 상실만이 아니라, 어떤 누구와도 같은 방법으로 존재하지 않는 우리 자신만의 풍요롭고 놀란 만한 정신적 세계의 상실을 의미한다. 마음에 남아 있는 나

자신의 기억들—어머니의 페르시아 양가죽 코트의 방충약 냄새에 얼굴을 파묻은 것, 초등학교 시절 밸런타인데이에 여학생들과 주고받은 흥미진진한 가능성으로 가득한 눈길들, 아버지와 장기를 두고, 나의 삼촌들과 붉은 가죽으로 덮여 있고 흑단(ebony)의 곡선 다리를 가진 테이블에서 카드놀이(pinochle)를 한 것, 스무 살 때 가족들과 함께 불꽃놀이 판을 만들었던 것—과 하늘의 별보다 더 많은 다른 기억들은 오직 나에게만 있는 것이다. 그리고 이 모든 것은 유령 같은 이미지에 불과하고 내 죽음과 함께 영원히 사라질 것이다.

우리는 각자 인생 주기의 모든 단계 동안에 다양한 종류의 대인관계 고립(매일 겪는 외로움)을 경험한다. 그러나 일반적으로 젊은 시절에는 실존적 고립(existential isolation)을 잘 경험하지 못한다. 이것은 나이가 들고 죽음에 가까워질 때 가장 민감하게 경험한다. 이 시기에 우리는 우리의 세계가 사라지고 죽음으로 가는 황폐한 여정에 어떤 누구도 동행할 수 없다는 것을 점차적으로 알게 된다. 옛말과 같이 "당신은 혼자 그 외로운 계곡을 걸어야 한다".

역사와 신화에는 죽음의 고립을 완화시키자 하는 사람들이 시도했던 기록이 많이 있다. 자살 협정(pact) 혹은 자신들이 죽을 때 노예들을 산 채로 매장하는 것을 명령한 영주들 혹은 인도에서 남편이 죽어 화장할 때 아내 또한 산 채로 화장하는 장작더미 불 위에 신에게 바쳐져야 한다는 사티(Sati)에 대해 생각해 보라. 사후에 하늘나라에서 다시 만나는 것과 부활에 대해 생각해 보라. 사후에 다른 위대한 사상가들과 영원 대화를 할 것이라고 절대적 확신을 한 소크라테스를 생각해 보라. 중국 북부 지역 황토 고원 지대의 메마른 협곡에서 장가를 가지 못하고 죽은 아들을 둔 농부가 죽은 여성의 시신을 구입해서(무덤에서 파내거나 혹은 근래에 사망한 시신) 이 둘을 부부로 함께 매장하는 것을 생각해 보라.

울음과 속삭임: 공감의 힘

공감(Empathy)은 다른 사람들과 함께하기 위한 인간의 노력에 있어 가장 강력한 도구이다. 공감은 인간을 연결하는 접착제이며, 다른 사람은 무엇을 느끼는지 깊은 차원에서 느낄 수 있게 해 준다.

잉그마르 베르히만Ingmar Bergman의 영화 〈외침과 속삭임(Cries and Whispers)〉보다 죽음의 고립과 인간관계 연결을 사실적이고 힘 있게 묘사한 것은 없다. 이 영화에서 큰 고통과 두려움 가운데 죽어 가는 여인 아그네Agnes는 사람의 친밀한 접촉을 갈구한다. 그녀의 두 동생은 아그네가 죽어 가는 것으로 인해 크게 슬퍼하였다. 한 동생은 자신의 인생이 거짓말투성이라고 깨달았다. 그러나 두 동생 모두가 죽어 가는 아그네를 만지려 하지 않았다. 이들은 어떤 사람들과도 심지어 자신들에게조차도 친근하게 할 수 있는 힘이 없어서, 죽어 가는 언니를 보고 두려움 가운데 움츠러들었다. 가정부인 안나Anna만이 아그네를 기꺼이 안아 주었다.

아그네가 사망한 직후, 그녀의 외로운 영혼이 돌아와 섬뜩하고 통곡하는 어린아이의 목소리로 그녀의 동생들에게 자신이 정말로 죽을 수 있게 자신의 몸을 만져 주기를 간청한다. 이 두 동생은 죽은 시체에 가까이 가려고 하지만 죽은 시체의 얼룩덜룩한 피부와 자신들을 기다리고 있는 죽음에 대한 예감에 겁에 질려 그 방에서 도망을 간다. 그리고 또 다시 가정부 안나의 포옹이 아그네로 하여금 죽음

143

의 여정을 완성하도록 한다.

우리가 우리 자신이 가지고 있는 동등한 두려움과 공통 기반을 가지고 다른 사람과 함께하려고 하지 않는 한, 영화에서 안나가 한 것을 죽어 가는 사람에게 할 수 없다. 다른 사람들을 위해 이러한 희생을 하는 것은 정말로 연민으로 찬 공감적 행동의 본질이다. 수세기 동안 세속과 종교에서 다른 사람과 함께 자신의 고통을 기꺼이 경험하려는 것은 치유 전통의 한 부분이다.

이렇게 하는 것은 쉽지 않다. 아그네의 동생들과 같이 가족들이나 친한 친구들이 도와줄 수는 있지만 너무 겁이 많다. 사람들은 침울한 화제를 꺼내 죽어 가는 사람을 불안하게 하거나 방해한다고 두려워할 수도 있다. 일반적으로 죽어 가는 사람이 죽음에 관하여 말하는 주도성이 필요하다. 만일 당신이 죽어 가는 사람이거나 혹은 죽음에 관해 공포에 떨고 있다면 그리고 가족과 친구들이 가까이 오려 하지 않고 회피적으로 반응한다면, 나는 당신에게 '지금─여기(here-and-now)'에 머무르라고 제안하고 싶고 요점을 다음과 같이 직접적으로 말하라고 제안하고 싶다(이것에 대해 제7장에서 좀 더 논의하겠다).

"나의 두려움에 대해 말할 때 당신은 직접적으로 반응하지 않습니다. 당신과 같은 친구들에게 내가 공개적으로 직접 말할 수 있다면 나에게 도움이 될 것입니다. 이렇게 하면 당신에게 너무 심하고 고통스럽지 않습니까?"

오늘날 우리 모두는 죽음불안을 경험하는 데 훨씬 좋은 기회를 가지고 있다. 그것은 사랑하는 사람들만이 아니라 더 넓은 지역사회를 통해서 경험을 한다. 의학과 미디어를 통한 더 큰 개방성이 있고, 더 많은 집단의 도움으로 죽음을 직면하고 있는 사람들은 고립의 고통을 줄여 줄 수 있는 새로운 자원을 가지고 있다. 예를 들어, 오늘날 대부분의 좋은 암 센터들은 환자들에게 지지 집단을 제공하고 있다. 그러나 35년 전에 치명적인 말기 암 환자들을 위해 내가 만든 집단은, 내가 아는 한 세계에서 처음이었다.

더욱이 모든 다양한 인터넷 지지 집단은 드라마틱하게 증가하고 있다. 근래 한 조사에 의하면 1년에 1,500만 명이 온라인에서 어떤 형태의 도움을 찾고 있다고 한다. 생명을 위협하는 질병을 가진 사람들에게 비슷한 조건에서 고통을 당하는 개인들로 구성된 집단으로부터 도움을 받아 보라고 권하고 싶다. 자기 자신들이 이끌든 혹은 전문가에 의해 지도를 받든 이러한 집단들은 쉽게 발견할 수 있다.

가장 효과적인 집단은 대개 전문가들에 의해 지도를 받는 집단이다. 연구에 의하면 유사한 고통을 받는 사람들의 리더 주도 집단이 참가자들의 삶의 질을 향상시킨다는 것을 보여 준다. 서로에게 공감을 제공하면서 구성원들은 자신들의 자애심(self-regard)과 효능감을 증진시킨다. 또한 최근 연구는 자조(self-help)와 온라인 집단의 효과를 증명하기에, 만일 전문가가 이끄는 집단을 찾을 수 없다면 이것들 중 하나를 찾으면 된다.

함께하는 것의 힘

죽음을 앞두고 있는 사람들(치명적인 질병으로 고통을 당하고 있는 사람이나 혹은 신체적으로 건강하지만 죽음의 두려움을 가지고 있는 사람)에게 제공할 수 있는 가장 좋은 것은 당신이 그들과 함께 있는 모습

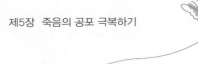

을 보여 주는 것이다.

다음에 나오는 짧은 글은 내가 어떤 여성의 죽음 두려움을 누그러뜨리기 위해 쓴 것인데, 친구나 가족들이 서로 도움을 줄 수 있는 지침을 제공할 것이다.

친구에게 다가가기: 앨리스

제3장에서 언급했던 앨리스는 자신의 집과 추억으로 가득한 수집된 악기들을 팔아야 하는 것으로 인해 스트레스가 쌓여 있고, 실버타운으로 이사해야 할 처지에 있는 미망인이다. 그녀가 이사하기 바로 전에 나는 휴가를 위해 며칠간 떠났고, 이것이 그녀를 힘들게 할 것이라는 것을 알았기 때문에 비상 상황일 경우 나에게 전화를 하라고 번호를 주었다. 이삿짐센터 사람들이 그녀의 집을 비우기 시작했을 때 앨리스는 몸이 마비되는 공포를 느꼈고, 그녀의 친구들과 의사 그리고 마사지 치료사들은 이것을 가라앉히지 못했다. 그래서 그녀는 나에게 20분 동안 전화를 했다.

"저는 가만히 앉을 수가 없습니다. 너무 긴장해서 가슴이 터질 것 같습니다. 안정을 취할 수 없습니다."라고 말을 꺼냈다.

"당신 공포의 핵심을 똑바로 바라보세요. 무엇이 보이는지 말해 보세요."

"끝나는 것. 모든 것이 끝입니다. 그게 전부입니다. 제 집이 끝났고, 모든 저의 물건들, 저의 기억들, 과거와 연결된 모든 애착이 끝났습니다. 모든 것이 끝났습니다. 저의 마지막, 이것이 핵심입니다. 제가 두려워하는 것을 알고 싶으세요. 간단합니다. 이제 더 이상 저는 없습니다!"

"앨리스, 우리는 이것에 대해 전에 이야기를 했습니다. 다시 되풀이하지만 당신의 집을 팔고 실버타운으로 이사를 하는 것은 엄청난 트라우마이고, 당신은 큰 혼란과 쇼크를 느끼게 될 것입니다. 제가 당신이더라도 같은 것을 느낄 것입니다. 누구라도 그렇게 될 것입니다. 그러나 지금부터 3주 후가 되면 어떻게 될까에 대해 나눈 이야기를 기억해 보기 바랍니다."

앨리스가 말을 가로막으면서, "어빈, 그것은 도움이 안 됩니다. 이 고통은 너무 생생합니다. 죽음이 저를 둘러싸고 있습니다. 죽음은 모든 곳에 있습니다. 비명을 지르고 싶습니다."라고 말했다.

"앨리스, 저와 함께 참고, 저와 함께하세요. 제가 전에 질문했던 간단한 것을 물어보겠습니다. 죽음에 대해 정확하게 무엇이 그렇게 당신을 두렵게 합니까? 이것을 찾아서 숫돌로 갈아 버립시다.

"우리는 그것을 해 보았잖아요."

그녀는 신경질적이고 참을성 없이 말을 했다.

"충분하지 않았습니다. 계속해 봅시다. 제가 시키는 대로 해 보세요. 자, 시작해 봅시다."

"글쎄요, 이 고통은 죽을 때의 고통이 아닙니다. 저의 주치의에게 제가 모르핀이나 다른 것이 필요할 때 올 것입니다. 저는 그를 신뢰합니다. 지금 제가 가진 문제는 사후 세계와는 아무 상관이 없습니다. 선생님은 제가 반세기 전에 그런 생각들을 다 떨쳐 버린 줄 아시잖아요."

"그렇다면 그것은 죽을 때와 사후의 두려움에 대한 것이 아니라는 말이군요. 계속해 보세요. 당신을 두렵게 하는 것은 무엇입니까?"

147

"제가 제 인생을 미완성했다는 것이 아닙니다. 저는 제 인생을 충실하게 살았습니다. 제가 하고 싶었던 것을 하면서 살았습니다. 이런 것들에 대해 선생님에게 모두 이야기했습니다."

"앨리스, 계속 말해 보시기 바랍니다."

"저를 두렵게 만드는 것은 제가 더 이상 없다는 것입니다. 저는 그냥 이 인생을 떠나기 원치 않습니다……. 그것이 무엇인지 말씀드리겠습니다. 저는 결말을 보고 싶습니다. 저의 아들에게 무슨 일이 생기는지 보고 싶습니다. 아들이 자신의 아이들을 가지려고 결정할지 보고 싶습니다. 그런데 제가 이런 것을 전혀 알 수 없다는 것을 아는 것이 고통스럽습니다."

"그러나 당신이 죽은 후에 여기 없다는 것을 당신은 알지 못할 것입니다. 죽음은 의식의 완전한 중지인 것을 믿는다고 말했습니다." (나도 그렇다.)

"알고 있습니다. 선생님께서 여러 번 말씀했기 때문에 그 길고 지루한 설명을 완전히 알고 있습니다. (비존재인 죽음의 상태는 우리를 두렵게 하지 못한다. 왜냐하면 우리는 그때 우리가 존재하지 않는다는 것을 모르기 때문이다 등등.) 이것은 제가 중요한 것을 모르고 있다는 것을 알지 못한다는 말입니다. 또한 선생님께서 비존재인 죽음의 상태가 제가 태어나기 전 상태와 같다는 것에 대해 이미 말씀하신 것을 기억하고 있습니다. 예전에는 이 말씀이 도움이 되었지만, 지금은 도움이 되지 않습니다. 선생님, 이 감정이 너무 강해서, 선생님이 말씀하신 내용이 제 생각을 부숴 버리지 못하고, 건드리는 것조차 하지 못합니다."

"아직 그렇게 된 것은 아닙니다. 이 말은 우리가 계속 이 일을 해 나가면서 그것이 무엇인지 밝혀내야 하는 것입니다. 우리가 함께할 수 있습니다. 당신과 함께 제가 있을 것이고, 당신이 할 수 있는 한 마음에 깊이 갈 수 있도록 돕겠습니다."

"이것은 사람을 사로잡는 공포입니다. 거기에는 제가 명명하거나 발견할 수 없는 어떤 위협이 있습니다."

"앨리스. 죽음에 관한 인간 감정의 가장 밑바닥에는 우리에게 연결된 생물학적 두려움이 있습니다. 이 두려움은 인간에게 깊이 박혀 있는 것이고, 저도 이것을 경험했습니다. 이것은 말로 표현이 안 됩니다. 그러나 모든 살아 있는 생명체는 지속해서 끝없이 살기를 원합니다. 스피노자Spinoza가 350년 전에 이것을 말했습니다. 인간은 그저 끝없이 살기를 원하는 것을 알고 있고, 기대하고 있을 뿐입니다. 우리 몸 안에 이렇게 연결되어 있는 것이 때때로 우리를 두려움으로 공격할 것입니다. 인간 모두는 이것을 가지고 있습니다."

20분 정도 후에 앨리스는 진정된 것처럼 전화를 마쳤다. 그러나 몇 시간 후에 짧은 문자를 남겼는데, 전화로 한 상담은 뺨을 한 대 맞은 것 같았고, 내가 차갑고 공감적이지 않았다는 것이었다. 그리고 거의 추신처럼, 설명할 수는 없지만 마음은 훨씬 좋아졌다고 문자를 보내 왔다. 다음날 앨리스가 문자 한 통을 보냈는데, 자신의 공포가 완전히 가라앉았는데 또 다시 그 이유는 모르겠다고 했다.

왜 앨리스는 20분간의 전화통화를 통해서 도움을 받았을까? 내가 설명한 죽음에 대한 의견 때문일까? 아마 아닐 것이다. 그녀는 내가 에피쿠로스에서 시작한 나의 논의를 무시했다. 그녀는 자신의 의식이 꺼지면 그녀와 가까운 사람들의 삶의 이야기가 어떻게 끝났는지 결코 알아낼 수 없다는 것을 모를 것이다. 더구나 죽음 후에 그녀의 상태가 태어나기 전의 상태와 같다는 것을 인정하려 하지 않았다.

내가 제안한 다른 생각들도 그녀에게 영향을 미치지 않았다. 예를 들어, 그녀에게 자신의 인생에 대한 어떤 관점을 얻기 위해서 3주 후의 미래에 대한 생각을 해 보라고 했지만, 마찬가지로 영향을 끼치지 않았다. 그녀는 다음과 같이 말했다.

"선생님이 노력하시는 것은 알고 있지만, 제시한 생각들은 성공하지 못할 것입니다. 심지어 이 생각들은 제 가슴에 있는 무거운 고통을 만지는 것조차 못 합니다."

내가 제시한 사상들은 도움을 주지 못했다. 그러나 관계성 관점에서 나눈 대화를 점검해 보자. 첫째로, 나는 휴가 기간 중에 그녀와 대화를 했고, 이것은 내가 기꺼이 그녀의 문제에 전적으로 마음을 쓰고 있다는 것을 의미했다. 사실상 나는 그녀에게 이 문제에 대해 함께 계속 이야기를 해 보자고 했다. 나는 그녀의 불안으로 인해 어떤 측면에서도 위축되지 않았다. 죽음에 대한 끊임없는 그녀의 감정을 물어보았다. 나도 내 자신의 죽음에 대한 불안을 인정하였다. 우리가 이 일에 대해 함께하고 있으며, 그녀와 나 그리고 모든 사람이 죽음에 대한 불안을 가질 수 있게 내적으로 만들어졌다는 것을 그녀로 하여금 확신하게 했다.

둘째는 내가 그녀의 불안에 분명하게 참여하고 있다는 것 뒤에는 은연중에 강력히 내포된 의미가 있다. "당신이 가진 두려움이 얼마나 되는가에 관계없이, 나는 당신에게 물러서거나 포기하지 않을 것입니다."라는 것이다. 나는 영화 〈외침과 속삭임(Cries and Whisper)〉에 나온 가정부 안나의 역할을 하면서 앨리스를 붙들어 주었고, 단순히 그녀와 함께 있으려 하고 있었다.

내가 그녀에게 전적으로 관여하고 느꼈음에도 불구하고, 나는 그녀의 공포를 억누르고 있는지 확인했다. 죽음의 공포가 전염되는 것을 허용하지 않았다. 나는 그녀에게 나와 함께 공포에 대해 분석하고 해부해 보자고 촉구하면서 차분하고 사실적인 어조로 설득했다. 다음날 내가 대화를 하는 데 있어 차갑고 공감적이지 않았다고 그녀가 비판했음에도 불구하고, 나의 침착함이 그녀를 안정시켰고 두려움을 가라앉히는 데 도움을 주었다.

이 사례에서 배우는 교훈은, 관계는 가장 중요하다는 것이다. 여러분이 가족 구성원이든 친구든 상담치료사든 상관없이, 이 관계성 안으로 점프를 해서 들어가는 것이다. 적절하다고 느끼는 방식으로 가까이 다가가라. 당신의 마음으로부터 말을 하라. 당신의 두려움을 그 자리에서 드러내라. 위로를 줄 수 있는 방법이 있다면, 그 방법으로 고통을 당하는 사람을 붙잡아 줘야 한다.

10여 년 전 죽음이 가까운 환자에게 마지막 작별 인사를 하고 있을 때, 그녀는 잠시 동안 자신의 침대에 누워 달라고 요청한 적이 있었다. 그녀가 요청한 대로 나는 했고, 나는 그것이 그녀에게 위로가 되었다고 믿는다. 죽음을 앞두고 있는 사람에게는(혹은 죽음 공포 가운데 있지만 신체적으로 건강한 사람에게는) 당신이 단순히 옆에 있는 것이 그 사람에게 줄 수 있는 가장 위대한 선물이 될 수 있다.

자기개방

제7장에서 다루겠지만, 상담치료 훈련에서 아주 중요한 부분은 관계의 중요성에 대해 초점을 가지는 것이다. 내 의견으로 볼 때 이

훈련의 본질적인 부분은 치료사의 투명성을 통하여 관계성을 증진시키는 능력과 치료사의 자발성에 초점을 맞추는 것이다. 왜냐하면 전통적으로 많은 치료사는 불투명과 중립의 중요성을 강조하는 것으로 훈련을 받았기 때문이다. 이 점에서 치료사들이 자신을 투명하게 내담자에게 드러내는 것은 전문적 치료사들에게 좋은 장점이 될 수도 있다.

친밀한 관계성 속에서 자신의 고민을 드러낼수록 다른 사람들이 자신을 더 쉽게 드러낸다. 그래서 자기개방은 친밀감을 발달시키는 데 중요한 역할을 한다. 일반적으로 관계성은 상호 자기 드러냄의 과정에 의해 만들어진다. (집단상담에서) 한 개인이 솔직하게 자신의 비밀스러운 고민을 공개하는 것으로 인해 그 사람은 위험한 상태에 놓이게 된다. 그때 다른 사람이 같은 방식으로 자신을 공개함으로써 이 위험 상태의 간격을 좁혀 줄 수 있다. 이렇게 함으로써 이들은 함께 자기개방의 순환을 통해 관계성이 깊어진다. 만일 자신의 고민을 공개하여 위험한 상태에 있는 사람이 다른 사람과 상호 공개를 주고받는 것 없이 그냥 혼자 내버려지게 되면 관계성은 잘 형성되기 어렵다.

당신 자신에게 더 진실할수록, 당신 자신을 전적으로 나눌 수 있고 더 깊은 우정을 더 잘 유지할 수 있다. 이러한 친밀감 앞에서 모든 말, 모든 위로의 형식 그리고 모든 생각은 더 큰 의미를 가진다.

친구들은 그들 역시 죽음의 공포를 경험한다는 것을 계속 상기시켜야 한다. 그래서 앨리스와의 대화에서 나 자신도 죽음의 불가피성을 말했다. 이러한 죽음에 대한 나의 공개는 위험성이 높지 않다. 이것은 단지 불명확한 것을 명확히 하게 한 것이다. 결국 우리 인간은

"더 이상 내가 없다."라는 생각에 두려움을 가지는 피조물이다. 우리 모두는 우주의 무한함(때때로 이것은 엄청난 경험이라고 한다.)과 비교해 우리의 작음과 미미함을 경험한다. 우리 각자는 우주의 광대함에서 하나의 점, 모래 한 알이다. 이것은 17세기에 파스칼Pascal이 말한 "무한한 우주의 영원한 침묵이 나를 무섭게 한다."와 같다.

죽음을 직면하면서 친근감에 대한 필요성은 애나 데버 스미스Anna Deavere Smith의 새로운 연극 〈나를 편하게 있게 해 주세요(Let Me Down Easy)〉에서 가슴 아프게 잘 표현되었다. 이 연극에 나온 인물 중 주목할 만한 역은 에이즈에 걸린 아프리카 아이들을 돌보는 여성이다. 그녀가 있는 보호소에는 도움이 될 만한 것이 없어 아이들이 날마다 죽는다. 죽어 가는 아이들의 두려움을 달래기 위해 무엇을 하느냐고 누군가 그녀에게 물었을 때, 그녀는 두 구절로 대답을 했다.

"저는 아이들을 결코 어둠 가운데 홀로 죽도록 하지 않습니다."

그리고 아이들에게 말한다.

"너희들은 항상 나의 마음속에, 여기에 나와 함께 있을 것이야."

자신에 대한 개방에 대해 깊게 뿌리박힌 장벽을 가지고 있어 항상 깊은 우정을 피하는 사람들조차 죽음에 대한 생각은 삶에 대한 의미를 각성케 하는 경험이 될 수 있을 것이다. 또한 이것은 친밀감에 대한 그들의 열망과 그것을 성취하기 위한 노력을 기꺼이 하는 거대한 변화에 촉매가 될 수 있을 것이다. 죽어 가는 환자들과 일하는 사람들은 예전에 사람들과 거리를 두었던 사람들이 눈에 띄게 갑자기 깊은 관계에 접근하는 것을 발견한다.

행동 가운데 퍼지는 파급 효과

앞에서 내가 설명한 것과 같이, 사람이 계속적으로 영향이 남는 다는 믿음은 개인의 개성이 아니라 그 사람이 가졌던 가치와 행동이 세대를 통하여 전수되는 것이고, 자신의 죽음 운명에 대해 근심하는 사람들에게 강력한 위로가 된다는 것이다.

죽음 외로움을 감소시키기

중세의 도덕 연극인 〈에브리맨(Everyman)〉은 죽음과 마주한 개인 의 외로움을 극화한 것임에도 불구하고, 파급 효과가 가지는 위로의 힘을 묘사하는 것으로 읽힐 수 있다. 연극 〈에브리맨〉은 수세기 동 안 연극의 관중이 되는 교회의 많은 신자를 위하여 교회 앞에서 진 행되었다. 이 연극은 에브리맨의 비유적 이야기를 말해 준다. 에브 리맨에게 죽음의 천사가 방문을 하였고, 그는 인생의 마지막 여정에 도달했다는 것을 알게 된다.

에브리맨은 죽음의 집행유예를 간청했지만, 죽음의 천사는 무엇 도 이것을 바꿀 수 없다고 답을 한다.

"그러면 내가 이 절망스럽고 외로운 여정에 동행할 수 있는 사람 을 초대할 수 있나요?"

천사는 미소를 짓고 흔쾌히 승낙한다.

"좋다. 네가 같이 갈 수 있는 사람을 찾으면 그렇게 하라."

연극의 나머지 부분들은 에브리맨이 자신의 외로운 여정에 같이 동행할 수 있는 사람을 찾는 부분으로 이루어져 있다. 모든 친구와 아는 사람들이 그의 제안을 거부한다. 예로, 그의 사촌은 발가락에 경련이 있어 가지 못한다고 불쾌해했다. 심지어 비유적인 인물들도 (세상의 물품, 미, 힘, 지식) 에브리맨의 제안을 거부한다. 마지막으로 에브리맨이 외로운 여정을 같이 갈 수 있는 사람들을 알아보는 것을 포기했을 때, 그와 함께 동행하려는 의지를 가지고 있고 함께할 수 있는 한 친구인 **선행**(Good Deeds)을 발견한다.

이 연극에서 말하고자 하는 바는 에브리맨이 자신과 함께 동행할 수 있는 친구 한 명인 **선행**은 물론, 기독교의 도덕 가치로 보았을 때 우리가 세상을 떠날 때는 우리가 세상에서 가졌던 어떤 것도 가지고 갈 수 없다는 것이다. 이 연극의 세속적 해석은, 우리 자신을 넘어 타인에게 지속되는 선한 영향과 선행에 대해 인식을 하는 파급 효과가 인생의 마지막 여정인 죽음의 고통과 외로움을 누그러지게 할 수도 있다는 것이다.

감사의 역할

내가 유용하다고 생각한 많은 사상과 마찬가지로, 파급 효과는 한 사람의 일생이 다른 사람에게 직접으로 어떻게 전수되는지를 알 수 있는 친밀한 관계성에서 더 큰 힘을 발휘할 것으로 가정한다.

친구들은 다른 친구가 자신에게 해 준 것이나 어떤 의미에 대하여 감사할 것이다. 그러나 단순하게 감사하다는 것은 요점이 아니다. 정말 진실한 메시지는 "너의 어떤 부분이 내 안으로 전달되었고, 이것이 나를 변화시켰고 나를 풍요롭게 했다. 그래서 나는 이것을 다

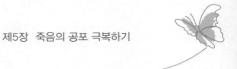

른 사람들에게 전달하겠다."이다.

한 사람의 선한 파급이 세상에 어떻게 영향을 미쳤는가에 대한 감사함은 그 사람이 살아 있을 때가 아니라 죽은 후 추도사를 통해 나타난다. 당신은 얼마나 자주 장례식장에서 죽은 사람의 추도사와 감사의 표현을 들었으면 하고 원했는가(혹은 다른 사람이 그렇게 소원하는 것을 엿들었는가)? 우리 중 스크루지처럼 장례식을 엿듣고 싶어 하는 사람이 얼마나 될까? 나는 그런 소원을 가지고 있다.

파급 효과가 "너무 작다, 너무 늦었다."라는 문제를 극복하는 한 가지 방법은 우리가 살아 있을 때 파급 효과를 높일 수 있는 훌륭한 방법인 '감사 방문(gratitude visit)'이다. 내가 이 방법을 접한 것은 긍정심리학의 선구자 중 한 사람인 마틴 셀리그먼Martin Seligman이 진행하는 워크숍에서이다. 그는 많은 청중에게 이 안내에 따라 진행된 연습 과정에 다음과 같이 참여하도록 요청했다.

"당신이 정말 감사하다고 생각하는데 한 번도 그 표현을 하지 못한 아직 살아 있는 분에 대해 생각해 보기 바랍니다. 그리고 그분을 생각하면서 감사함에 대하여 10분간 편지를 쓰기 바랍니다. 그리고 여기 있는 사람과 짝을 이루어 서로에게 쓴 편지를 읽어 주기 바랍니다. 마지막 단계는 가까운 미래에 감사하게 생각하는 분을 방문하여 그분에게 편지를 큰 소리로 읽는 겁니다. 짝을 이루어 이 편지를 읽은 후 청중들 중 몇몇 자원자를 선택해서 전체 청중들이 있는 데서 큰 소리로 읽는 것입니다."

한 명의 예외도 없이, 편지를 읽는 동안 감정이 복받쳐 목이 메게 되었다. 나는 이 연습에서 변함없이 이러한 감정의 표현들이 발생한다는 것을 배웠고, 깊은 감정적 격동 없이 읽기를 마친 사람은 거의 없었다.

나는 이 연습을 하였고 스탠퍼드 대학교에서 보낸 첫 10년 동안 정신과의 유능한 학과장이었던 데이비드 함부르크David Hamburg에게 편지를 썼다. 그리고 그가 살고 있는 뉴욕에 방문하여 감동적인 저녁을 함께 보냈다. 나는 그에게 감사를 표현할 수 있어서 좋았으며, 그는 이 사실을 안 것으로 인해 기분이 좋았다. 내가 그에게 편지를 읽을 때 기쁨으로 얼굴이 빛났다.

나는 나이가 들어 감에 따라 파급 효과에 대해 더욱 더 생각한다. 가장으로서 나의 가족들이 레스토랑에서 식사할 때 나는 항상 식사비를 낸다. 나의 네 자녀들은 정중하게 감사하다고 하고(잠시나마 내가 식사비를 내는 것에 미약한 저항을 한다), 나는 항상 자녀들에게 "너희들의 할아버지 벤 얄롬Ben Yalom에게 감사하다고 해라. 나는 그분의 관대성을 너희에게 전달하는 그릇일 뿐이란다. 할아버지는 항상 음식비용을 내 주셨단다."라고 했다. (그리고 나 역시 식사비를 내는 것에 미약한 저항을 하였다.)

파급 효과와 본이 되는 것

나는 치명적인 암을 가진 환자들을 지도했던 첫 번째 집단에서 자주 구성원들의 의기소침함이 전염되는 것을 발견했다. 많은 구성원이 낙담하고 있었다. 이들은 자신들에게 다가오는 죽음의 발자국 소리를 날마다 기다리고 있었고, 인생이 공허해졌고 아무런 의미가 없다고 했다.

그러다가 어느 화창한 날, 구성원 중 한 사람이 "어찌 되었건 아직

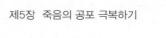

제5장 죽음의 공포 극복하기

제가 무언가 제공할 수 있는 어떤 것이 있다고 생각합니다. 이것은 제가 어떻게 죽을지에 대한 본보기를 남기는 것입니다. 저는 죽음에 대해 용기와 존엄성을 가지고 직면함으로써 저의 자녀들과 친구들에게 본보기를 만들 수 있습니다."라고 했다.

이 말은 그녀와 나 그리고 집단의 구성원들의 영혼을 들어 올리는 경이로운 것이었다. 그녀는 자신의 삶의 끝까지 의미로 물들이는 방법을 찾았다.

파급 효과 현상은 암환자 집단을 관찰하는 학생들에게 명료하게 나타났다. 이것은 집단치료사들의 교육을 위해서는 매우 중요해서, 이들은 집단을 이끄는 경험 있는 정신과 의사들을 관찰한다. 항상 나는 관찰하는 학생들이 내 집단치료에 참여하는데, 때때로 TV 모니터를 사용하지만 대개는 반투명 거울(one-way mirror)을 사용한다. 교육적 환경에 있는 집단들은 이러한 관찰을 허락하지만, 일반적으로 집단의 구성원들은 이러한 관찰자에 대해 불평을 하고, 때때로 공개적으로 이러한 개입에 대해 분노를 나타낸다.

그러나 나의 암환자 집단은 달랐다. 그들은 관찰자들이 참여하는 것을 환영했다. 그들은 죽음을 직면한 결과로 자신들이 현명해졌으며 학생들에 전달해 줄 수 있는 것이 많이 있고, 다만 내가 앞에서 언급한 것과 같이 그들이 후회하는 한 가지는 어떻게 사는 것이 바른 것인지를 배우는 데 너무 많은 시간이 걸렸다는 점이라고 했다.

158

자신의 지혜를 발견하기

소크라테스는 선생에게, 그리고 내가 하나 더 붙여 친구에게 가장 좋은 교수법은 그들 스스로의 지혜를 발굴할 수 있도록 질문을 하는 것이라고 믿었다. 치료사들이 하는 것과 같이 친구들은 이것을 항상 질문한다. 다음에 나오는 짧은 글은 우리 모두가 사용할 수 있는 간단한 방법을 제시해 주고 있다.

**만약 우리가 죽을 것이라면, 우리는 왜 살아야 하고
또는 어떻게 살아야 하는가?**

사람들은 계속해서 "우리 모두가 죽도록 운명 지어져 있다면 인생의 목적은 무엇인가?"라고 질문한다. 우리 중 많은 사람이 이 질문에 대한 답을 우리 밖에서 찾으려고 함에도 불구하고, 우리는 소크라테스의 방법을 따르고 시선을 안으로 돌리는 것이 더 좋을 것이다.

죽음불안을 가지고 오랜 동안 시달린 질매이라는 환자는 습관적으로 죽음과 무의미를 동등하게 생각했다. 내가 그녀에게 이러한 생각이 언제부터 발생했는지 물어보았을 때, 그녀는 생생하게 죽음의 첫번째 출현을 회상했다. 그녀는 눈을 감으면서 자기가 아홉 살 때 집 현관 앞 흔들의자에 앉아 있으면서 애완견의 죽음을 슬퍼하고 있을 때라고 했다.

"그때 그 자리에서, 만약 우리 모두가 죽어야 한다면 아무것도 의미가 없다는 것을 알았습니다. 제가 배우는 피아노 레슨, 제 침대를

제5장 죽음의 공포 극복하기

완벽하게 정리하는 것, 학교 출석을 완벽하게 해서 금빛 별표 상을 받는 것이 의미가 없었습니다. 모든 금빛 별표가 사라지게 될 때, 금빛 별의 목적은 무엇이죠?"

"질, 당신에게 지금 아홉 살 정도 된 딸이 있습니다. 그 딸이 당신에게 '만일 우리가 죽을 거라면, 왜 그리고 어떻게 우리가 살아야 하죠?'라고 질문을 한다고 상상해 보세요. 그러면 당신은 무엇 때문일 거라고 말하겠습니까?"라고 물어보았다.

질은 주저함 없이 "저는 딸에게 살면서 가지는 많은 기쁨, 숲의 아름다움, 친구와 가족들과 함께 있는 더 없는 기쁨, 사랑을 다른 사람들에게 퍼지게 하는 행복, 세상을 더 나은 곳으로 만드는 것에 대해 이야기할 겁니다."라고 했다.

"훌륭한 답입니다. 당신 안에 많은 지혜를 가지고 있습니다. 당신이 딸에게 인생에 관해 조언해 주는 것을 상상할 때 이러한 지혜에 도달한 것은 이번이 처음이 아니었습니다. 이제는 당신이 당신 자신의 어머니가 되는 것을 배워야 할 필요가 있습니다."

상담치료사의 일은 답을 제공해 주는 것이 아니라 사람들이 자신의 답을 찾을 수 있는 방법을 발견하도록 돕는 것이다.

이와 같은 원칙이 줄리아를 치료하는 과정에도 있었다. 줄리아는 심리치료사이며 화가인데, 그녀의 죽음불안은 자신을 전적으로 실현하지 못한 것과 그녀의 남편과 누가 많이 수입을 올리는가를 경쟁함으로써 자신의 예술적 가치를 무시한 것에서 시작이 되었다(제3장 참조). 나는 줄리아에게 상담치료를 할 때 같은 원칙을 적용했다. 줄리아처럼 행동하는 내담자에게 어떻게 반응을 할 것인지 상상해 보라고 제안하면서 그녀에게 물어보았다.

160

줄리아는 즉각적으로 "저는 그녀에게 부조리한 삶을 살고 있다고 말할 것 같습니다."라고 말했다. 이 말은 그녀 자신의 지혜를 발견하는 데 아주 작은 안내만 필요하다는 신호를 보낸 것이다. 상담치료사들은 항상 자기 자신이 발견한 진리는 다른 사람에 의해 전달된 진리보다 더 큰 힘을 가지고 있다는 가정하에 치료를 하고 있다.

당신의 인생을 실현하기

줄리아같이 많은 사람의 죽음불안은 자신들의 잠재성을 실현하지 못해서 오는 실망감에 의해 연료 공급을 받아 활동한다. 많은 사람이 절망에 있는 것은 그들의 꿈이 실현되지 않았기 때문이다. 그리고 자신들이 자신의 꿈을 이루지 못한 것에 대해 더욱 절망한다. 이 깊은 불만족에 대해 초점을 맞추는 것은 잭의 이야기에 나오는 것처럼 흔히 죽음불안을 극복하는 출발점이 된다.

죽음불안과 이루지 못한 인생(unlived life): 잭

옷을 잘 차려 입은 60세 변호사 잭Jack이 무능력 증상으로 지친 상태에서 내 사무실을 방문했다. 그는 나에게 다소 퉁명스럽고 표현이 없는 톤으로, 자신이 죽음에 관해 집착적인 생각을 가지고 있기 때문에 잠을 못 이룬다고 했다. 더구나 변호사로서 전문적 생산성의 일이 드라마틱하게 감소하고 있어, 이것이 잠재적으로 자신의 수입을 감소시키고 있다는 생각에 고통을 받고 있었다. 그는 매주 몇 시간씩 보험 통계표를 충동적으로 살펴보고, 얼마나 더 살 수 있을지 남아 있는 달과 날짜를 계산하며 시간을 낭비했다.

그의 수입이 떨어진 것은 자신이 일하는 분야에서 큰 부분을 차지하는 유서와 부동산법을 더 이상 다루지 않기 때문이었다. 자신의 유서와 죽음에 너무 집착함으로 인한 공포는 자주 발생하여 고객과 상담을 길게 할 수 없게 하였다. 고객과 회의에서 말을 더듬는 것으로 인해 자신이 당황하고, 때때로 고객들과 이야기하면서 '먼저 사망함' '죽은 것' '생존한 배우자' '사망 지급금'과 같은 용어들에 재갈을 물리려 절제하는 것으로 인해 당황했다.

첫 번째 상담 회기 동안에 잭은 멀리 떨어져 있어 경계심이 있는 것 같았다. 나는 이 책에 기록된 많은 사상을 설명하면서 그에게 다가가거나 위안을 주려고 노력했지만 성공하지 못했다. 한 가지 이상한 것이 나의 주의를 끌었다. 예를 들어, 그는 꿈에서 자기가 담배에 불을 붙이면서 지하도를 걷고 있었다고 했는데, 사실은 25년간 담배를 피우지 않았다고 했다. 담배와 연관된 연상을 하도록 압박을 했지만 아무것도 나오지 않았다. 세 번째 상담 회기의 끝 무렵에 잭은 떨리는 목소리로 자신의 아내가 결혼 후 매일 40년간 마리화나를 피웠다고 털어놓았다. 그는 머리를 양손으로 감싸면서 침묵 속에 빠졌고, 그의 시계 초침이 상담 시간 50분의 끝을 알리자 인사도 없이 문을 박차고 나갔다.

다음 상담 회기에 잭은 자신의 엄청난 수치심을 말했다. 잘 교육받고 지적이고 존경받는 전문가가, 40년간 마리화나에 중독되어 인지적 결함을 보이고 차림새는 엉망이어서 공적인 자리에 함께하는 것을 당황스럽게 만드는 부인과 관계를 지속한 것이 너무 바보 같았다고 했다.

잭은 이 상담에서 마음이 흔들렸지만 마지막에 안정을 찾았다. 그는 이 비밀을 수십 년 동안 아무에게도 말하지 않았다. 이상하지만 그 자신이 이 사실을 받아들이기 어려웠었다.

이후의 상담에서 결혼의 손상된 관계성에 만족했다는 것을 인정했다. 왜냐하면 그 자신이 더 많은 것을 받을 자격이 있다고 믿지 않았고, 그 결혼의 광범위한 예상 밖의 복잡한 결과들을 인정했기 때문이다. 결혼 생활에 대한 그의 부끄러움과 비밀에 대한 필요성이 그의 사회적 활동을 감소시켰다. 그는 자녀를 갖지 않기로 결정했는데, 그의 부인에게는 임신 기간에 마리화나를 끊을 수 있는 절제력이 없었고, 혹은 아이들의 양육에 책임감을 가질 수 없기 때문이었다. 사람들이 이런 부인과 함께 남아 있는 자신을 어리석다고 여길 것이라고 확신했기 때문에 이 사실을 아무에게도 말하지 않았고, 심지어 누나에게도 말하지 않았다.

잭은 60세가 되어 이미 너무 나이가 들었고, 아내를 떠나는 것은 고립되는 것이라고 강하게 확신하고 있었다. 상담 과정에서 결혼을 끝내려는 어떤 이야기나 혹은 끝내라는 압박은 하지 말아야 한다고 분명하게 나에게 말했다. 아내의 중독에도 불구하고 그는 아내를 진심으로 사랑했고, 그녀가 필요했었고, 결혼 서약을 충실하게 지켰다. 그는 아내가 자신 없이 살 수 없다는 것을 알고 있었다.

나는 그의 죽음불안이 자신의 삶을 단지 부분적으로 살고 있는 것과, 행복과 성취에 대한 자신의 꿈을 억누르는 것에 연관이 되어 있다는 것을 깨달았다. 그의 두려움과 악몽은 인생의 촉박한 시간이 자신의 삶에서 사라져 간다는 데에서 온 것이다.

나는 특별한 그의 고립에 충격을 받았다. 아내의 문제를 비밀로 해야 하는 필요로 인해, 아내와의 문제 있고 모호한 관계 외에는 모든 친밀한 관계성을 배제시켰다. 나는 그의 친밀함의 문제를 우리의 관계성에 집중하며 접근하였고, 내가 절대로 그를 어리석다고 평가하지 않는다는 것을 분명히 하고 시작했다. 이렇게 해서 그는 많은 내용을 나에게 알려 주려고 했다는 것을 영광스럽게 느꼈고, 건강이 나빠진 배우자와 함께 살면서 직면한 도덕적 곤란에 대해 그의 상황에 공감을 했다.

단지 몇 상담 회기 후에 잭의 죽음불안은 괄목할 만하게 줄어들었다. 죽음불안은 다른 관심사로 채워졌고, 그것은 주로 아내와의 관계 그리고 아내로 인해 수치심을 느끼며 배제한 다른 친밀한 관계성에 대한 우려들로 대체되었다. 우리는 지난 세월 동안 우정을 형성하는 데 방해를 했던 비밀 코드를 어떻게 그가 깰 수 있는지에 대해 생각했다. 나는 집단상담의 가능성을 제안했지만, 그것은 잭에게 너무 위협적인 것이었다. 그는 아내와의 관계를 방해할 수 있는 것은 어떤 야심 찬 치료 방법도 거부했다. 대신 그는 자신의 누이와 친근하게 지낸 한 친구에게 자신의 비밀을 말할 수 있을 것이라고 했다.

나는 상담치료를 하면서 자기실현의 문제에 초점을 두었다. "아직 실현될 수 없었던 잭을 억누르는 부분은 무엇이었는가? 그의 실현 불가능했던 꿈은 무엇이었는가? 그는 아이였을 때 미래에 무엇을 할 것이라는 꿈을 가지고 있었는가? 과거에 어떤 노력들이 그에게 즐거움을 주었는가?" 등에 중점을 두었다.

다음 상담 회기에 그가 '낙서(doodles)'라고 부르는 것으로 가득 채운 두꺼운 바인더를 들고 도착했다. 이것은 수십 년 동안 쓴 죽음에 관한 시이며, 대부분은 악몽으로 인해 새벽 4시에 꿈에서 깬 후 쓴 것이었다. 나는 그에게 시 몇 편을 읽어 달라고 부탁했고, 그는 좋아하는 시 세 편을 선택했다.

그가 시를 다 읽었을 때 나는 "당신의 절망이 이렇게 아름다운 것으로 변화할 수 있다니 멋집니다."라고 했다.

열두 번의 상담을 마치고 잭은 자신의 목적을 성취했다고 말했다. 자신이 가진 죽음불안이 놀랄 만큼 감소했고, 그의 악몽은 여린 짜증이나 좌절을 가진 꿈으로 변형되었다고 했다. 자기 자신의 비밀을 나에게 드러내는 것이 다른 사람을 신뢰할 수 있는 용기를 그에게 주었고, 자신의 누이와 오래된 친구의 친밀한 관계성을 회복할 수 있었다고 했다. 3개월 후에 나에게 이메일을 보내어 자신은 잘 지내고 있고, 온라인으로 하는 글쓰기 세미나에 등록했으며, 지역에 있는 시 쓰는 모임에 가입했다고 했다.

잭과의 상담은 실현되지 못한 인생이 어떻게 그 자체를 죽음의 두려움으로 나타내는지를 보여 주었다. 물론 그는 죽음의 두려움에 있었다. 그가 죽음에 대해 많은 두려움을 가지고 있는 것은 그에게 유용한 인생을 살지 못했기 때문이다. 많은 예술가와 작가들은 이 감정을 다양한 언어로 표현했다. 니체의 "적합한 시기에 죽어라."와 미국의 시인 존 그린리프 휘티어John Greenleaf Whittier의 "언어나 펜으로 할 수 있는 가장 슬픈 말은 '그렇게 될 수도 있었는데!'"가 그 예이다.

잭과 한 나의 상담은 그의 시적 재능에서부터 친밀한 사회적 관계에 대한 그의 목마름에 이르기까지, 그 자신이 소홀히 했던 부분을 자리 잡고 재활성화할 수 있도록 하는 시도들로 섞여 있었다. 일반적으로 상담치료사들은 내담자들이 치료사의 제안, 격려 혹은 권고에 의지하는 것보다 자기실현에서 장애물을 제거하도록 돕는 것이 더 좋다는 것을 깨닫는다.

또한 나는 잭의 고립을 줄이도록 노력하였는데, 이것은 그가 이용할 수 있는 사회적 기회를 지적해서가 아니라, 대신 친밀한 우정에 주된 장애물인 다른 사람들이 자신을 바보처럼 여길 것이라는 수치심과 믿음에 초점을 맞추었다. 물론 잭이 나와 친밀한 관계를 가지려는 것은 중요한 단계였다. 고립은 단지 고립 상태에서만 존재한다. 이것을 사람들과 나누게 되면 고립은 사라진다.

후회의 가치

후회는 좋지 않다고 여기고 있다. 이것은 항상 되살릴 수 없는 슬픔이 암시함에도 불구하고 건설적인 방법으로 사용할 수 있다. 사실, 내가 나 자신과 다른 사람들의 자기실현을 돕기 위해 사용하는 모든 방법은, 후회의 생각은 그것을 만드는 것과 피하는 것 모두가 가장 가치 있다는 것이다.

적합하게 사용되면 후회는 당신에게 더 후회가 쌓이는 것을 방지토록 하는 행동을 취할 수 있게 돕는다. 당신은 과거를 돌아보거나 미래를 보는 것 둘 다를 통해 후회를 조사할 수 있다. 만일 당신이 과거로 눈을 돌리면 당신이 성취하지 못했던 모든 것으로 인해 후회를 경험할 것이다. 만일 미래로 눈을 돌리면 더 많은 후회를 하면서 살 것인가 혹은 비교적 후회로부터 자유로운 삶을 살 것인가에 대한 가능성을 생각하게 된다.

나는 자주 나 자신과 내담자들에게 1년 혹은 5년 후를 상상해 보라고 한다. 그리고 이 기간 동안 쌓이게 될 후회에 대해 생각해 보라고 한다. 그리고 진짜 치료적인 핵심 질문을 한다.

"어떻게 새로운 후회를 쌓지 않고 지금 살 수 있습니까? 당신 인생에서 무엇을 바꿔야 합니까?"

각성하기

인생의 어떤 시기에, 때로는 젊은 시절에 때로는 늦게, 우리 각자는 인간의 죽음에 눈을 뜨게 되어 있다. 죽음에 눈을 뜨게 하는 많은 촉발제가 있다. 그 촉발제는 거울 속에서 당신의 늘어진 턱을 보는 것, 하얗게 변한 머리카락, 구부정한 어깨, 특별히 10년마다 다가오는 50세, 60세, 70세 생일, 오랜 동안 보지 못했던 친구들이 늙어 가는 모습에서 오는 충격, 당신 자신의 오래된 사진과 당신의 어린 시절에 살았지만 오래전에 죽은 사람들의 사진을 보는 것, 꿈에서 죽음과 마주치는 것 등이다.

이러한 경험을 할 때 당신은 무엇을 느끼는가? 어떻게 느끼는가? 이 불안을 없애고 이 죽음의 주제를 피하기 위해 광적인 행동에 몰입하는가? 성형수술로 주름을 없애거나 하얀 머리카락을 염색하는가? 몇 년만 더 39세에 머무르려고 애쓰는가? 일과 매일 되풀이되는 일상으로 빠르게 주의를 딴 곳으로 돌리는가? 모든 이러한 경험을 잊어버릴 것인가? 당신은 꿈을 무시하는가?

나는 여러분의 주의를 딴 곳으로 돌리지 않기를 바란다. 대신 각성을 음미해 보길 바란다. 이 각성을 이용하라. 당신 젊은 날의 사진

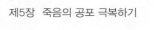

을 볼 때 잠시 멈추어라. 가슴 아픈 순간들이 당신을 휩쓸어 가고 당신에게서 조금 머뭇거리도록 내버려 두라. 그리고 단 것과 쓴 것의 맛을 보아라.

죽음의 자각이 머무는 것과 죽음의 그림자를 당신이 끌어안는 장점을 마음속에 가지고 있어야 한다. 이러한 자각은 당신의 생명의 불꽃과 함께 어둠을 통합하고, 그것을 가지고 있는 동안 당신의 삶을 끌어올린다. 이것이 생명을 소중히 여기는 길이고, 다른 사람들에게 연민을 느끼는 길이고, 어떤 것이든 가장 깊이 사랑하는 길은 이러한 경험들이 없어지도록 운명 지어졌다는 것을 아는 것이다.

자주 나는 환자들이 매우 늦은 나이에, 심지어 죽음에 가까이 와서 실질적인 긍정적 변화가 생기는 것을 보며 기분 좋게 놀라고 있다. 이것은 결코 늦은 것이 아니다. 당신은 결코 너무 나이 든 것이 아니다.

점점 끝에 가까워질수록

나는 원을 그리며 출발했던 곳으로 더 가까워진다.

이것은 길을 부드럽게 하고 준비하는 것 중의 하나인 것 같다.

나의 심장은 지금 오랜 기간 잠을 자고 있는

많은 기억에 의해 감동을 받는다.

―찰스 디킨스,『두 도시의 이야기(A Tale of Two Cities)』에서

제6장

죽음 인식 – 회상록

니체는 만일 우리가 철학자의 저술을 이해하려면 그의 자서전을 살펴보아야 한다고 했다. 이것은 정신과 의사들도 마찬가지다. 양자물리학에서 경제학, 심리학 그리고 사회학까지 광범위한 범위에서 관찰자는 관찰되는 것에 영향을 미친다는 것이 상식이다. 나는 나의 내담자들의 삶과 사상에 대한 나의 관찰을 말했고, 이제는 이 과정을 거꾸로 해서 그들의 죽음에 대한 관찰과 그들이 나에게 어떠한 영향을 미쳤는지 죽음에 관한 나의 개인적 생각을 말하려고 한다.

죽음 직면하기

내가 기억하는 죽음과의 나의 첫 번째 만남은 내가 다섯 살이나 여섯 살 무렵에 아버지가 운영하는 식료품 가게에서 기르던 고양이 중 한 마리인 스트리피Stripy가 자동차에 치여 사망한 사건이다. 포장도로에 쓰러져 누워 있는 고양이 입에서 흘러나오는 가느다란 피를 보면서 구슬 크기의 햄버거 조각을 고양이 입 근처에 놓았는데, 스트리피는 그것을 쳐다보지 않았다. 고양이는 죽어 가고 있었다. 내가 회상하는 것은 내가 고양이를 위해 할 수 있었던 일이 아무것도 없었기에 무감각한 무기력함을 느꼈던 기억이다. 만일 살아 있는 모든 것이 죽어야 한다면 나도 그렇게 될 것이라는 분명한 결론을 이 경험을 통해 가지게 된 것인지는 잘 기억하지 못한다. 그러나 기르던 고양이의 죽음에 대한 기억들은 이상하게 또렷함으로 내게 지속되고 있다.

사람의 죽음을 처음 경험한 것은 초등학교 2학년 때 혹은 3학년 때 반 친구 L.C.의 죽음이었다. 나는 L.C.가 무엇의 약자인지 기억하지 못한다. 아마도 나는 무슨 약자인지 전혀 몰랐을 것이다. 심지어 L.C.와 내가 친한 친구였는지, 함께 놀았는지도 확실치 않다. 내가 생각나는 전부는 몇 개의 빛나는 은빛 기억뿐이다. L.C.는 붉은 눈을 가진 선천성 색소 결핍증을 가지고 있는 아이였다. 그 아이 어머니는 점심 도시락으로 피클 조각을 속에 넣은 샌드위치를 만들어 주었는데, 나는 그것이 좀 이상하다고 생각했다. 이렇게 샌드위치 안에 피클을 넣은 것은 본 적이 없기 때문이었다.

그런데 하루는 L.C.가 결석을 했고, 일주일 후에 선생님은 그 아이가 죽었다고 했다. 이게 전부다. 더 이상 아무런 말도 없었다. 그 후로 L.C.에 대한 언급은 없었다. 마치 수의를 입은 몸이 배의 갑판에서 깊은 바다로 미끄러지듯이 그 아이는 조용하게 사라져 버렸다. 그러나 어떻게 그 아이가 내 마음에 선명하게 남아 있는지. 거의 70년이 지났지만 아직도 나는 손을 뻗어 그 아이의 뻣뻣하고 유령처럼 흰 머리카락을 내 손가락으로 만질 수 있을 것 같다. 그 아이를 마치 어제 본 것처럼, 그 아이의 모습이 나의 마음에 고정되어 있다. 그 아이의 하얀 피부, 끈을 높이 맨 신발, 무엇보다도 그의 얼굴이, 완전히 놀란 눈이 휘둥그레진 표정을 나는 기억한다. 아마 이 모든 나의 기억은 내가 재구조화를 한 결과일 것이다. 나는 단순히 그 친구가 어린 나이에 미스터 죽음(Mr. Death)을 만나야만 했던 것이 얼마나

173

놀랐을까 상상한다.

'미스터 죽음'은 내가 청소년기부터 사용하고 있는 용어다. 나는 이 용어를 커밍스E. E. Cummings의 버팔로 빌Buffalo Bill에 관한 시에서 가져온 것인데, 이 시가 너무 놀라워서 그 자리에서 외웠다.

버팔로 빌의 소멸[3]

물처럼 부드러운

은빛 종말을 타곤 했던 사람

그리고

예수처럼

비둘기 한 마리 두 마리 세 마리 네 마리 다섯 마리를

흩어버린다

그는 잘생긴 남자였고

내가 알고 싶은 것은

파란 눈을 가진 소년은

어떻게 좋아 하는가

미스터 죽음

친구 L.C.가 사라진 것에 관해 많은 슬픔을 가졌는지 기억은 없다. 프로이트는 우리의 불쾌한 감정을 기억에서 제거하는 것에 대

---

3 (역자 주) 버팔로 빌의 본명은 William Frederick Cody(1846~1917)이다. 미 영토 확장에 많은 공을 세웠다. 시인은 파란 눈을 가진 차가운 죽음으로 세속적 영웅인 빌과 영적 영웅인 예수의 필멸 죽음을 융합적으로 묘사했다.

해 썼다. 이것은 나에게 해당되고, 친구에 대한 생생한 기억은 있지만 감정은 제거된 역설을 분명히 한다. 나는 친구의 죽음에 관한 많은 감정을 가지고 있었다고 추론하는 것이 합리적이라고 믿는다. 나는 L.C.에 대한 기억이 분명하지만, 그 어린 시절의 다른 친구에 대한 어떤 이미지나 조각의 일부도 가지고 있지 않다. 그러면 아마도 그 친구의 날카로운 이미지와 나를 비롯해서 선생님들, 같은 반 친구들, 우리 모두는 조만간 L.C.처럼 사라져 버릴 것이라는 충격적인 깨달음이 전부일 것이다.

아마 커밍스의 시가 나의 마음에 영구히 있는 것은 나의 청소년 시절에 미스터 죽음이 내가 알고 있는 다른 소년을 방문했기 때문이다. 알렌 마리노프Allen Marinoff는 '파란 눈을 가진 소년'이었고, 심장에 문제를 가지고 있어 항상 아픈 친구였다. 나는 그 친구의 뾰족한 우울한 얼룩, 이마 위로 머리카락이 축 늘어질 때 손끝으로 튕겨 내던 옅은 갈색 머리카락, 약한 몸에 어울리지 않게 크고 무거워 보이는 책가방을 기억한다. 어느 날 저녁 내가 그 친구 집에서 잠을 잤을 때 "알렌, 무슨 일이 있니? 네 심장에 구멍이 있다는 것이 무슨 말이야?"라고 무엇이 문제인지 조심스럽게 물어보았다. 이 모든 것은 너무 끔찍했다. 태양을 똑바로 바라보는 것과 같았다. 알렌이 나에게 어떻게 대답했는지는 기억이 나지 않는다. 내가 어떻게 느꼈고 생각했는지 기억하지 못한다. 그러나 확실하게 내 안에 무거운 가구가 사방으로 움직이는 것과 같이 우르렁거리며 퍼지는 힘이 있었다. 이것만이 기억난다. 알렌은 15세에 세상을 떠났다.

다른 아이들과 다르게, 나는 장례식에 참석하여 죽음을 접해 보지 못했다. 내 부모의 문화에서 어린아이들은 장례식 참여에 제외되었

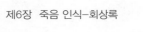

기 때문이다. 그런데 내가 아홉 살 또는 열 살 때 큰 일이 발생했다. 어느 날 저녁에 전화벨이 울렸고, 아버지는 받자마자 거의 즉시 커다랗고 날카로운 소리로 울부짖었고, 이것이 나를 겁먹게 했다. 아버지의 동생, 나의 삼촌 메이어Meyer가 죽은 것이다. 아버지의 비판의 절규를 들을 수가 없어서 나는 밖으로 나가 동네 몇 바퀴를 계속해서 뛰었다.

나의 아버지는 조용하고 점잖은 분이었는데, 모든 통제를 상실케 하는 충격적이고 이례적인 일은 무언가 엄청나고 불길한 무시무시한 것이 도사리고 있음을 의미했다. 나보다 일곱 살 많은 누이는 당시에 집에 있었는데, 내가 기억하지 못하는 더 많은 것을 기억하지만 내가 기억하는 것은 전혀 기억하지 못하고 있었다. 이런 것이 한 사건에 대해서 어떤 것을 기억하고 어떤 것을 잊어버리려고 정교하게 선택하는 억압의 힘이며, 이것이 우리 개인 각자의 유일한 세계를 건설하는 도구이다.

나의 아버지는 46세에 심근경색으로 거의 돌아가실 뻔했다. 이 일은 한밤중에 발생했다. 당시 나는 14세였는데 공포에 질려 있었고, 어머니는 아버지의 이 병에 대해 미친 듯이 설명을 구하고, 이 병에 대해 책임을 져야 할 사람을 생각하였다. 어머니에게는 내가 그 책임을 져야 할 표적이었고, 내가 제멋대로 살아가는 것, 무례함, 집안을 혼란하게 하는 것이 아버지가 재앙적인 병을 가진 이유라고 했다. 그날 저녁 아버지가 여러 차례 고통으로 괴로워할 때, 어머니는 나를 보면서 "너가 아버지를 죽였다."라고 소리를 질렀다.

12년 후에 내가 분석을 받을 때 이 일에 대해 설명하자 초정통파 프로이트 정신분석가인 올리브 스미스Olive Smith로부터 이례적인 순간적 부드러움이 돌출되는 결과가 생겼다. 그녀는 쯧쯧 혀를 차고 나에게 몸을 기울이면서 "얼마나 무서웠겠나. 얼마나 당신에게 끔찍했을까."라고 했다. 그녀의 사려 깊고 밀도 있으며 유의 깊은 해석은 한마디도 생각나지 않는다. 그러나 그녀가 돌봄의 순간에 나에게 손을 뻗었던 태도를 거의 50년이 지난 지금도 소중하게 여기고 있다. 아버지가 아프시던 그날 저녁, 어머니, 아버지 그리고 나는 의사가 도착하기를 간절하게 기다리고 있었다. 드디어 의사 맨체스터 Manchester의 차가 길거리에 널려 있는 가을 낙엽을 짓누르는 소리를 들었고, 나는 현관문을 열려고 한 번에 세 계단을 뛰어 내려갔다. 의사 선생님의 낯익고 둥글고 미소를 가진 얼굴이 나의 공포를 녹여 주었다. 그는 내 머리에 손을 얹고 머리카락을 훑으면서 어머니를 안심시켰고, 아버지에게 주사를 놓았다(아마 모르핀이었을 것이다). 그리고 청진기를 아버지의 가슴에 대고 나에게 들어 보라고 하면서, "봐, 아버지의 심장 박동이 시계처럼 똑딱똑딱 규칙적으로 움직이지? 아버지는 괜찮으실 거야."라고 했다.

여러 가지 면에서 그날 저녁의 일들은 나의 인생을 변화시켰다. 그러나 나는 의사가 집으로 들어오는 순간의 말할 수 없는 안도감을 기억한다. 그때부터 나는 그 의사처럼 그분이 나에게 베풀어 준 위로를 다른 사람에게 베푸는 의사가 되겠다고 결심했다.

그날 저녁 아버지는 무사하셨다. 그러나 20년 후에 가족 모두 앞에서 갑자기 돌아가셨다. 나는 아내와 세 아이들과 함께 워싱턴 D.C.에 거주하는 누이를 방문하고 있었다. 아버지는 어머니와 함께 그곳까지 운전을 하고 와서 거실에 앉은 후 머리가 아프다며 갑자기 쓰러지셨다.

177

누이의 남편 역시 의사인데 그 광경에 놀랐다. 후에 매형은 의사 생활 30년 동안 이런 갑작스러운 죽음은 못 보았다고 했다. 나는 침착성을 유지하고 아버지의 가슴을 두드렸다(심폐소생술이 있기 전이다). 아무 반응이 없자 나는 매형의 검은 가방에서 주사기를 꺼내 아버지의 가슴에 아드레날린(adrenaline)을 주사했다. 그러나 아무 소용이 없었다.

후에 나는 이 과정에서 불필요한 행동을 한 나 자신을 꾸짖었다. 이 장면을 다시 떠올릴 때 아버지의 문제는 심장이 아니라 뇌의 문제라는 것을 신경학 학습을 통해 알게 되었다. 사망 당시 아버지의 눈이 갑자기 오른쪽으로 쏠리는 것을 보았는데, 이때 심장에 어떤 자극을 주는 것은 아무런 도움이 되지 못함을 알았어야 했다. 아버지는 오른쪽 뇌에 심한 뇌출혈(또는 혈전증)이 있었다. 눈은 항상 뇌졸중의 부위 쪽을 향한다.

나는 아버지의 장례식에서 침착할 수 없었다. 아버지가 누운 관 위에 내가 흙을 뿌려야 하는 차례가 왔을 때 나는 거의 기절할 뻔해서, 나의 친척들이 잡아 주지 않았으면 관 위에 쓰러질 뻔했을 거라는 소리를 들었다.

어머니는 훨씬 오래 사셔서 93세에 세상을 떠나셨다. 어머니의 장례식 때에 있었던 두 가지 특별한 사건을 기억한다.

첫 번째는 쿠키를 굽는 것과 관련이 있다. 어머니 장례식 전날 저녁에 나는 갑자기 어머니가 잘 만드셨던 키첼(kichel) 과자를 구워야 겠다고 느꼈다. 아마 정신을 다른 곳에 집중해야 했던 것 같다. 게다가 키첼을 만드는 것은 어머니와 내가 함께했던 좋은 추억이었고, 나는 이것을 만들면서 어머니에 대한 추억을 더 필요로 했던 것 같다. 밀가루 반죽을 만들고 밤 동안 부풀어 오르게 했다. 그리고 아침 일찍 밀가루 반죽을 밀어 계피, 파인애플 잼, 건포도를 넣고 구운 후 장례식을 마치고 돌아오는 친구, 가족들과 함께 앉아 대접할 생각이 었다.

그런데 키첼 과자 굽기는 실패였다! 실패한 것은 평생 처음이었다. 반죽에 설탕을 첨가하는 것을 잊어버렸던 것이다! 아마도 그것은 나 자신에게 보내는 상징적인 메시지였다. 내가 어머니의 음울함에 너무 많이 신경을 썼기 때문이다. 마치 나의 무의식이 나를 슬쩍 찌르면서 "봐, 너는 말은 안 하지만 어머니의 끊임없는 헌신인 중요한 부분을 잊어버렸어."라고 하는 것 같았다.

두 번째는 장례 후 그날 저녁에 꾼 강렬한 꿈이다. 어머니가 돌아가신 지 15년이 되었지만 이 꿈의 이미지는 절대 쇠퇴하지 않고 여전히 나의 마음의 눈에 찬란하게 빛난다.

나는 어머니가 내 이름을 날카롭게 부르는 것을 들었다. 나는 내 아동기 시절 집으로 가는 길을 서둘러서 내려갔다. 현관문을 열었는데 집안 계단에는 우리 대가족의 모든 친척이 앉아서 나를 보고 있었다(모두가 이미 사망했다—마지막으로 남아 있는 나의 어머니는 이 공동체에 있는 사람들보다 오래 살았다). 계단 위에 앉아 있는 다정한 얼굴들을 보고 있을 때 나의 외숙모 미니 Minnie가 정중앙에 앉아 있는 것을 보았다. 외숙모는 꿀벌처럼 빨리 움직이고 있었기에 이목구비가 흐려져 제대로 볼 수 없었다.

나의 외숙모 미니는 어머니보다 몇 달 앞서 돌아가셨다. 외숙모의

죽음은 나를 완전히 공포에 밀어넣었다. 심한 중풍은 외숙모의 사지를 마비시켰고, 의식은 있었지만 눈꺼풀을 제외하고는 조그만 근육조차 움직일 수 없었다.

그런데 이런 외숙모가 꿈에 나타났다. 정면과 중앙으로 정신없이 바쁘게 움직이고 있었다. 꿈속의 계단에서 외숙모는 더 이상 마비가 된 것이 아니고, 움직이고 또 움직이는데 너무 빨라 거의 볼 수가 없을 정도였다. 사실 전체 꿈은 죽음을 되돌리려고 시도했다. 어머니는 살아 계셨고, 항상 나를 부르던 것처럼 꿈에서 그렇게 내 이름을 불렀다. 그러고 나서 모든 돌아가신 가족들이 계단에 앉아서 미소를 짓는 것을 보았고, 그들이 여전히 살아 있다는 것을 보여 주었다.

나는 이 꿈에 또 다른 메시지가 있다고 생각하는데, "나를 기억해라."라는 메시지이다. 어머니는 나에게 말하기 위해 나의 이름을 부르고 "나를 기억하고, 우리 모두를 기억하여, 우리를 사라지게 하지 말아라."라고 말했다. 그리고 나는 그렇게 한다.

"나를 기억하라."라는 것은 나를 항상 감동시킨다. 나의 소설 『니체가 눈물을 흘릴 때(When Nietzsche Wept)』에서 나는 니체가 공동묘지에서 배회하는 장면을 그렸고, 흩어져 있는 묘비를 쳐다보면서 이렇게 끝나는 운율이 고르지 못한 시 몇 구절을 지은 것을 묘사했다.

비석이 돌 위에 놓일 때까지
아무도 들을 수 없고
아무도 볼 수 없다 해도
모두가 조용히 흐느낀다. 나를 기억해다오, 나를 기억해다오.

나는 순식간에 니체를 위해 이 구절을 썼고, 내가 처음으로 쓴 시가 출판되어 기분이 좋았다. 그러고 나서 1년 후에 이상한 것을 발견했다. 스탠퍼드 대학교는 정신의학부를 새로운 빌딩으로 옮겼는데, 이사하는 도중 나의 비서가 내 서류 캐비닛 뒤로 떨어져 볼 수 없었던 오래되어 노랗게 되어 버린 봉인된 봉투를 발견하였다. 이 봉투 안에는 내가 청소년과 초기 성인기 몇 년 동안 쓴 시 한 묶음이 있었다. 이 시들 중에는 내가 소설 속에서 니체를 위해 썼다고 생각했던 시들과 같은 것이 글자 하나 틀리지 않은 채로 있었다. 사실, 이 시들은 수십 년 전 약혼녀의 아버님이 돌아가셨을 때 쓴 것이었다. 수십 년 전에 쓴 것과 같은 시를 썼으니, 나는 나 자신의 것을 다시 표절한 것이다!

제6장을 쓰는 동안 나는 어머니에 대한 생각을 하였고, 또 하나의 불안한 꿈을 꾸었다.

> 한 친구가 나의 집을 방문하여 나는 집의 정원을 보여 주었고 내가 연구하는 서재로 안내하였다. 그때 나의 컴퓨터가 없어진 것을 알았고, 아마 도난당했던 것 같았다. 이것만이 아니라 항상 책들로 어질러져 있는 나의 큰 책상이 깨끗이 치워져 있었다.

이것은 나에게 악몽이어서 공포 가운데 깨어났다. 내 스스로에게 계속해서 "침착하자, 침착하자, 무엇을 두려워하니?"라고 말했다. 나는 꿈꾸는 동안에도 내가 느끼는 두려움은 쓸데없다는 것을 알고 있었다. 컴퓨터만 사라졌을 뿐이고, 나는 항상 내 컴퓨터의 자료를 완전히 안전한 곳에 저장하기 때문에 큰 걱정을 할 필요는 없었다.

다음 날 아침에 간밤에 꾼 꿈의 공포에 대해 의아해하고 있을 때 나의 누이로부터 전화를 받았다. 나의 누이에게는 이 책의 내용 중에 있는 회고록을 보냈었다. 누이는 책의 내용에 나온 나의 기억에 충격을 받았고, 내가 잊어버리고 있는 기억과 누이가 기억하는 자신의 것을 설명하였다. 어머니는 둔부 수술로 인해 병원에 입원해 있었고, 나의 누이와 나는 어머니 집에서 서류 작업을 하고 있었다. 그 때 병원으로부터 빨리 오라는 긴급한 전화를 받았다. 우리는 급히 병원으로 달려갔지만, 병실에는 빈 침대만 있었다. 어머니는 돌아가셨고, 이미 시신은 다른 곳으로 옮겨져 있었다. 어머니의 모든 흔적은 사라져 버렸다.

나의 누이의 이야기를 듣고 있을 때 내 꿈의 의미가 명료해졌다. 나는 내 꿈속 공포의 원인을 이해했다. 그 공포는 컴퓨터가 분실되었기 때문이 아니었다. 병실에 있는 어머니의 침대와 같이, 내 책상 위의 모든 것이 사라져 버린 것 때문이었다. 이 꿈은 나의 죽음을 예견한 것이었다.

나 자신의 개인적 죽음과의 만남

나는 14세 때 죽을 뻔했던 아슬아슬한 경험이 있다. 그때 워싱턴 D.C. 17번가에 있는 고든 호텔에서 하는 체스 시합에 참가했다. 길가에서 집으로 가는 버스를 기다리며 내 체스 게임 노트를 공부하고 있는데, 손에 잡고 있던 종이 한 장이 길거리로 떨어졌다. 본능적으로 이것을 집으려고 몸을 기울였는데, 그때 낯선 사람이 나를 뒤로 당겼다. 택시 한 대가 엄청난 속력으로 지나갔는데, 불과 몇 인치 차이를 두고 내 머리를 스쳐 지나갔다. 이 일로 인해 나는 많이 놀랐고, 헤아릴 수 없을 만큼 이 사건을 다시 생각하였다. 지금도 이때 장면을 생각하면 나의 심장 박동 수가 빨라진다.

몇 년 전에는 엉덩이에 심한 통증이 있어서 정형외과 의사와 의논을 했고, 그는 나에게 X-ray 촬영을 하라고 했다. 나와 함께 X-ray 결과를 함께 보면서 그 의사는 사진상에 나타난 작은 점을 가리키며, 의사의 입장에서 사실대로 말하자면 암세포가 전이된 손상일 수도 있다고 했다. 다른 말로 하면, 그의 이 말은 사형 선고였다. 그는 MRI 촬영을 하자고 했지만, 그날이 금요일이었기에 3일 동안은 촬영을 할 수 없었다. 이 몸서리쳤던 3일 동안 죽음 자각은 내 마음의 가장 중심에 있었다. 다양한 방법을 통하여 위안을 찾으려 노력했지만, 가장 효과적이었던 것은 이상하게도 내가 방금 완성한 소설을 읽는 것이었다.

나의 소설인 『쇼펜하우어, 집단심리치료(The Schopenhauer Cure)』의 주인공인 줄리어스Julius는 나이가 든 정신과 의사이며 치명적인 악성 흑색종 암 판정을 받은 사람이다. 나는 이 소설에서 줄리어스가 죽음의 시기에 오면서 고투하는 과정과 남아 있는 인생의 시간을 의미 있는 방법으로 살리는 것을 기록했다. 니체의 소설 『짜라투스트라는 이렇게 말했다』를 보기 전까지 어떤 사상이나 말도 그를 도와줄 수 없었다. 그는 이 책을 보면서 영원의 순환(eternal return)이라는 사상을 실험해 보기로 했다. (이 생각을 상담치료에 어떻게 사용했는지 제4장에 기술되어 있다).

줄리어스는 니체의 도전을 곰곰이 생각했다. 그가 이제껏 살았던 것과 같이 되풀이해서 살아야 할 것인가? 그는 자신이 인생을 바르게 살아왔다는 것을 알았다. 그리고 …… 몇 분 후에 줄리어스는 정확하게 자신이 무엇을 해야 하는지, 그리고 자신의 마지막 시간을 어떻게 보내야 하는지 알게 되었다. 그는 자신이 살았던 그 전해와 그 전전해의 방식으로 살기로 했다. 그는 상담치료사인 것을 사랑했고, 사람들과 인간관계를 가지는 것을 사랑했고, 그들 안에 무언가를 살리는 데 도움을 주는 것을 좋아했다 …… 아마 줄리어스는 그가 도왔던 사람으로부터의 긍정과 감사, 칭찬이 필요했을지 모른다. 비록 숨어 있는 어두운 동기가 계기가 되었다 하더라도, 그는 자신의 일에 감사했다. 신이 축복해 주길!

내가 쓴 글을 읽는 것은 내가 구했던 위안을 제공해 주었다. **당신의 인생을 완성시키라. 당신의 잠재성을 실현하라.** 지금은 니체의 이 말을 더 잘 이해한다. 나 자신의 모습인 줄리어스가 그 길을 보여 주었는데, 그것은 소설에서 모방한 잠재성 있고 비범한 본보기의 삶이다.

나의 잠재성 실현하기

나는 나 자신을 기대 이상의 성과를 올린 사람으로 여긴다. 스탠퍼드 대학교의 정신과 교수로 수십 년간 있었고, 일반적으로 나의 동료들과 학생들에게 많은 존경을 받았다. 나는 작가로서 위대한 현대 작가들과(로스Roth, 벨로Bellow, 오직크Ozick, 매키완McEwan, 반빌Banville, 미첼Mitchell) 그 외 내가 놀라움을 가지고 읽었던 헤아릴 수 없는 작가들의 시적 상상력이 부족한 것을 알지만, 나는 내가 가지고 있는 재능을 실현했다. 나는 꽤 좋은 이야기꾼으로서 소설과 실화를 출판했으며, 내가 가능하다고 생각했던 것보다 훨씬 더 많은 독자가 있고, 그들로부터 갈채를 받았다.

과거에는 앞으로 있을 강연에 대해 명상할 때 어떤 탁월한 품위를 가진 선배 정신분석학자가 일어나서 내 강의가 허튼소리라고 외치는 상상을 자주 했다. 그러나 지금은 그 두려움이 사라졌다. 그 이유는 내가 자신감을 가졌고, 또 다른 이유는 나보다 더 나이 많은 청중은 없기 때문이다.

수십 년간 독자와 학생들로부터 많은 긍정적인 평가를 받았다. 때때로 그 평가를 받아들이고 어지럽다. 때때로 나는 당일로 내가 작성하고 있는 것에 전적으로 몰두하고 있을 때, 그 긍정적인 평가는 나에게 거의 영향을 미치지 못한다. 때때로 내가 가지고 있는 지혜보다 훨씬 많은 것을 나에게 기여하는 사람들을 보고 놀라기 때문에 사람들의 긍정적인 평가와 칭찬에 대해 진지하게 생각하지 말자고 나 자신을 환기시킨다. 모든 사람은 세상 어딘가에 정말로 현명한 남성과 여성이 있다고 믿는 것이 필요하다. 나는 젊었을 때 이러한 것을 찾았고, 지금은 나이가 많고 유명한 사람으로서 다른 사람들의 바람에 적합한 그릇이 되어 가고 있다.

믿을 만한 의논 상대인 멘토가 필요한 것은 인간이 많이 상처받기 쉽다는 사실과 초월적인 존재를 원하고 있음을 나타내는 것이다. 나 자신을 포함하여 많은 사람은 우리의 멘토를 귀중하게 여길 뿐 아니라, 그들이 가지고 있는 것보다 더 많이 좋은 평가를 한다. 2년 전 대학교의 정신과 교수 추모식에서 나의 제자 중 하나였던 사람이(나는 여기서 그를 편의상 제임스라고 부른다.) 이 교수에 대한 추모 글을 읽

제6장 죽음 인식-회상록

185

는 것을 듣게 되었다. 제임스는 동부 해안에 있는 한 대학교의 정신학부 학과장을 마친 사람이었다. 나는 고인이 된 정신과 의사와 추모 글을 읽은 제임스를 잘 알고 있었다. 제임스의 추모 글에서 자신이 가지고 있는 창의적인 생각의 많은 부분이 돌아가신 교수 덕분이라는 것에 나는 충격을 받았다.

그날 저녁 수줍게 웃는 제임스에게 내가 느낀 직관을 이야기했을 때, 그는 "아, 선생님, 여전히 저를 가르치시는군요."라고 말했다. 그는 내가 말한 것에 동의했지만, 자신의 모든 창의적인 생각을 왜 작고한 교수에게 돌렸는지 그 동기에 대해 확신하지 못했다. 나는 자신들의 업적을 그들의 선생 덕분으로 돌리는 고대 작가들을 생각했다. 고대 작가들은 그들의 작품을 스승 덕으로 돌렸기 때문에 오늘날 고전학자들이 많은 작품의 진정한 저자를 결정하기 어려울 정도다. 예로, 토마스 아퀴나스Thomas Aquinas는 자신의 사상 대부분을 그의 지적 선생인 아리스토텔레스에게 돌렸다.

달라이 라마Dalai Lama가 2005년에 스탠퍼드 대학교에서 강연을 했을 때 그는 특별한 존경을 받았다. 그의 모든 발언은 이상화되었다. 강연이 끝났을 때 스탠퍼드 대학교의 아주 많은 동료(저명한 교수, 처장, 노벨상 수준의 교수들)가 그들의 머리에 달라이 라마가 기도해 주기를 바라는 학교 아이들처럼 달려가 줄을 서서 그에게 머리 숙여 인사하며 "성하(Your Holiness)."라고 불렀다.

우리 각자는 위대한 남성이나 여성을 존경하고 "성하."라는 감격적인 말을 표명하려는 강한 욕구를 가지고 있다. 이것이 아마 에리히 프롬Erich Fromm이 그의 저서 『자유로부터의 도피(Escape from Freedom)』에서 말한 '복종에 대한 욕망(lust for submission)'일 것이다. 이 복종에 대한 욕망이 종교가 나타난 원료이다.

요약하면, 내 인생의 전문 분야에서 나 자신과 나의 잠재성을 완성하고 있으며 실현하고 있다. 이러한 실현은 만족만이 아니라 인간의 일시성과 임박한 죽음에 대한 버팀목이다. 정말로 치료사로서 내 일의 대부분은 항상 대처하는 것이었다. 나는 치료사가 된 것을 축복이라고 느낀다. 인생에 자신들을 개방하는 사람들을 보는 것이 특별한 만족감을 준다. 치료는 뛰어난 파급 효과를 제공한다. 그래서 나는 모든 상담치료 시간에 내 자신의 일부, 내가 삶에 대해 배운 부분을 전달할 수 있다. (별도로, 나는 자주 이러한 방법이 내 전문 분야에 얼마나 오래 지속될 수 있을지 의아해한다. 나의 상담치료에서 나는 몇몇 심리치료사들과 일을 하고 있다. 이들은 거의 인지행동치료로 구성되어 있는 대학원 과정을 막 끝낸 치료사들인데, 행동주의 관점에서 환자들과 기계적으로 일하는 것에 절망을 느끼고 있다. 그리고 나 역시 이 비인격적인 행동 방식으로 환자를 치료하도록 훈련된 치료사들이 그들 자신에게 도움이 필요할 때 어느 치료사에게 갈지 궁금하다. 나는 그들이 같은 방식의 훈련을 받은 치료사에게 가지는 않을 것이라고 생각한다).

대인적인 것과 실존적 문제 그리고 무의식의 존재를 (무의식의 내용에 대한 나의 관점은 전통적인 분석적 관점과 크게 다름에도 불구하고) 가정한 집중적인 치료 접근으로 사람들에게 도움을 제공하는 생각은 나에게는 귀중한 것이다. 그리고 이것을 유지하려는 나의 바람, 이것을 다른 사람에게 전달하려는 것은 버트런드 러셀Bertrand Russell이 "언젠가 이 태양계가 폐허가 될 것이다."라고 했음에도 불구하고 내가 고령임에도 일을 하고 글을 계속 쓰도록 용기를 준다. 나는 러셀의 의견에 싸우려는 것이 아니다. 그러나 나는 그의 우주관이 적절

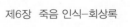

하다고 믿지 않는다. 나에게 중요한 것은 오직 인간이 살아가는 이 세계, 인간이 연결되어 있는 이 세계다. 텅 빈 세상, 또 다른 자각의 주관적인 것이 결핍된 세상을 떠난다는 생각에 비애나 슬픔도 없을 것이다. 인생에서 중요한 것을 다른 사람에게 전달한다는 파급 효과의 생각은 다른 자기자각 본질과 결합한다는 의미를 포함하는 것이다. 이것 없이 파급 효과는 불가능하다.

죽음과 나의 멘토

나는 약 30년 전에 실존주의 심리치료(Existential Psychotherapy)에 대한 교과서를 쓰기 시작했다. 이것을 준비하면서 나는 몇 해 동안 치명적인 병으로 죽음을 앞둔 환자들과 상담을 했다. 그들 중 많은 사람은 아픔의 시련을 통해서 현명해졌고, 나의 스승이 되었고, 내 인생과 일에 지속적인 영향을 미쳤다.

이들 외에 나는 세 명의 뛰어난 멘토가 있다. 그들은 제롬 프랭크 Jerome Frank, 존 화이트혼John Whitehorn, 롤로 메이Rollo May이다. 이들과는 그들의 죽음이 가까이 왔을 때 임종을 지켜보면서 잊을 수 없는 시간이 있었다.

제롬 프랭크

제롬 프랭크는 내가 존스 홉킨스 대학교에 학생으로 있을 때 교수 중 한 명이었으며, 집단상담의 개척자이고 나를 이 분야로 인도한

분이다. 더욱이 그분은 내 인생 전반을 통해 개인적이고 지적인 통합의 모델로 남아 있는 교수이다. 나는 정신과 수련 종료 후 그분과 친밀하게 연락을 했고, 그분이 볼티모어 요양원에서 점차 쇠약해져 갈 때 정기적으로 방문을 했다.

그는 나이 90대에 확연하게 치매 증상을 보였고, 95세에 그가 죽기 몇 달 전 방문했을 때 나를 알아보지 못했다. 나는 긴 시간을 머무르면서 그에 대한 기억들 그리고 그와 함께 일했던 동료들에 대한 회상을 말했다. 점차적으로 그는 내가 누군지를 기억했고, 슬프게 머리를 흔들면서 자신의 기억 상실을 미안해했다.

"어빈, 정말 미안하네. 그러나 이 모든 것을 내가 통제할 수 없네. 매일 아침 나의 기억은 덩어리째로 깨끗이 씻겨 나가네."

그는 이 말을 하면서 마치 칠판을 지우는 것처럼 자신의 손으로 그의 앞이마를 쓸어 넘기는 것을 보여 주었다.

"선생님에게 정말 끔찍하게 어려운 일입니다."라고 나는 말했다.

"저는 선생님께서 비상한 기억을 자랑스러워하시던 것을 기억합니다."

"그런데 말일세, 그렇게 나쁘지 않아. 아침에 깨어나서 이 병동에서 처음 보는 사람처럼 낯설게 보이는 환자들과 일하는 사람들과 아침 식사를 하고, 시간이 조금 지나면 더 친밀해지네. 나는 TV를 시청하고 사람들에게 창문 근처로 휠체어를 밀어 달라고 하네. 그리고 밖을 보지. 내가 보는 모든 것을 즐기고 있다네. 내가 보는 그 많은 것을 마치 처음 보는 것처럼 본다네. 나는 그냥 보고, 보는 것을 즐긴다네. 어빈, 이런 것이 그렇게 나쁘지 않아."

휠체어에 앉아 많이 구부러진 목으로 나를 올려다보려고 무척 애

189

쓰던 모습이 내가 본 제롬 프랭크의 마지막이다. 그는 심한 치매로 고생을 하고 있었지만, 여전히 모든 것을 잃어도 사람에게는 순수한 존재의 즐거움이 남아 있다는 것을 알려 주려고 나에게 나가오고 있었다.

이 비범한 멘토가 보여 준 인생 관대성(generativity)의 마지막 행동의 선물을 소중히 여긴다.

존 화이트혼

존 화이트혼은 정신의학에 있어 중요한 인물이며 존스 홉킨스 대학교에서 30년간 정신의학부에 책임교수로 있었고, 나의 교육에 있어 주된 역할을 한 사람이다. 그는 기이하고 점잖은 남성이며, 반짝이는 정수리 가장자리를 정교하게 손질된 회색 머리카락으로 가리고 금테 안경을 썼다. 얼굴이나 일 년 내내 입은 브라운색 양복에는 주름 하나 없었다. (우리 학생들은 교수가 옷장에 두세 벌의 같은 양복을 가지고 있다고 추측했다).

그는 강의할 때 과한 표현을 하지 않았다. 단지 입술만을 움직일 정도였다. 그 밖의 손, 뺨, 눈썹은 놀랍게도 미동도 하지 않았다. 나는 어떤 사람도, 심지어 그분의 동료조차도 그분의 이름(first name)만을 함부로 부르는 것을 듣지 못했다. 모든 학생은 작은 황갈색 포도주(sherry) 한 잔만 제공되고 음식이 전혀 없는 그가 베푸는 연례 칵테일 파티를 두려워했다.

정신과 레지던트 3년차 시절 매주 목요일 오후에 다섯 명의 선배 레지던트와 화이트혼 박사와 함께 회진을 하였다. 그 전에 우리 모두는 교수의 오크 나무로 장식된 사무실에서 점심 식사를 했다.

식사는 단순했지만 리넨 테이블보, 빛나는 은쟁반 그리고 본차이나 접시로 구성된 남부의 우아한 격식을 가지고 있었다. 이 점심 식사의 대화는 길고 여유로웠다. 우리 각자는 병실로 오라는 호출을 받았고 환자들은 우리의 관심을 호소했었지만, 화이트혼 박사를 서두르게 할 수 있는 방법은 없었다. 궁극적으로 이 집단에서 가장 열광적이었던 나조차도 속도를 늦추는 법과 시간을 늦추는 것을 배웠다.

두 시간의 점심 식사 시간 동안에는 그에게 무엇이든 물어볼 수 있는 기회를 가졌다. 나는 그 시간에 편집증의 기원, 자살에 대한 의사의 책임, 치료적 변화와 결정주의 사이의 양립할 수 없는 것에 대해 질문했던 것을 기억한다. 그는 이러한 질문에 대해 충분히 대답해 주었지만, 알렉산더 대왕 장군들의 군사 전략, 페르시안 궁사들의 정확도, 게티스버그(Gettysburg) 전쟁의 주요 실책, 그리고 무엇보다도 그의 개선된 주기율표(그는 원래 화학자로서 교육을 받았다.)에 대한 주제들을 분명히 더 좋아했다.

우리는 점심 식사 후에 동그랗게 앉아 화이트혼 박사가 네 명이나 다섯 명의 환자들과 상담하는 것을 관찰했다. 각 상담의 시간이 얼마나 될지 예측하는 것은 불가능했다. 어떤 환자와는 15분이었고, 다른 환자와는 2~3시간을 했다. 그의 상담 속도는 여유가 있었고, 많은 시간을 환자의 이야기에 할애했다. 그에게 환자들의 직업이나 부업에 대해 듣는 것만큼 흥미로운 것은 없었다. 어떤 주에는 스페인 무적함대 아르마다(Armada)의 실패를 심도 있게 토의하기 위해 한 역사학과 교수를 참석하도록 했고, 그다음 주에는 커피나무에 대해 한 시간 동안 이야기하기 위해 남아메리카에 있는 경작자를 참가

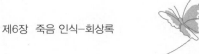

제6장 죽음 인식-회상록

하도록 권하였다. 마치 그의 궁극적인 목표가 커피 빈의 질과 위도 사이의 관계성 이해인 것처럼 보였다. 그리고 아주 섬세하게 개인 문제로 전환을 하게 되면, 의심 많고 편집증적인 환자가 갑자기 솔직하게 자신에 대하여, 그리고 자신의 정신병적 세계에 대해 말하는 것을 보고 나는 항상 놀랐다.

환자로 하여금 그에게 가르치도록 허락함으로써 화이트혼 박사는 환자의 병리적인 문제에 집중하기보다는 그 사람과 관계를 맺는 것을 중요시했다. 그의 전략은 변함없이 환자의 자존감과 자신을 공개하는 것을 끌어올리는 방식이었다.

어떤 사람은 그런 전략을 '교활한(cunning)' 것이라고 말할 수도 있다. 그러나 그는 교활한 사람이 아니다. 상담 과정에는 이중성이 없다. 진정으로 화이트혼 박사는 환자들을 통해 배우기를 원했다. 그는 정보 수집가였고, 이러한 방법으로 수년간 사실에 대한 호기심의 놀라운 발견들을 축적하였다.

"만약 환자가 당신에게 자신들의 삶과 흥미에 대해 충분히 가르치도록 한다면, 당신과 당신의 환자는 둘 다 승리한 것이다. 당신이 만족할 뿐 아니라, 당신은 환자들의 질병에 대해 알아야 하는 모든 것을 궁극적으로 배울 것이다."라고 말하곤 했다.

그는 나의 교육과 인생에 큰 영향을 미쳤다. 몇 년 후에 내가 스탠퍼드 대학교의 교수로 임용된 것에는 그의 강력한 추천서가 중요한 역할을 했음을 알았다. 스탠퍼드 대학교에 임용되어 있는 동안 그의 사촌을 상담해 달라고 해서 몇 회기를 진행한 것 외에는 몇 년 동안 그를 만나지 못했다.

그러고는 어느 날 아침 일찍 그의 딸로부터(나는 그녀를 만난 적이 없다.) 전화 한 통을 받고 놀랐다. 그가 심한 중풍을 맞아 거의 죽게 되었는데, 특별히 나에게 그를 방문해 달라는 요청을 받았다. 나는 즉시 캘리포니아에서 볼티모어로 가는 비행기를 탔고, 비행기 안에 있는 내내 "왜 나를?"이라는 질문을 곰곰이 생각했었다. 착륙 후 곧 장 그가 입원한 병원으로 갔다.

그는 몸의 한쪽이 마비가 되어 반신불수가 되었고, 실어증을 가지고 있어 말을 잘 할 수가 없었다. 내가 이제껏 알았던 사람 중 가장 훌륭하게 생각을 표현하는 분이 침을 흘리며 말을 더듬는 것을 보는 것은 충격이었다. 그는 마침내 간신히 말을 했다.

"나는…… 나는 무섭다네. 정말 무서워."

나 역시 무서웠다. 위대했던 조각상 같았던 분이 쓰러져 파멸 가운데 누워 있는 것이 무서웠다.

그러나 왜 그는 나를 보기를 원했을까? 그는 두 세대의 정신과 의사들을 훈련시켰고, 그들 중 많은 사람은 선도적인 대학교에서 중요한 위치에 있는 사람들이었다. 그런데 동요가 쉽게 되고 자기 회의가 많은, 채소 가게를 하는 가난한 이민자의 아들인 나를 왜 보고 싶다고 했을까?

나는 병원에서 많은 것을 그에게 해 주지 못했다. 다른 긴장한 방문객과 마찬가지로 25분 후에 그가 잠들 때까지 위로의 말을 찾으려고 쩔쩔매었다. 결국 내가 방문하고 이틀 후에 그는 세상을 떠났다.

"왜 나를?"이라는 질문은 몇 년간 나의 마음속을 떠나지 않았다. 아마 끔찍했던 제2차 세계대전 벌지(Bulge) 전투[4]에서 사망한 그의

---

4 (역자 주) 제2차 세계 대전에서 독일군의 최후 대반격지.

아들을 대신하였을 수도 있다.

내가 정신과 수련의 마지막을 마치던 해에 있었던 그의 은퇴 만찬을 기억한다. 건배와 많은 유명한 분들의 회상의 말이 있은 후, 식사의 마지막에 그가 일어나서 정중하게 고별사를 시작했다.

"그의 친구들을 보고 그 사람을 판단한다는 말을 들었습니다. 만일 그것이 사실이라면."

여기서 그는 잠시 멈추고 청중을 찬찬히 둘러보았다.

"그렇다면 나는 아주 좋은 사람임에 틀림없습니다."라고 말했다. 충분하지는 않았지만, 이 말을 충분히 하지는 않았지만 "만일 나를 좋게 생각했다면, 나는 틀림없이 좋은 사람이야."라고 나 자신에게 이 말을 적용해 볼 수 있었다.

많은 세월이 흐른 후, 내가 죽음에 관해 더 많은 것을 배우고 성과를 얻은 후에 나는 화이트혼 박사가 쓸쓸하게 죽었다는 사실을 믿게 되었다. 그의 죽음은 가깝고 사랑스러운 친구와 가족에 둘러싸여 세상을 떠난 죽음이 아니었다. 나는 그가 10년 동안 보지 못한 학생이었고, 내가 생각하는 친밀한 순간을 결코 나누지 않았던 학생이었던 나에게 연락을 취한 것은 내가 특별했기 때문이 아니다. 오히려 그를 배려했던 사람이나 그가 돌보았던 사람들과의 관계성이 불행히도 부족했음을 보여 주는 것이었다.

과거를 생각할 때, '내가 그를 방문할 수 있는 두 번째 기회가 있었더라면.' 하는 생각을 한다. 물론 대륙을 가로질러 날아간 나의 의지에 의해 단순하게 그에게 중요한 어떤 것을 주었다는 것은 알지만, 나는 더 많은 것을 하지 못한 것이 아쉽다. 나는 그분을 만졌어야 했고, 손을 잡았어야 했고, 심지어 포옹을 하고 그분의 뺨에 키스를 했어야 했다. 그러나 그는 몇 십 년 동안 너무 뻣뻣하고 엄격해서 어떤 사람도 감히 그를 만지지 못했다. 나 또한 그를 만진 적도, 다른 사람이 그렇게 하는 것도 본 적이 없다. 나는 그분이 나에게 '얼마나 의미 있는 존재였는지 말을 했었으면.' 하고 생각한다. 그의 많은 생각과 사상이 파급 효과로 나에게 왔고, 내가 환자들에게 그의 방식대로 말을 할 때마다 얼마나 자주 그를 생각하는지 말을 했으면 좋았을 것이라고 생각한다. 비록 그가 극단적이기는 했지만, 그의 마음에서는 그 이상 아무것도 없었을 것이라 확신하면서도, 어떤 면에서는 그가 누워서 죽어 가는 상황에 나에게 방문을 부탁한 것은 나를 향한 멘토의 마지막 선물이었다고 생각한다.

롤로 메이

롤로 메이는 나에게 책의 저자로, 상담치료사로, 그리고 친구로 여겨지는 사람이다.

나는 정신과 수련 초기에 현재 정신과의 이론적 모델들에 대해 혼란스럽고 불만족스러운 것을 느꼈다. 내 생각에 인간에 대한 생물학적이고 정신분석학적인 이론의 공식들은 너무 많은 인간의 본질을 제외한 것 같았다. 나의 레지던트 2년 차에 롤로 메이의 책『존재(Existence)』가 발간되었고, 나는 이 책을 탐독하며 밝고 완전히 새로운 전망이 내 눈앞에 열린 것을 느꼈다. 나는 즉시 서양 철학사라는 학부개론 과목 수강을 등록하여 철학에 대한 연구를 시작하였다. 나는 그 이후로 철학에 대한 책을 읽고 필요한 과목을 청강하면서, 내 분야의 전문적 서적보다 더 많은 지혜와 안내가 철학에 있다는 것을

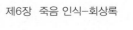

발견했다.

나는 롤로 메이가 이 책을 저술한 것에 대하여, 그리고 인간의 문제에 대하여 좀 더 현명하게 다가갈 수 있도록 길을 제시한 것에 대해 감사한다. (나는 특별히 이 책 첫 세 편의 글에 대해 말하는 것이다. 나머지 글은 유럽 실존주의자 분석자들의 번역이어서 가치가 좀 낮다고 생각했다). 몇 년 후에 암으로 죽어 가는 환자들을 치료하면서 죽음불안을 갖게 되었을 때 롤로 메이에게 치료를 받기로 결정했다.

롤로 메이는 스탠퍼드 대학교의 내 연구실에서 차로 80분이 걸리는 티뷰론(Tiburon)에 살면서 일을 하였다. 먼 거리였지만 나는 이것이 가치가 있다고 느꼈고, 3년 동안 매주 상담을 하였다. 다만 그가 매해 여름에 뉴햄프셔(New Hamphire)에서 휴가를 가지는 3개월은 하지 않았다. 그를 만나기 위해서 드라이브하는 동안 전 시간에 상담한 내용들을 매번 들으며 가면서 시간을 건설적으로 사용하였다. 이것은 나를 만나러 먼 거리를 드라이브해서 오는 사람들에게 자주 제안하는 방법이다.

우리는 내가 죽어 가는 환자들과 일하면서 죽음과 불안에 대한 관심을 불러일으켰던 것에 관해 많은 이야기를 했다. 그와 수업을 통해서 내가 안 것은, 나를 가장 괴롭게 했던 것은 죽음과 함께 오는 고립화(isolation)라는 사실이다.

한 번은 내가 상담 수업으로 먼 거리를 오가며 상당한 악몽불안을 경험했을 때, 그의 사무실에서 멀지 않은 곳에 약간 고립되어 있는 모텔에서 당일 밤과 다음 날 밤에 상담 수업을 하기 위해 머물기로 결정을 했다. 내가 예견한 것과 같이, 그날 저녁 창문을 통해 다가오는 마녀의 무시무시한 손과 쫓아다니는 영상이 있는 무시무시하고 건잡을 수 없이 불안한 밤을 보냈다. 롤로와 내가 죽음불안을 탐색하려고 시도했음에도 불구하고, 어쩐 일인지 우리는 결탁해서 태양을 직시하지 않았다. 우리는 내가 이 책에서 제안한 죽음의 원인에 대해 직면을 피하였다.

그러나 전반적으로 그는 나에게 정말 훌륭한 치료사였다. 모든 상담이 종료된 후 그는 나에게 우정을 가지고 손을 내밀었다. 그는 내가 10년에 걸쳐 완성한 저서『실존주의 심리치료(Existential Psychotherapy)』를 좋게 평가해 주었고, 치료사―내담자의 관계에서 우정 관계로 가는 복잡하고 까다로운 전환을 비교적 쉽게 극복했다.

세월이 지남에 따라, 우리의 역할이 바뀌는 시간이 왔다. 그에게 경미한 중풍이 왔고, 이것으로 인해 그는 종종 혼란스럽고 공포스러고통을 받았다. 그리고 이것 때문에 자주 나에게 도움을 요청했다.

어느 날 저녁, 나의 가까운 친구이기도 한 롤로의 부인인 조지 메이George May가 전화를 했다. 남편의 임종이 가까워졌다며 나와 아내가 빨리 와 주었으면 했다. 그날 저녁 우리 세 사람은 의식을 잃고 악화된 폐부종으로 인해 힘들게 호흡하는 롤로를 교대로 지켰다. 결국 내가 보는 가운데 그는 마지막으로 급격한 숨을 내쉬고 운명했다. 그의 아내와 나는 롤로의 몸을 씻겼다. 그리고 화장장으로 데려가기 위해 아침에 도착할 장례지도사를 위한 준비를 했다.

그날 저녁 롤로의 죽음과 화장에 대한 생각으로 아주 혼란한 상태로 잠자리에 들었고, 이상한 꿈을 꾸었다.

나는 부모님과 여동생과 함께 쇼핑몰 안을 걷고 있다가 위층으로 올라가려고 했다. 나 자신이 엘리베이터에 있었는데 혼자

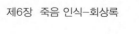

였다. 가족들은 사라진 것이다. 엘리베이터를 타고 아주 오래 오래 올라갔다. 내가 내렸을 때 나는 열대 지역의 해변가에 있었다. 가족을 찾으려고 둘러보았지만 찾을 수가 없었다. 열대 지역의 해변가는 나에게 천국과 같은 사랑스러운 환경이었음에도 불구하고, 나는 막연한 두려움을 느끼기 시작했다. 다음에 나는 귀엽게 웃고 있는 곰이 그려진 잠옷용 셔츠를 입었다. 셔츠에 있는 곰의 얼굴이 밝아지더니 빛났다. 마치 꿈의 모든 에너지가 귀엽게 미소 짓는 작은 곰의 얼굴 쪽으로 이동하는 것 같더니, 곧이어 곰의 얼굴이 꿈의 전체적 초점이 되었다.

이 꿈이 나를 깨웠는데, 공포 때문이기보다는 잠옷용 셔츠에 이글거리는 상징(emblem)의 화려함 때문이었다. 이것은 마치 투광 조명이 나의 침대에서 켜지는 것 같았다. 이 꿈의 제일 처음에 나는 조용하고 거의 즐거운 느낌을 가졌다. 그러나 내가 가족들을 찾을 수 없게 되자, 큰 불길한 예감과 공포가 왔다. 그 후에 강렬한 곰의 빛으로 인해 전체 꿈은 사라졌고, 모든 것은 변하였다.

나는 이 빛나는 곰의 이미지 뒤에는 롤로 메이의 화장이 있다고 확신한다. 롤로의 죽음은 나 자신이 가진 죽음에 대한 직면을 하게 했다. 꿈에서 나 자신이 가진 죽음은 내가 가족으로부터 분리가 되고, 위층으로 올라가는 엘리베이터를 혼자 오래 타고 있는 것에 나타나 있다. 이 꿈을 통하여 나는 무의식이 쉽게 속는 것에 충격을 받았다. 꿈에 내가 엘리베이터를 탄 것과 열대 해변으로 가득 찬 낙원 해변이 할리우드 영화 속에서 나타난 불멸성에 대한 해석으로 나의 어떤 부분이 되어 버린 것은 당황스러운 일이다. (낙원 해변이었지만, 완벽한 고립감 때문에 완전한 낙원이 되는 것에는 미치지 못했다).

이 꿈은 죽음의 두려움을 감소시키려는 어떤 영웅적 노력을 대표하는 것 같다. 나는 롤로 메이의 죽음 공포, 그를 화장해야 한다는 것의 임박으로 인해 흔들렸다. 그리고 내가 꾼 꿈은 내가 경험한 이 모든 경험을 부드럽게 함으로써 나의 공포를 흩어 버리려고 했다. 죽음은 열대지역 해변으로 향하는 엘리베이터 여행을 통해 위층으로 가는 것처럼 자비스럽게 위장이 되었다. 불꽃 화염에 휩싸이는 화장조차도 더 친근한 어떤 것으로 형상화되었고, 곰이라는 귀여운 이미지를 가지고 죽음의 잠을 준비하는 잠옷 셔츠로 나타났다.

이 꿈은 꿈이 잠을 지켜 주는 수호자라는 프로이트의 믿음을 특별히 적합하게 보여 주는 예인 것 같다. 나의 꿈은 활발하게 나를 잠들 수 있도록, 그리고 이 꿈이 악몽이 되지 않도록 막아 주었다. 강의 댐처럼 공포의 흐름을 막았지만, 궁극적으로 금이 가서 감정이 새어 나가도록 했다. 귀여운 곰의 이미지는 결국 흥분시키는 것이었고, 너무 강렬한 빛이 되어 나는 놀라서 잠에서 깬 것이다.

개인적인 죽음과의 직면

이 글을 읽는 독자들은 내가 75세의 나이에 이 책을 쓰면서 나 자신의 죽음불안에 대처하고 있는지에 대해 의문을 가질 것이다. 나는 나 자신이 이 의문에 대해 좀 더 투명해질 필요가 있다. 나는 간혹 내담자들에게 "죽음에 대해 당신을 가장 놀라게 하는 특별한 것은 무엇입니까?"라는 질문을 한다. 이 질문을 나 자신에게 해 보려고 한다.

나를 가장 힘들게 하는 첫 번째는 15세 때부터 함께한 내 마음의 벗(soul mate)인 아내를 떠나는 고통이다. 한 가지 이미지가 나의 마음에 떠오른다. 나는 아내가 자신의 차를 혼자 운전하는 모습을 본다. 이것에 대해 설명을 하자면, 나는 매주 목요일에 샌프란시스코에 있는 내담자를 만나기 위해 운전을 하고 간다. 그리고 아내는 그 주말에 나를 만나기 위해 금요일마다 열차를 타고 온다. 그리고 주말이 끝나면 우리는 함께 내 차를 타고 드라이브를 해서 기차를 타고 온 주차장이 있는 팔로알토(Palo Alto)까지 함께 가서 아내를 내려준다. 나는 항상 차 안의 백미러를 통해 아내의 차가 출발했는지 확인한 후에 내 차를 움직인다. 내가 죽은 후에 내가 아내를 지켜보지 못하고, 나의 보호 없이 아내가 차에 홀로 들어가 운전을 하는 이미지를 상상하면 표현키 어려운 고통이 나에게 홍수처럼 밀려온다.

물론 여러분은 그 고통이 **아내의 고통**에 대한 고통이라고 말할 수 있다. 그러면 나 자신의 고통은 무엇인가? 나의 대답은, 그곳에는 고통을 느끼는 '내가' 없을 거라는 것이다. 나는 다음과 같은 에피쿠로스의 결론에 동의한다.

"죽음이 있는 곳에 나는 없다."

죽음이 있는 곳에는 두려움, 슬픔, 비통, 상실을 느끼는 어떤 내가 없을 것이다. 나의 의식은 소멸될 것이고, 스위치는 내려졌고 불은 꺼졌다. 또한 나는 에피쿠로스의 사후는 출생 전의 비존재(nonbeing) 상태와 같을 것이라는 대칭 주장에 위안을 갖는다.

파급 효과

그렇지만 죽음에 관한 이 책을 쓰는 것이 개인적으로 나에게 가치가 있다는 것을 부정할 수 없다. 나는 이 책을 쓰는 것이 죽음에 대한 두려움을 완화시킨다고 믿는다. 나는 우리 모두가 어떤 것이든, 심지어 죽음조차도 익숙하게 될 것이라고 추측한다. 그렇지만 이 책을 쓰는 주된 목적은 나의 죽음불안을 통해서가 아니다. 나는 본질적으로 선생으로서 이 책을 쓴다고 믿는다. 죽음불안을 완화시키는 것에 대해 많은 것을 배웠고, 내가 살아 있는 동안에, 여전히 지적으로 온전한 동안에 다른 사람들에게 내가 할 수 있는 것들을 전달하고 싶다.

그래서 이 책을 쓰는 작업은 파급 효과와 밀접한 연관이 있다. 나 자신의 중요한 것을 미래에 전수하는 것에 내가 큰 만족을 느끼는 것을 발견했다. 그렇지만 이 책 전반을 통해 말한 것과 같이 '나'라는 이미지, 나의 페르소나(persona)가 지속적으로 있을 것이라고 기대하지는 않는다. 다만 안내와 위로를 전할 수 있는 나 자신의 생각들은 지속할 것이다. 돌봄의 행동 혹은 지혜 혹은 두려움을 건설적으로 다루는 방법과 같은 고결함은 지속될 것이고, 내가 알지 못하는 사람들에게 예측할 수 없는 방법 가운데 잔물결로 퍼져 나갈 것이다.

최근에 한 젊은이가 결혼 문제로 나와 상담하면서 자신의 호기심을 충족시키기 위해서 왔다고 했다. 20년 전 그의 어머니(나는 누구인지 기억하지 못한다.)는 몇 차례 상담을 통해서 나를 만났고 그녀는 자신의 아들에게 나에 관하여 자주 이야기했는데, 나와의 상담이 그녀의 인생을 변화시켰다는 말을 했다. 모든 치료사(그리고 선생)는 장기간에 걸친 파급 효과에 대한 비슷한 이야기를 가지고 있다.

나는 나 자신과, 나의 이미지가 어떤 형태로든 지속할 것이라는 바람과 희망을 그대로 가도록 내버려 둔다. 확실히 언젠가는 나를 알고 있었던 마지막 사람이 죽을 날이 올 것이다. 수십 년 전에 앨런 샤프Alan Sharp의 소설 『게데의 푸른나무(A Green Treen in Gedde)』를 읽었다. 이 소설은 '기억되는 죽음'과 '정말 죽은 죽음'이라는 두 구역으로 나뉜 시골 무덤을 묘사하고 있다. 기억되는 죽음의 무덤은 꽃들로 장식되어 있고 죽은 이들을 추모하고 있지만, 정말로 죽은 죽음의 무덤들은 잊혀졌다. 정말로 죽은 죽음의 무덤들에는 비석이 기울어져 서서히 파괴되는 상태에 있고, 추모하는 꽃도 없고, 잡초는 우거져 있었다. 정말로 죽은 죽음의 사람들은 아무도 모르는 알려지지 않은 옛적의 사람들이고, 살아 있는 사람들 중 아무도 본 적이 없는 죽은 사람들이었다. 모든 나이 든 사람들(노인)은 많은 사람의 마지막 이미지를 담은 저장실이다. 그러한 노인이 죽을 때, 그들을 따르던 사람들의 이미지를 가지고 죽는다.

인간관계와 인간의 일시성

친밀한 인간관계는 내가 죽음의 두려움을 극복하는 데 도움을 준다. 나는 아내, 네 자녀, 손자와 손녀들, 나의 누이와 같은 나의 가족 그리고 지난 수십 년 동안 모임을 가지는 가까운 친구들과의 관계성을 소중히 여긴다.

관계성을 위한 귀중한 기회는 분명히 치료사에게 치료를 보람 있게 만든다. 그래서 나는 매 시간 나의 내담자들을 만날 때 친밀하고 확실하게 만나려고 시도한다. 나는 얼마 전에 가까운 친구이자 동료이며 또한 치료사인 친구에게, 내가 75세의 나이임에도 불구하고 은퇴에 대한 생각은 마음에 없다고 말했다.

"상담치료의 일이 만족스럽고, 돈을 받지 않더라도 이 일을 계속하고 싶네. 이렇게 하는 것이 나의 특권이라고 생각하네."라고 말했다.

이 말을 듣자마자, "때때로 나는 돈을 내서라도 이 일을 하고 싶어."라고 그가 답했다.

그러나 관계성의 가치에는 제한이 없는 것일까? 무엇보다 더, 당신은 "우리가 홀로 태어나고 홀로 죽을 운명이라면 관계성이라는 것이 어떤 지속되는 근본적인 가치를 가질 수 있을까?"라고 물어볼 수 있을 것이다. 내가 이 질문에 대해서 생각해 볼 때마다, 집단치료에서 한 죽어 가는 여인이 말한 내용을 회상해 본다.

"아주 깜깜한 밤이었습니다. 저는 항구에 떠 있는 보트 안에 혼자 있었습니다. 많은 다른 보트의 불빛을 볼 수 있었지만, 그들에게 다가갈 수 없고 그들과 함께할 수 없다는 것을 알고 있었습니다. 그러나 항구에서 반짝이는 다른 불빛들을 볼 수 있다는 것이 위로가 되었습니다."

나는 그녀의 의견에 동의한다. 풍부한 관계성은 일시성의 고통을 완화시킨다. 많은 철학자가 이 일시성의 고통을 완화시키기 위해 다른 생각들을 말했다. 예를 들어, 쇼펜하우어Schopenhauer나 베르그송Bergson은 사람을 사람이 죽은 후에 다시 흡수되는 모든 것을 포괄하는 생명력('의지' '생명의 약동')의 개별적 표현으로서 생각한다. 윤회설을 믿는 사람들은 인간 존재의 어떤 본질인 영, 혼 혹은 신성한 생기는 지속되어서 다른 존재로 다시 태어난다고 주장한다. 유물론자들은 인간이 죽은 후에 우리의 DNA인 분자 조직들이나 혹은 심지어 탄소 원소들은 다른 형태 생명체의 부분이 되기까지 우주 속으로 흩어져 버린다고 말할 수 있다.

나에게 인간이 다양한 형태로 지속될 것이라는 모델은 인간이 가진 일시성의 아픔을 완화시키지 못한다. 개인적 의식을 가지지 못하는 내 몸의 분자들의 운명은 단지 나에게 차가운 위로만 제공할 뿐이다.

나에게 일시성은 배경음악과 같은 것이다. 이것은 항상 들려오지만, 어떤 충격적인 사건이 이 배경음악을 전적으로 깨닫게 하기 전까지 거의 알지 못한다. 최근에 있었던 한 집단 모임이 떠오른다.

우선 이 모임에 대한 배경을 설명하자면, 나는 과거 15년 동안 10명의 치료사들과 함께 지도자 없는 지지 집단의 구성원으로 있었다. 그리고 이 집단은 몇 개월간 치료할 수 없는 암으로 죽어 가는 정신과 의사 제프Jeff를 중심으로 활동했다. 몇 달 전 진단을 받은 이후 제프는 암묵적으로 다른 멤버들에게 직접적이고 사려 깊으며 용기 있는 방식으로 죽음에 직면하는 방법을 알려 주는 가이드 역할을 해왔다. 이전 두 번의 회의에서 제프는 눈에 띄게 약해져 있었다.

이 회의에서 나는 일시성에 대한 긴 몽상에 빠져들었고, 회의가 끝난 직후 다음 메모에 이를 기록하려고 했다. (기밀 유지 원칙이 있지만, 집단과 제프가 이번 기회에 나에게 특별한 특혜를 주었다.)

제프는 앞으로 자신이 너무 약해져서 집단을 만나거나 집단이 자신의 집에서 모임을 갖더라도 참여할 수 없게 될 날에 대해 이야기했다. 그것이 우리에게 작별 인사를 하는 시작이었을까? 그는 우리에게서 물러남으로써 슬픔의 고통을 피하고 있었을까?

그는 우리 문화가 죽음을 오물이나 쓰레기로 간주하는 방식과, 그 결과 우리 모두가 죽음으로부터 물러나는 방식에 대해 이야기했다.

"하지만 여기에서도 이런 일이 있었습니까?"라고 내가 물었다.

그는 집단을 둘러보며 고개를 저었다.

"아니, 여긴 아닙니다. 여기서는 다릅니다. 여러분은 저와 함께 지내셨으니까."

다른 사람들은 그를 돌보는 것과 간섭하는 것 사이의 경계, 즉 우리가 그에게 너무 많은 것을 요구하는 것은 아닌지 확인해야 한다고 말했다. 그는 우리의 스승이라고 말한다. 우리에게 죽는 법을 가르쳐 준다. 그리고 그의 가르침은 옳다. 나는 그와 그의 교훈을 결코 잊지 않을 것이다. 그러나 그의 힘은 약해졌다.

그는 과거에 유용했던 전통적인 치료법은 이제 더 이상 적합하지 않다고 말했다. 그의 소원은 치료사가 밟지 않는 영적인 영역에 대해 이야기하는 것이다.

"영적인 영역이란 무슨 뜻이죠?"라고 물었다.

그는 잠시 머뭇거리더니, "글쎄요, 죽음이란 무엇인가요? 어떻게 죽나요? 치료사는 그것에 대해 이야기하지 않습니다. 만일 제가 호흡에 의해 명상을 하고 있는데 호흡이 느려지거나 멈추면 제 마음은 어떻게 됩니까? 그 후에는 어떻게 될까요? 쓰레기에 불과한 육체가 사라진 후에도 어떤 형태의 인식이 남아 있을까요? 아무도 확실하게 말할 수 없습니다. 가족에게 3일 동안 시신을 누워 있게 해 달라고 부탁해도 괜찮을까요(누출과 냄새에도 불구하고)? 불교에서 3일은 영혼이 몸을 깨끗이 하는 데 필요한 시간입니다. 제 유골은 어떻게 되나요? 제 유골의 일부를 고목이 우거진 숲 한가운데서 의식을 통해 나눠 줄 수 있을까요?" 라고 물었다.

나중에 그가 이 집단에서 다른 어떤 곳보다 더 많이, 더 완전하고 정직하게 우리와 함께 있었다고 말했을 때, 눈물이 솟구쳤다.

다른 멤버가 의식이 있는 상태에서 관에 묻히는 악몽에 대해 이야기할 때 갑자기 오랫동안 잊고 있던 기억이 떠올랐다. 의과대학 1학년 때 나는 바로 그 주제, 즉 묻힌 사람의 계속되는 의식에 대해 러브크래프트H. P. Lovecraft에게서 영감을 받아 단편 소설을 썼다. 공상과학 잡지에 보냈지만 거절 통보를 받았고, 공부에 몰두하느라 그 이야기를 어딘가에 두었다(아직 찾지 못했다). 집단에 합류하기 전까지 48년 동안 잊고 지냈다. 하지만 그 기억은 나 자신에 대해 한 가지를 가르쳐 주었다. 내가 생각했던 것보다 훨씬 더 오래전부터 죽음에 대한 불안에 시달리고 있었다는 사실이다.

이것은 정말 특별한 만남이었다고 생각했다. 인류 역사상 이런 토론회를 개최한 집단이 있었을까? 아무것도 숨기지 않았다. 말하지 않은 것은 없었다. 인간 조건에 대한 가장 어렵고 암울한 질문들을 눈 하나 깜빡이지 않고, 움찔하지 않고 응시했다.

나는 예전에 진료했던 한 젊은 여성 환자가 남성의 조잡함과 무감각함에 대해 한탄하는 데 많은 시간을 보냈던 것을 떠올렸다. 나는 남성으로만 구성된 이 집단을 둘러보았다. 이 모든 남성들은 너무나도 예민하고, 점잖고, 배려심이 깊고, 놀랍도록 존재감이 넘쳤다. 오, 그녀가 이 집단을 볼 수 있었다면 얼마나 좋았을까? 전 세계가 이 집단을 볼 수 있었다면 얼마나 좋았을까!

그리고 그 순간 뒤에서 은은하게 윙윙거리며 숨어 있던 덧없음에 대한 생각이 스쳐 지나갔다. 이 비할 데 없는 만남이 죽어가는 우리 멤버만큼이나 덧없다는 것을 깨달았다. 그리고 조금만 더 내려가면 우리를 기다리고 있는 죽음을 향해 뚜벅뚜벅 걸어가는 우리 모두의 모습처럼 덧없다는 것을 깨달았다. 그리고 이 완벽하고 장엄한 만남의 운명은? 이것도 사라질 것이다. 우리 모두, 우리의 몸, 이 회의에 대한 기억, 나의 기억, 제프의 시련과 그의 가르침, 그러한 존재감을 제공한 우리의 헌금, 모든 것이 허공으로 증발하여 어둠 속에서 떠도는 탄소 원자 외에는 아무것도 남지 않게 될 것이다.

슬픔의 물결이 나를 휩쓸었다. 이걸 구할 방법이 있을 것이다. 이 집단을 촬영하여 모든 인류가 시청하는 지구 전체 채널을 통해 보여 줄 수만 있다면 세상은 영원히 바뀔 것이다. 그렇다, 바로 그거다. 저장하고, 보존하고, 망각에 맞서 싸우는 것이다. 나는 보존에 중독되어 있는 것일까? 그래서 내가 책을 쓰는 것 아닌가? 내가 왜 이 노트를 쓰는 걸까? 기록하고 보존하는 것은 헛된 노력이 아닌가?

연인은 죽어도 사랑은 살아남는다는 딜런 토마스Dylan Tohmas의 대사가 떠올랐다. 처음 읽었을 때 감동을 받았는데, 지금은 어디서 그 사랑이 '살아남는' 걸까? 이상적인 플라토닉적 사랑으로서일까? 들을 귀가 없는데 나무가 쓰러지는 소리가 들리는가?

파문 효과와 연결(connectivity)에 대한 생각은 궁극적으로 안도감과 희망으로 내 마음속에 자리 잡았다. 이 집단의 모든 사

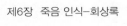

람은 오늘 우리가 방금 목격한 일로 인해 어쩌면 영원히 영향을 받을 것이다. 이 회의에 참석한 모든 사람은 명시적이든 암묵적이든 이 자리에서 얻은 삶의 교훈을 다른 사람에게 전할 것이다. 그리고 그 이야기를 들은 사람들은 다시 다른 사람들에게 그 이야기를 전할 것이다. 우리는 그러한 힘의 교훈을 전달하지 않을 수 없다. 지혜, 연민, 미덕의 파문 효과는 계속, 계속, 계속 휩쓸고 지나갈 것이다.

2주 후, 제프의 죽음이 임박했을 때 그의 집에서 나는 그에게 이 메모를 공개해도 되는지, 그리고 가상의 이름으로 제프를 지칭하는 것이 좋은지 아니면 실제 이름으로 지칭하는 것이 좋은지 다시 한번 물었다. 그는 실명을 사용해 달라고 요청했고, 나는 이 글을 통해 파문 효과를 일으킨다는 생각이 그에게 조금이나마 위안을 주었다고 생각한다.

종교와 신앙

나는 타락한 사람이 아니다. 내가 기억할 수 있는 한 나는 종교적 신념을 가져 본 적이 없다. 성탄절에 아버지와 함께 유대교 회당에 갔던 기억이 난다. 하나님의 능력과 영광에 대한 찬송이 끝없이 이어지는 예배의 영어 번역본을 읽었다. 나는 회중이 그토록 잔인하고, 헛되고, 복수심에 불타고, 질투하고, 찬양에 목마른 신에게 경의를 표한다는 사실에 완전히 당황스러워했다. 나는 친척 어른들이 나를 보고 웃어 주기를 바라며 고개를 흔들고 찬송가를 부르는 얼굴을 유심히 바라보았다. 하지만 그들은 계속 기도를 이어 갔다. 나는 항상 농담꾼이자 규칙적인 사람인 삼촌을 힐끗 쳐다보면서, 그가 윙크를 하며 "너무 진지하게 받아들이지 마, 얘야."라고 입가에 속삭일 거라고 기대했다. 하지만 그런 일은 일어나지 않았다. 그는 윙크를 하거나 미소를 짓지 않고 정면을 똑바로 바라보며 계속 성가를 불렀다.

어른이 되어 가톨릭 신자인 친구의 장례식에 참석했을 때 신부님이 우리 모두 천국에서 다시 만나 즐거운 재회를 할 것이라고 선포하는 것을 들었다. 다시 한번 나는 모든 얼굴을 둘러보았지만 열렬한 믿음만 보였다. 나는 망상에 둘러싸여 있다고 느꼈다. 내 회의론의 대부분은 초기 종교 교사들의 조잡한 교수법 기술(pedagogical skills) 때문이었는지도 모른다. 아마도 어릴 때 훌륭하고 예민하고 세련된 교사를 만났다면, 나 역시 신이 없는 세상을 상상할 수 없을 정도로 각인되었을 것이다.

죽음에 대한 두려움에 관한 이 책에서 나는 번거로운 개인적 딜레마 때문에 종교적 위로에 관한 글을 광범위하게 쓰지 않았다. 한편으로는 이 페이지에 표현된 많은 아이디어가 종교적으로 강한 믿음을 가진 독자들에게도 가치가 있을 것이라고 믿기 때문에, 나는 그들이 외면하도록 유도할 수 있는 문구를 피했다. 나는 신앙을 가진 사람들을 존중하며, 그들의 견해를 공유하지 않더라도 존중한다. 반면에 나의 작업은 초자연적인 믿음을 거부하는 세속적이고 실존적인 세계관에 뿌리를 두고 있다. 나의 접근 방식은 삶(인간의 삶 포함)이 우연한 사건에서 비롯되었고, 우리는 유한한 존재이며, 우리가 아무리 원해도 우리를 보호하고, 우리의 행동을 평가하고, 의미 있는 삶의 계획을 제공하는 것은 우리 자신 외에는 아무것도 기대할 수 없다는 것이다. 우리에게는 미리 정해진 운명이 없으며, 가능한 한 완전하고 행복하며 의미 있게 사는 방법은 우리 각자가 결정해야 한다.

이러한 견해가 어떤 사람들에게는 극단적으로 보일지 모르지만 나는 그렇게 생각하지 않는다. 아리스토텔레스가 주장한 것처럼, 우리를 인간답게 만드는 능력이 이성적 사고라는 전제가 있다면, 우리는 이 능력을 완성해야 한다. 따라서 기적과 같은 비합리적인 생각에 기반한 정통 종교적 견해는 항상 나를 당혹스럽게 만들었다. 나는 개인적으로 자연의 법칙을 거스르는 것을 믿을 수 없다.

이 사고 실험을 해 보라. 태양을 똑바로 응시하고, 눈을 깜빡이지 않고 자신의 존재를 바라보고, 많은 종교가 제공하는 보호 난간, 즉 죽음의 최종성을 부정하는 어떤 형태의 지속성, 불멸성, 환생 없이 살려고 시도해 보라. 나는 우리가 난간 없이도 잘 살 수 있다고 생각하며, "더 나은 곳으로 가는 길이 있다면 그것은 최악의 모습을 온전히 드러내는 것이다."라고 말한 토마스 하디Thomas Hardy의 말에 동의한다.

나는 종교적 믿음이 많은 사람의 죽음에 대한 두려움을 완화시킨다는 사실을 의심하지 않는다. 하지만 내게는 죽음이 최종적인 것이 아니고, 죽음이 부정되고 탈죽음화되는 등 죽음을 피하기 위해 도망치는 것 같다는 의문이 들었다.

그렇다면 종교적 믿음을 가진 사람들과는 어떻게 일해야 할까? 내가 선호하는 방식으로 이야기를 통해 대답해 보겠다.

"신은 왜 나에게 이런 환상을 보내시는가?": 팀

몇 년 전 팀Tim으로부터 한 통의 전화를 받았는데, 그는 자신의 표현대로 '존재, 즉 나의 존재에 대한 가장 중요한 질문'을 해결하기 위해 한 번만 상담해 달라고 요청했다. 그러면서 그는 "다시 한번 말씀드리지만 단 한 번만 상담해 주세요. 저는 종교적인 사람입니다."라고 했다.

일주일 후 그는 흰색 물감으로 얼룩진 네덜란드 예술가 작업복을 입은 모습으로 그림 포트폴리오를 들고 나의 사무실로 들어왔다. 그는 키가 작고 둥글며 귀가 큰 남자였는데, 회색빛이 도는 크루 컷(crew cut)을 하고 끝이 뾰족한 말뚝을 여러 개 꽂은 하얀 울타리를 연상시키는 이빨을 드러내며 활짝 웃고 있었다. 그는 코카콜라 병바닥이 연상될 정도로 두꺼운 안경을 쓰고 있었고, 작은 녹음기를 들고 상담을 녹음해도 될지 요청했다.

나는 동의하고 그에 대한 사전 기본 정보를 얻었다. 그는 65세에 이혼했고, 지난 20년 동안 집을 지어 왔으며, 4년 전 예술에 집중하기 위해 은퇴했다. 그러자 그는 나의 권유도 없이 바로 상담에 뛰어들었다.

"제가 전화를 한 이유는 당신의 책『실존주의 심리치료(Existenial Psychotherapy)』를 읽은 적이 있는데, 선생님이 현명한 사람처럼 느껴졌기 때문입니다."

"그런데 왜 그 현자를 단 한 번만 만나고 싶으시죠?"라고 내가 물었다.

"질문이 하나뿐인데, 선생님이 한 번의 상담으로 충분히 현명하게 대답할 수 있을 거라고 믿기 때문입니다."

번개처럼 빠른 대답에 놀란 나는 그를 바라보았다. 그는 시선을
피하고 창밖을 바라보며 멍하니 있다가 일어서서 앉았다 일어났다
를 두 번 반복하며 포트폴리오를 더 꽉 움켜쥐었다.

"그게 유일한 이유인가요?"

"그렇게 물어볼 줄 알았습니다. 저는 사람들이 무슨 말을 할지 미
리 알고 있는 경우가 많거든요. 하지만 왜 한 번만 방문했느냐는 질
문으로 돌아가서요. 중요한 대답을 드렸지만 다른 이유도 있습니다.
정확히 세 가지입니다. 첫째, 재정은 만족스럽지만 아주 좋은 것은
아닙니다. 둘째, 당신의 책은 현명하지만 당신은 불신자라는 것이
분명하며, 저는 제 신앙을 변호하러 온 것이 아닙니다. 세 번째, 당
신은 정신과 의사이고 제가 만난 모든 정신과 의사들은 저에게 약을
먹으려고 했습니다."

"저는 당신의 명료함과 당신의 생각을 말하는 방식이 마음에 듭
니다, 팀. 저도 그렇게 하려고 노력합니다. 한 번의 만남에서 최선을
다해 도와드리겠습니다. 질문이 뭐죠?"

"저는 건축가 외에도 많은 일을 해 왔습니다."

팀은 마치 연습을 한 것처럼 재빨리 말했다.

"저는 시인이었습니다. 어렸을 때는 음악가로서 피아노와 하프를
연주했고, 클래식 음악과 오페라를 작곡해 지역의 아마추어 그룹이
공연한 적도 있습니다. 하지만 지난 3년 동안 저는 그림만 그렸습니
다. 여기 이 작품이 바로 지난 한 달 동안의 작품입니다."

그는 팔 아래에 꽂아 둔 포트폴리오를 가리키며 고개를 끄덕였다.

"그래서 질문은요?"

"제 모든 그림과 드로잉은 하나님께서 제게 보내 주신 환상을 그대로 옮겨 놓은 것일 뿐입니다. 거의 매일 밤 잠들기 전과 깨어날 사이에 하나님으로부터 환상을 받고 다음 날, 아니 며칠 내내 그 환상을 베끼는 데만 몰두합니다. 제가 궁금한 것은 왜 하나님께서 저에게 이런 환상을 보내 주실까요? 보세요."

그는 내가 자신의 포트폴리오를 모두 보는 것이 부담스러웠는지 조심스럽게 포트폴리오를 열고 큰 그림 하나를 꺼냈다.

"이것이 지난주에 그린 작품입니다."

땅바닥에 엎드려 땅을 껴안고 있는, 어쩌면 땅과 교감하고 있는 듯한 누드 모습의 남자와 주변의 수풀과 나뭇가지가 그를 향해 몸을 굽혀 부드럽게 쓰다듬는 듯한 모습을 세밀하게 묘사한 펜과 잉크로 그린 놀라운 그림이었다. 기린, 스컹크, 낙타, 호랑이 등 여러 동물이 경의를 표하듯 고개를 숙인 채 그를 둘러싸고 있었다. 그는 아래쪽 여백에 '사랑하는 어머니 지구'라고 휘갈겨 썼다.

그는 빠르게 한 장 한 장 그림을 뽑아내기 시작했다. 나는 그의 기괴하고 뒤틀리고 매혹적인 그림과 전형적인 상징, 기독교 도상학, 화려한 색채의 만다라로 가득한 아크릴 그림에 넋을 잃었다.

나는 시간이 얼마 없다는 것이 안타까웠다.

"팀, 시간이 얼마 남지 않았으니 질문에 답해 드리겠습니다. 당신에 대해 두 가지 관찰한 것이 있습니다. 첫 번째 관찰은 당신이 매우 창의적이며 음악, 오페라, 시 그리고 이제 당신의 특별한 예술 작품에 이르기까지 당신의 삶을 통해 그 증거를 보여 주었다는 것입니다. 두 번째 관찰은 당신의 자존감이 매우 낮다는 것입니다. 자신의 재능을 인정하고 감사하지 않는 것 같습니다. 지금까지 제 말에 동

213

의하시나요?"

"그런 것 같네요."

팀은 당황한 표정을 지으며 나를 쳐다보지도 않고 "처음 듣는 얘기는 아닙니다."라고 덧붙였습니다.

"그러니까 제가 보기에 이런 아이디어와 놀라운 그림은 당신 자신의 창조적 원천에서 나온 것인데, 당신은 자존감이 너무 낮고 자기의심이 심해서 자신이 그런 창조를 할 수 있다고 믿지 못하기 때문에 자동으로 다른 사람, 이 경우에는 신에게 공을 넘기게 되는 겁니다. 그래서 저의 요점은, 비록 당신의 창의력은 신이 주신 것일지라도, 그 환상과 그림을 창조한 것은 당신 자신이라고 확신한다는 것입니다."

팀은 주의 깊게 들으며 고개를 끄덕였다. 그는 녹음기를 가리키며, "저는 이걸 기억하고 싶고 이 테이프를 많이 들을 거예요. 제게 필요한 것을 주신 것 같아요."라고 말했다.

나는 종교를 가진 사람과 함께 일할 때 마음속 최상위에 있는 교훈을 따르는데, 바로 **환자를 돌보는 것**이다. 그 어떤 것도 이것을 방해할 수 없다. 한 사람에게 도움이 되는 신념 체계, 심지어 나에게는 완전히 환상적으로 보이는 신념 체계까지 방해하려는 시도는 상상할 수 없다. 따라서 종교적 믿음을 가진 사람들이 내게 도움을 요청할 때 나는 그들의 핵심 신념, 종종 어릴 적부터 굳어진 신념에 도전하지 않는다. 오히려 그들의 믿음을 뒷받침할 수 있는 방법을 찾곤 한다.

이른 아침 미사 전 예수님과의 대화에서 항상 큰 위로를 받았던 한 신부와 함께 일한 적이 있다. 내가 그 신부를 만났을 당시 그는 행정 업무와 교구 내 동료들과의 갈등으로 인해 너무 힘들어하여 대화를 짧게 하거나 아예 건너뛰곤 했다. 나는 그가 왜 자신에게 많은 위로와 지침을 주었던 무언가를 스스로 박탈했는지 알아보기 시작했다. 우리는 함께 그의 저항을 극복해 나갔다. 그의 관행에 의문을 제기하거나 어떤 식으로든 의구심을 심어 줄 생각은 전혀 없었다.

하지만 한 가지 눈에 띄는 예외가 있었는데, 내가 치료의 중심을 잃었던 에피소드가 기억난다.

어떻게 의미 없이 살 수 있을까? 정통 유대인 랍비[5]

몇 년 전, 외국에서 방문한 한 젊은 정통파 랍비Rabbi가 전화를 걸어 상담을 요청했다. 그는 실존치료사가 되기 위해 훈련을 받고 있지만, 그의 종교적 배경과 나의 심리적 공식 사이에서 어떤 부조화를 겪고 있다고 말했다. 나는 그를 만나기로 동의했고, 일주일 후 날카로운 눈매에 긴 수염, 페요(peyos, 긴 곱슬 구레나룻), 야물케(yarmulke),[6] 그리고 이상하게도 테니스화를 신고 있는 매력적인 청년이 내 사무실로 들어 왔다. 30분 동안 우리는 치료사가 되고자 하는 그의 열망과 그의 종교적 신념과 내 책 『실존주의 심리치료』에 나오는 여러 가지 구체적인 상태 사이의 갈등에 대해 전반적으로 이야기를 나눴다.

처음에 유보적이었던 그의 태도는 서서히 바뀌었고, 그는 방문의

---

5 (역자 주) 유대교회의 율법학자(선생).
6 (역자 주) 유대인 남자들이 예배 때 쓰는 작은 모자.

진짜 목적이 나를 종교 생활로 개종시키는 것이 아닌가 의심될 정도
로 열성적으로 자신의 신념을 말하기 시작했다. (선교사의 방문이 처
음은 아니었다.) 그의 목소리가 높아지고 말의 템포가 빨라지면서 나
는 후회스럽게도 조급해졌고, 내 본성보다 훨씬 더 무뚝뚝하고 조심
스러워졌다.

"랍비 선생의 우려는 진심입니다."

내가 끼어들었다.

"우리 견해 사이에는 근본적인 대립이 있습니다. 편재하고 전지전
능한 인격적 신이 당신을 지켜보고, 보호하고, 인생 설계를 제공한
다는 당신의 믿음은 자유롭고 필멸자이며 무관심한 우주에 홀로 무
작위로 던져진 인간이라는 내 기존 비전의 핵심과 양립할 수 없죠.
당신의 견해에 따르면, 죽음은 최종적인 것이 아닙니다. 당신은 죽
음이 단지 이틀 사이의 하룻밤에 불과하고 영혼은 불멸한다고 말하
죠. 그러니 실존치료사가 되고자 하는 당신의 소망에는 실제로 문제
가 있습니다. 우리의 두 관점은 정반대입니다."

"하지만 당신은 어떻게 이런 신념만 가지고 살 수 있습니까? 의미
없이요?"

그는 얼굴에 강한 우려를 표하며 대답했다. 그는 나를 향해 집게
손가락을 흔들었다.

"잘 생각해 보세요. 자신보다 더 위대한 무언가에 대한 믿음 없이
어떻게 살 수 있습니까? 불가능하다고 말씀드리죠. 그것은 어둠 속
에서 사는 것입니다. 짐승처럼 말이죠. 모든 것이 사라질 운명이라
면 무슨 의미가 있을까요? 제 종교는 저에게 의미, 지혜, 도덕성, 신
성한 위로, 삶의 방식을 제공합니다."

"그건 이성적인 답변이라고 생각하지 않습니다, 랍비님. 의미, 지혜, 도덕성, 잘 사는 것 같은 것들은 신에 대한 믿음에 의존하지 않습니다. 물론 종교적 믿음이 우리를 기분 좋게 하고, 편안하게 하고, 덕을 세우게 하는 것은 종교의 존재 이유입니다. 어떻게 살 수 있는지 묻습니다. 저는 잘 살고 있다고 믿습니다. 저는 인간이 만든 교훈에 따라 살아갑니다. 저는 의사로서 히포크라테스 선서를 믿고 다른 사람의 치유와 성장을 돕는 데 헌신합니다. 저는 도덕적인 삶을 살고, 주변 사람들에게 연민을 느끼며 살아갑니다. 가족 및 친구들과 사랑스러운 관계를 유지하며 삽니다. 도덕적 나침반을 제공하기 위해 종교가 필요하지는 않습니다."

"어떻게 그런 말을 할 수 있죠?"

그가 끼어들었다.

"당신에겐 큰 슬픔이 있습니다. 신, 일상적인 의식, 신념이 없으면 제가 살 수 있을지 모르겠다고 느낄 때가 있습니다."

"그리고, 만일 믿을 수 없는 것을 믿기 위해 평생을 바쳐야 하고, 매일 613개의 규칙을 지키며 인간의 찬양에 열중하는 신에게 영광을 돌리는 데 하루를 헌신해야 한다고 생각하면 목매달아 죽고 싶다고 생각할 때가 있습니다!"

나는 인내심을 완전히 잃은 채 대답했다.

이때 랍비는 야물케를 집어 들었다. 아, 이런, 이렇게 되면 안 되는데, 랍비가 나를 떠나지 않을 거라고 생각했지만, 내가 너무 심한 말을 했다! 너무 멀리! 충동적으로 내가 의도한 것보다 더 많은 말을 했다. 다른 사람의 종교적 믿음을 깎아내리고 싶었던 적은 단 한 번도 없었다.

하지만 그는 그저 머리를 긁적거리며, 우리를 갈라놓는 넓은 이데 올로기적 간극과 내가 내 유산과 문화적 배경에서 너무 멀리 떨어져 있다는 사실에 당황한 마음을 표현하기 위해 손을 뻗은 것뿐이었다. 우리는 우호적으로 세션을 마치고 헤어졌고 그는 북쪽으로, 나는 남쪽으로 향했다. 그가 실존심리치료에 대한 연구를 계속했는지 여부는 알지 못한다.

죽음에 관한 책을 쓰는 것에 대해

죽음에 관한 글쓰기에 대한 마지막 한마디. 자기성찰적인 일흔다섯 살의 노인이 죽음과 덧없음에 대해 궁금해하는 것은 당연한 일이다. 일상생활에서 내가 느끼는 것은 너무 강하다. 나의 세대가 지나가고, 친구와 동료들이 병들어 죽어 가고, 시력이 점점 흐려지고, 무릎, 어깨, 등, 목 등 다양한 신체 부위에서 조난 신호가 점점 더 빈번해진다.

어렸을 때 부모님의 친구와 친척들이 앓름 사람들은 모두 온화하다고 말하는 것을 들었고, 이들은 모두 젊어서 죽었다. 나는 오랫동안 조기 사망 시나리오를 믿었다. 하지만 나는 지금 75세이다. 나는 아버지보다 몇 년 더 오래 살았고, 시간을 빌려서 살고 있다는 것을 알고 있다.

창작 행위 자체가 유한성에 대한 고민과 얽혀 있지 않은가? 내 사무실에는 훌륭한 작가이자 화가인 롤로 메이의 성(聖) 미셸 산(Mount St. Michel)의 아름다운 입체파 그림이 걸려 있는데, 그의 신념이 바로 그런 것이었다. 창조 행위가 죽음에 대한 두려움을 초월할 수 있게 해 준다고 확신한 그는 거의 마지막까지 글을 계속 썼다. 포크너Faulkner도 같은 믿음을 표현했다.

"모든 예술가의 목표는 생명인 움직임을 인위적인 방법으로 포착하고 고정시켜 100년 후 낯선 사람이 바라보았을 때 다시 움직이도록 하는 것이다."

그리고 폴 테루Paul Theroux는 죽음을 생각하면 너무 고통스러워서 "삶을 사랑하고 모든 기쁨과 모든 예술의 궁극적인 원인이 될 수 있을 만큼 열정적으로 삶을 소중히 여기게 된다."라고 말했다.

글을 쓰는 행위 자체가 소생처럼 느껴진다. 나는 아이디어가 처음 떠오르는 순간부터 최종 원고에 이르기까지의 창작 행위를 좋아한다. 나는 순전히 기계적인 작업이 즐거움의 원천이라고 생각한다. 완벽한 단어를 찾고, 거친 문장을 사포질하고, 광택을 내고, 구문과 문장 완급을 조정하는 등 글쓰기 과정의 목공 작업을 좋아한다.

어떤 사람들은 죽음에 대한 나의 몰입이 글쓰기에 방해가 된다고 생각하기도 한다. 내가 이 주제에 대해 강의할 때면 종종 동료들은 내가 그런 어두운 이슈에 너무 몰두하느라 암울한 삶을 살고 있는 것 아니냐는 반응을 보일 것이다. 만약 당신이 그렇게 믿는다면 나는 내 일을 다하지 못한 것이다. 나는 죽음을 마주하면 암울함이 사라진다는 것을 다시 한번 전달하려고 노력한다.

때때로 나는 '분할 화면(spilt screen)' 기법의 은유를 사용하여 내 내면의 상태를 가장 잘 설명할 수 있다. 이 최면치료 기법은 환자에게 잊히지 않는 고통스러운 기억을 해독하는 데 도움이 된다. 치료사는 최면에 걸린 환자에게 눈을 감고 시각적 지평선, 즉 화면을 두 개의

219

수평으로 나누도록 요청한다. 화면의 절반에는 어둡거나 충격적인 이미지를, 나머지 절반에는 즐거움과 평온함을 주는 아름다운 장면(예: 좋아하는 숲길이나 열대 해변에서의 산책)을 배치하는 방식이다. 평온한 장면이 계속 나타나면 불안한 이미지가 상쇄되고 완화된다.

내 의식 화면의 절반은 냉정하고 인생의 덧없음을 인식하고 있다. 그러나 나머지 절반은 진화생물학자 리처드 도킨스Richard Dawkins가 제안한 은유로 가장 잘 설명할 수 있는 시나리오, 즉 시간의 무한한 자를 따라 끝없이 움직이는 레이저처럼 얇은 스포트라이트를 상상해 보라고 요청하는 다른 쇼를 재생함으로써 이를 상쇄한다. 광선이 지나간 모든 것은 과거의 어둠 속에서 사라지고, 스포트라이트 앞에 있는 모든 것은 아직 태어나지 않은 어둠 속에 숨어 있다. 오직 레이저의 얇은 점광선에 의해 비친 것만이 살아 있다. 이 이미지는 암울함을 없애고, 내가 여기 살아서 순수한 존재의 즐거움을 만끽하고 있다는 것이 얼마나 엄청난 행운인지 생각하게 해 준다.

그리고 내 앞에 펼쳐진 완전히 무관심한 거대한 어둠 속에서 진짜 삶은 다른 곳에서 찾을 수 있다고 선언하는 삶을 부정하는 계획을 채택함으로써 삶의 빛에 대한 나의 짧은 시간을 줄이는 것이 얼마나 비극적으로 어리석은 일인지 알 수 있다.

이 책을 쓰는 것은 어린 시절과 부모님으로 거슬러 올라가는 가슴 아픈 여정이었다. 오래전의 사건들이 나를 잡아당긴다. 나는 죽음이 평생 그림자처럼 따라다녔다는 사실에 놀랐고, 죽음과 관련된 수많은 기억이 얼마나 끈질기고 선명하게 남아 있는지에 대해서도 놀랐다. 기억의 변덕스러움 역시 나를 놀라게 하였는데, 예를 들어 한 집에 살았던 여동생과 내가 서로 다른 사건을 기억한다는 사실에 큰 충격을 받았다.

이 장의 서두에서 디킨스Dickens가 아름답게 묘사한 것처럼, 나이가 들수록 과거가 나와 더욱 가까워지는 것을 느낀다. 어쩌면 나는 그가 제안한 대로 원을 완성하고, 내 이야기의 거친 부분을 매끄럽게 다듬고, 나를 만든 모든 것과 내가 된 모든 것을 포용하고 있는지도 모르겠다. 어린 시절의 장소를 다시 방문하고 동창회에 참석할 때면 예전보다 더 큰 감동을 받는다. 과거가 완전히 사라진 것이 아니라 아직 그곳에 '그곳'이 있고, 마음만 먹으면 다시 방문할 수 있다는 사실에 기쁨을 느끼는 것일지도 모르겠다. 쿤데라Kundera의 말처럼 죽음의 공포가 과거가 사라진다는 생각에서 비롯된다면, 과거를 다시 경험하는 것은 매우 중요한 안심이다. 일시성은 잠시 동안만 유지되는 것이다.

221

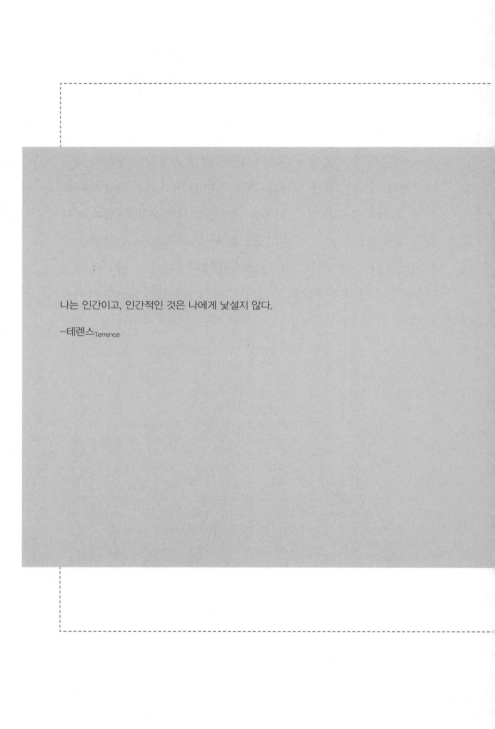

나는 인간이고, 인간적인 것은 나에게 낯설지 않다.

—테렌스Terrence

제7장

죽음불안 다루기
-심리상담을 위한 조언

이 마지막 장은 치료사들을 위한 글이지만 전문 용어가 없는 방식으로 글을 쓰려고 노력했으며, 모든 독자가 이 글을 이해하고 이해할 수 있기를 바란다. 따라서 치료사가 아니더라도 계속 읽어 주시기 바란다.

심리치료에 대한 나의 접근 방식은 주류적인 방식이 아니다. 커리큘럼에서 실존적 접근법을 강조하거나 언급하는 치료 교육 프로그램은 거의 없기 때문에 많은 치료사가 나의 의견과 임상 사례를 이상하게 생각할 수 있다. 그래서 이제 나의 방식을 설명하기 위해, 많은 사람이 혼란을 겪는 실존이라는 용어에 대해 명확히 할 필요가 있다.

실존적이란 무엇을 의미하는가?

철학적 지식을 갖춘 많은 사람에게 **실존적**이라는 용어는 여러 가지 의미를 떠올리게 한다. 자유와 선택을 강조하는 키에르케고르Kierkegaard의 기독교 실존주의, 니체Nietzsche의 관념론적 결정론, 하이데거Heidegger의 시간성과 진정성에 대한 초점, 카뮈Camus의 부조리 감각, 장 폴 사르트르Jean Paul Satres의 절대적 무상함에 직면한 헌신에 대한 강조 등 다양한 의미를 떠올릴 수 있다.

그러나 임상에서 나는 실존이라는 단어를 단순히 존재를 지칭하는 의미로 직설적으로 사용한다. 실존주의 사상가들은 서로 다른 관점을 강조하지만, 인간은 자신의 존재가 문제인 유일한 생명체라는 기본 전제는 동일하다. 그래서 존재는 나의 핵심 개념이다. 나는 '실존치료' 또는 '실존 중심 치료'와 같은 용어를 사용할 수도 있다. 이런 용어들이 번거로워 보였기 때문에 나는 '실존주의 심리치료(Existential Psychotherapy)'라는 더 세련된 용어를 사용한다.

실존적 접근법은 인간의 절망을 치유한다는 동일한 목적을 가진 많은 심리치료 접근법 중 하나다. 실존치료적 입장에 따르면, 우리는 우리의 생물학적 유전적 기질(정신약리학 모델, psychopharmacological model), 억압된 본능적 욕구와의 투쟁(프로이트적 입장), 돌보지 않거나 사랑하지 않거나 신경증적일 수 있는 내면화된 중요한 성인(대상관계적 입장), 무질서한 사고 형태(인지행동적 입장), 잊혀진 트라우마 기억의 파편이나 경력 및 중요한 타인과의 관계와 관련된 현재의 삶의 위기뿐만 아니라, 우리의 존재와의 대립으로 인해 고통받기도 한다. 따라서 실존주의 심리치료의 기본 입장은 다른 절망의 원인 외에도 인간 조건, 즉 존재의 '주어진 것'과의 피할 수 없는 대립으로 인해 고통을 받는다고 가정한다.

이 '주어진 것'이란 정확히 무엇인가? 답은 우리 각자의 내면에 있으며 쉽게 찾을 수 있다. 잠시 시간을 내어 자신의 존재에 대해 명상해 보자. 잡다한 생각을 걸러 내고, 기존의 모든 이론과 신념에 괄호를 치고, 세상 속에서 자신의 '상황'을 되돌아보자. 시간이 지나면 필연적으로 존재의 깊은 구조, 즉 신학자 폴 틸리히Paul Tillich[7]의 멋진 용

---

7 (역자 주) 독일 나치정부의 박해를 피해 미국으로 이주한 틸리히는 20세기 최고의 신학자 중 한 명으로 손꼽히고 있으며, 유니온 신학대학교, 하버드 대학교, 시카고 대학교에서 교수를 역임했다.

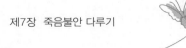

어를 빌리자면 궁극적인 관심(ultimate concern)에 도달하게 될 것이다. 내가 보기에 죽음, 소외, 삶의 의미, 자유라는 네 가지 궁극적 관심사는 특히 치료의 실천과 밀접한 관련이 있다. 이 네 가지 궁극적 관심사는 1980년 저술한 교과서인『실존주의 심리치료』의 핵심을 구성하며, 이 책에서는 각 관심사의 현상학과 치료적 함의에 대해 자세히 설명하고 있다.

일상적인 임상 작업에서는 이 네 가지가 서로 얽혀 있지만, 죽음에 대한 두려움이 가장 두드러지고 궁극적인 걱정거리이다. 그러나 치료가 진행됨에 따라 삶의 의미, 소외감, 자유에 대한 고민도 함께 나타난다. 다른 관점을 가진 실존 지향적 이론가들은 다른 위계를 보고할 수 있다. 예를 들어, 칼 융과 빅터 프랭클Viktor Frnakl은 삶의 의미를 상실했기 때문에 치료를 찾는 환자의 비율이 높다는 점을 강조한다.

나의 임상 연구의 기반이 되는 실존적 세계관은 이성을 포용하고 초자연적 신념을 배제하며 일반적인 삶, 특히 인간의 삶은 우연한 사건에서 비롯되었다는 것, 우리는 존재를 지속하고자 하지만 유한한 존재라는 것, 우리는 예정된 삶의 구조와 운명 없이 홀로 존재에 던져졌다는 것, 우리 각자가 가능한 한 완전하고 행복하고 윤리적으로 의미 있게 사는 방법을 결정해야 한다는 것을 가정한다.

실존치료가 존재하는가? 나는 실존심리치료에 대해 친숙하게 이야기하지만(그리고 그 제목으로 장문의 교과서를 집필하기도 했다), 실존주의 심리치료가 독립된 이데올로기 학파라고 생각해 본 적은 한 번도 없다. 오히려 다양한 치료적 접근법에 대한 지식과 기술을 갖춘 잘 훈련된 치료사는 실존적 문제에 대한 감수성을 갖도록 훈련받아야 한다는 것이 나의 신념이자 희망이다.

이 장에서 나의 의도는 치료사들이 중요한 실존적 문제에 대한 감수성을 키우고 이를 해결하려는 의지를 북돋게 하는 것이지만, 나는 이러한 감수성이 전반적인 긍정적인 결과를 가져오는 데 충분하지 않다고 생각한다. 거의 모든 치료 과정에서 다른 관점의 치료적 기술을 필요하게 된다.

내용과 과정의 차별화

치료에서 인간의 조건을 고려해야 할 필요성에 대해 강의할 때 학생 치료사는 "우리의 존재에 대한 이러한 생각은 진리처럼 들리지만 너무 공허하고 실체가 없는 것 같습니다."라고 대답할 수 있다. 실존 치료사는 "실제로 치료 시간에 무엇을 하나요?"라고 질문할 수 있다. 또는 학생이 "제가 선생님 사무실의 벽에 붙은 파리라면 치료 시간 동안 어떤 일이 일어나는지 볼 수 있을까요?"라고 질문할 수도 있다.

나는 먼저 모든 치료사가 수련 초기에 배우며 수십 년의 실무 경험을 통해 계속 가치가 입증되는 심리치료 세션을 이해하고 봉사하는 방법에 대한 정보를 제공함으로써 이 질문에 답을 한다.

"이 정보는 놀라울 정도로 간단합니다. 상담 내용과 과정을 구분하는 것입니다". (여기서는 치료 관계의 본질을 지칭하기 위해 '과정'이라는 용어를 사용한다.)

내용의 의미는 명확하다. 단순히 논의되는 주제와 문제를 의미한다. 환자와 내가 이 책에 표현된 아이디어를 논의하는 데 많은 시간

을 할애할 때도 있지만 환자가 관계, 사랑, 성, 직업 선택, 육아 문제 또는 돈과 같은 문제와 관련된 다른 관심사를 논의하기 때문에 몇 주 동안 실존적인 내용이 없는 경우가 종종 있다.

다시 말해, 실존적 내용은 치료의 일부(전부는 아니지만) 단계에서 일부(전부는 아니지만) 고객에게 두드러질 수 있다. 그것은 당연한 것이다. 효과적인 치료사는 특정 영역의 내용을 강요해서는 안 된다. 치료는 이론 중심이 아니라 관계 중심이어야 한다.

내용이 아닌 '관계(전문 문헌에서는 종종 '과정'으로 다시 표현됨.)'를 위해 세션을 검토하는 것은 전혀 다른 문제이다. 실존적 문제에 민감하게 반응하는 치료사는 그렇지 않은 치료사와는 다른 방식으로 환자와 관계를 맺으며, 이러한 차이는 모든 세션에서 분명하게 드러난다.

지금까지 이 책에서 실존적 내용에 대해 많이 언급했는데, 내가 설명한 대부분의 장면은 아이디어의 상호작용적 힘(예: 에피쿠로스적 원리, 파문 효과, 자기충족)에 초점을 맞추고 있다. 그러나 일반적으로 아이디어만으로는 충분하지 않다. 진정한 치료효과를 창출하는 것은 '아이디어와 관계'의 시너지 효과이다. 이 장에서는 치료사가 치료 관계의 의미와 효과를 높이고, 환자가 죽음의 공포에 직면하고 극복하도록 돕는 능력을 향상시키는 데 도움이 되는 몇 가지 제안을 제공하려고 한다.

관계의 질감이 치료적 변화에 결정적이라는 생각은 새로운 것이 아니다. 한 세기 동안 심리치료 임상의와 교사들은 치료의 핵심은 이론이나 아이디어가 아니라 관계라는 사실을 깨달았다. 초기 분석가들은 견고한 치료 동맹을 맺는 것이 필수적이라는 것을 알고 있었으며, 그 결과 치료사와 환자의 상호작용을 면밀히 조사했다.

"치료적 관계가 심리치료에 도움이 된다는 전제(그리고 이를 뒷받침하는 설득력 있는 연구 결과)를 받아들인다면, 어떤 유형의 관계가 가장 효과적일까요?"는 가장 분명한 다음 질문이 된다. 60여 년 전, 심리치료 연구의 선구자인 칼 로저스Carl Rogers는 치료의 개선이 진정성(genuineness), 정확한 공감(accurate empathy), 무조건적인 긍정적 배려(unconditional positive regard)라는 세 가지 치료사 행동과 관련이 있다는 사실을 보여 주었다.

이러한 치료사의 특성은 모든 형태의 치료에서 중요하며, 나는 이를 강력히 지지한다. 그러나 죽음에 대한 불안이나 본질적인 문제를 다룰 때 진정성이라는 개념은 치료 관계의 본질에 근본적인 변화를 가져오는 다른, 광범위한 의미를 가진다고 생각한다.

죽음불안을 극복하는 연결의 힘

삶의 실존적 사실에 시선을 고정하면 환자와 고통받는 사람, 그리고 치료사인 나 사이에 명확한 경계가 없다는 것을 깨닫게 된다. 일반적인 역할 분담과 성격 진단은 치료를 촉진하기보다는 오히려 방해가 된다. 나는 많은 고통에 대한 해독제는 순수한 연결성이라고 믿기 때문에 인위적이고 불필요한 장벽을 세우지 않고 환자와 함께 시간을 보내려고 노력한다. 치료 과정에서 나는 전문가이기는 하지만 환자에게 완벽한 가이드는 아니다. 나는 이전에 나 자신의 탐험의 시대와 다른 많은 사람의 가이드로서 이 여정을 걸어 본 적이 있다.

상담 환자와 함께 일할 때 나는 무엇보다도 연결성을 위해 노력한다. 이를 위해 유니폼이나 의상을 입지 않고, 학위나 전문 학위, 수상 경력을 과시하지 않으며, 내가 모르는 지식을 가장하지 않고, 실존적 딜레마가 나에게도 닥친다는 사실을 부정하지 않으며, 더 진지한 질문을 거부하지 않고, 내 역할 뒤에 숨지 않고, 마지막으로 내 인간성과 취약한 능력을 숨기지 않는 등 성실하게 행동하기로 결심했다.

지하실에서 짖는 들개들: 마크

실존적 감수성이 치료 관계에 미치는 영향의 여러 측면을 보여 주는 치료 세션을 설명하는 것으로 시작하겠다. 지금—여기(here-and-now)에 대한 더 큰 초점과 치료사의 자기공개를 포함하여, 이 상담은 지속적인 죽음에 대한 불안과 여동생에 대한 해결되지 않은 슬픔으로 인해 처음 치료를 받으러 온 마흔 살의 심리치료사 마크Mark의 치료사 2년 차에 진행되었다. (마크에 대해서는 제3장에서 간략히 설명한다.)

이 상담이 시작되기 몇 달 전, 죽음에 대한 그의 몰두는 환자 중 한 명인 루스와의 성적 열광이라는 새로운 문제에 의해 바뀌었다.

나는 그날 아침 마크에게 서른 살의 남성이 집단치료를 받도록 소개해 주었다고 말하면서 특이한 방식으로 상담을 시작했다.

"그 남자가 당신에게 접촉할 때 저에게 전화로 연락해 주면 우리 대화에 대한 자세한 정보를 알려 주겠습니다."라고 말했다.

마크가 고개를 끄덕이자 나는 "그럼 오늘은 어디서부터 시작할까요?"라고 물었다.

"늘 하던 대로요. 여느 때처럼 여기 오는 길에 루스Ruth 생각이 많이 났어요. 루스를 머릿속에서 지우기가 힘듭니다. 어젯밤에는 고등학교 동창들과 저녁을 먹으러 갔는데, 다들 그때의 데이트 경험을 회상하면서 루스 생각을 다시 떠올렸고, 루스가 그리워지기 시작했습니다."

"당신이 가지는 집착을 설명할 수 있나요? 머릿속에서 무슨 일이 일어나는지 정확히 말해 주기 바랍니다."

"오, 그 바보 같고 유치하고 몽상적인 느낌. 저는 성인인데, 너무 바보 같다는 생각이 들어요. 저는 마흔 살이에요. 전 심리학자예요. 그녀는 제 환자이고 후속 조치가 없을 거라는 걸 압니다."

"몽상적인 느낌을 유지하세요."

내가 말했다.

"그것에 빠져 보세요. 뭐가 떠오르는지 말해 보세요."

그는 눈을 감았다.

"가벼움, 날아가는 느낌…… 불쌍하게 죽은 여동생 생각도 안 나고…… 죽음에 대한 생각도 안 나고…… 갑자기 어떤 장면이 스쳐 지나가는 것 같았어요. 제가 엄마 무릎에 앉아 있고 엄마가 저를 안아 주고 있었어요. 제가 다섯 살이나 여섯 살 정도였을 거예요. 어머니가 암에 걸리기 전이었죠."

나는 위험을 무릅쓰고 "별이 몽상적인 느낌이 가라앉으면 죽음이 사라지고, 그것과 함께 당신 여동생의 죽음에 대한 모든 생각은 함께 사라지고, 당신은 암이 걸리기 전 어머니의 품에 안긴 소년이 되는 것이군요."라고 말했다.

"글쎄요, 그렇게 생각한 적은 없었습니다."

"마크, 몽상적인 행복감은 합병, 즉 고독한 '나'가 '우리'로 녹아드는 느낌과 관련이 있지 않을까 싶습니다. 그리고 여기서 또 다른 중요한 역할을 하는 것은 섹스, 즉 죽음을 일시적으로나마 마음의 무대에서 밀어낼 수 있을 정도로 중요한 힘인 것 같습니다. 따라서 루스에 대한 당신의 열광은 두 가지 강력한 방식으로 죽음에 대한 불안과 싸우고 있다고 생각합니다. 당신이 그토록 끈질기게 집착하는 것도 당연합니다."

"섹스가 제 마음속에서 죽음을 '일시적으로' 밀어낸다는 말이 맞습니다. 저는 꽤 좋은 한 주를 보냈지만 죽음에 대한 생각이 계속 떠올랐고 계속 침입했습니다. 일요일에는 딸과 함께 오토바이를 타고 라 혼다(La Honda)에 갔다가 산타크루즈(Santa Cruz)에 있는 바다로 내려갔는데, 매우 유쾌한 날이었지만 죽음에 대한 생각이 계속 저를 괴롭혔습니다. '이걸 몇 번이나 더 할 수 있을까?' 저는 계속 스스로에게 물었습니다. 저도 나이를 먹고 딸도 나이를 먹으니 모든 것은 지나가겠죠."

"이 죽음에 대한 생각들을 계속 분석하고 해부해 보고, 죽음에 대한 생각이 압도적으로 느껴진다는 것을 알지만 죽음을 똑바로 응시하고 말해 보세요. 죽는다는 것에서 특별히 가장 두려운 것이 무엇입니까?"라고 나는 물었다.

"죽음의 고통이겠죠. 저의 어머니도 많이 고통스러워하셨지만 그게 중요한 건 아니에요. 대부분은 제 딸이 죽음에 어떻게 대처할지에 대한 두려움입니다. 제가 죽었을 때 딸이 어떤 모습일지 생각하면 거의 항상 눈물이 흐르기 시작합니다."

"마크, 제 생각에 당신은 너무 일찍, 너무 많이 죽음에 노출된 것 같습니다. 어렸을 때 어머니가 암에 걸리셨고, 그 후 10년 동안 어머니가 죽어 가는 모습을 지켜보았죠. 아버지 없이요. 하지만 딸에게는 다른 건강한 어머니와, 일요일마다 바다로 모터사이클을 타고 아름다운 라이딩을 떠나며 모든 면에서 함께해 주는 아버지가 있습니다. 제 생각에 당신은 딸에게 자신의 경험을 투영하고 있는 것 같습니다. 즉, 당신의 두려움과 사고방식을 딸에게 투사하고 있는 거죠."

마크는 고개를 끄덕이고 한동안 침묵하다가 나에게 돌아섰다.

"하나만 물어보겠습니다. 어떻게 대처하시나요? 죽음에 대한 두려움이 당신을 괴롭히지 않나요?"

"저도 새벽 세 시에 죽음의 공포에 시달리곤 하지만 지금은 그런 일이 훨씬 줄어들었고, 나이가 들면서 죽음을 바라보는 것이 긍정적인 효과를 가져다주기도 합니다. 삶에서 더 많은 비통함과 활력을 느끼고, 죽음은 매 순간을 더 소중히 여기고 감사하며 살아 있다는 자각과 순전한 기쁨을 느끼게 해 줍니다."

"하지만 아이들은 어떻습니까? 당신의 죽음에 대한 아이들의 반응이 걱정되지 않으세요?"

"크게 걱정하지 않습니다. 부모가 해야 할 일은 자녀가 자율적으로 성장하고, 부모로부터 벗어나 스스로 문제를 해결할 수 있도록 돕는 것이라고 생각해요. 제 아이들은 그런 면에서 괜찮아요. 슬퍼하긴 하겠지만 잘 살아갈 거예요. 따님이 그럴 것처럼요."

"당신 말이 맞습니다. 제 이성적인 생각으로는 딸이 잘 해낼 거라는 걸 압니다. 사실 최근에 제가 죽음을 맞이하는 방법에 대한 모범을 보여 줄 수 있을 것 같다는 생각이 들었습니다."

"정말 멋진 생각입니다. 마크. 따님에게 정말 멋진 선물이 될 것

233

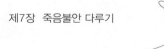

제7장 죽음불안 다루기

입니다."

잠시 말을 멈춘 후, 나는 "지금-여기, 오늘 당신과 저에 대해 한 가지 물어볼 게 있습니다. 이번 상담은 다른 상담 시간과 달리 많은 질문을 했고, 나는 그 질문에 답하려고 노력했습니다. 기분이 어떠세요?"라고 물었다.

"좋았어요. 아주 좋습니다. 당신이 저와 그렇게 자기 자신을 공유할 때마다 저는 제 자신의 치료 실습에서 더 개방적이어야 한다는 것을 깨닫기 시작했습니다."

"또 하나 물어보고 싶은 게 있습니다. 상담 초반에 '평소처럼' 저를 만나러 오는 길에 루스에 대해 생각하기 시작했다고 하셨습니다. 어떻게 생각하세요? 왜 저를 만나러 오는 길에?"

마크는 침묵하며 천천히 고개를 떨구었다.

"아마도 이곳에서 겪어야 할 힘든 일에서 벗어난 안도감 때문일까요?"

나는 용기를 내어 물었다.

"아니요, 그게 아닙니다. 바로 이겁니다."

마크는 용기를 잃은 듯 잠시 멈칫했다.

"다른 질문에서 주의를 돌리려는 겁니다. 질문은 이겁니다. 저에 대해 어떻게 생각하시나요, 루스의 이야기 전체에 대해 치료사로서 저를 어떻게 판단하세요?"

"공감할 수 있어요, 마크. 저도 환자에게 성적인 자극을 받았고, 제가 아는 다른 모든 치료사들도 마찬가지입니다. 자, 당신이 말했듯이 당신이 도를 넘어 너무 빠져들었다는 것은 의심의 여지가 없지만, 섹스는 이성을 이길 수 있는 방법이 있습니다. 저는 당신이 환자와의 불만족을 행동으로 옮기지 않을 정도로 정직하다는 것을 알고 있습니다. 그리고 아마도 이상한 방식으로 우리의 작업은 당신의 감정이 여기까지 오도록 격려했다고 생각합니다. 제가 매주 안전망으로 여기 있다는 것을 알았기 때문에 스스로의 제약을 없앨 수 있었다는 뜻입니다."

"하지만 저를 무능하다고 판단하지 않으시나요?"

"오늘 제가 환자를 보낸 것에 대해 어떻게 생각하세요?"

"네, 맞아요, 그 말을 받아들여야 하겠습니다. 정말 강력한 메시지인 거 알아요. 그리고 당신이 그렇게 해 주셔서 너무 든든해서 표현할 말을 찾지 못할 정도입니다."

"하지만 아직도 제 머릿속에는 저를 형편없다고 생각하는 작은 목소리가 들리는 것 같습니다."

마크는 계속 말했다.

"아니, 그렇지 않습니다. 이제 그 생각의 삭제 버튼을 눌러야 할 때입니다. 오늘은 시간이 없지만 한 가지 더 말씀드리고 싶은 게 있습니다. 루스와 함께한 이 여정, 이 경험이 나쁘지만은 않다는 거예요. 저는 이번 일을 통해 배우고 성장할 것이라고 진심으로 믿습니다. 니체의 말을 인용하여 여러분에게 이렇게 말씀드리겠습니다. '현명해지려면 지하실에서 짖는 들개 소리를 듣는 법을 배워야 한다'고요."

그 말이 마음에 와닿았는지 마크는 그 말을 혼잣말로 속삭였다. 그는 눈물을 흘리며 사무실을 나섰다.

이 상담은 연결의 문제와 함께 사랑의 행복, 섹스와 죽음, 죽음에 대한 두려움 해부, 치료 행위와 치료 단어, 치료에서 지금-여기 사

용, 테렌스의 격언과 치료사 자기공개 등 여러 가지 다른 실존적 주제를 차례로 보여 준다.

사랑의 행복　마크가 세션 초반에 설명한 메커니즘, 즉 '몽환적인' 느낌과 열광에서 발산되는 무한한 기쁨, 그리고 암이 발병하기 전 좋은 시절 어머니의 무릎에 안겨 있을 때와 비슷한 행복에 대한 기억은 종종 사랑의 열광 안에 존재한다. 집착하는 연인의 마음속에서 다른 관심사는 무대 뒤로 밀려나고 사랑하는 사람의 말 한마디, 버릇, 심지어는 약점까지도 그의 모든 관심을 차지한다. 따라서 마크가 어머니의 무릎에 포근히 안겨 있을 때, 그는 더 이상 외로운 '나'가 아니었기 때문에 고립의 고통이 사라졌다. "'외로운 나'는 '우리'에 녹아든다."라는 나의 말은 그의 집착이 그 고통을 어떻게 완화시켰는지 명확하게 설명해 주었다. 이 문구가 내가 처음 쓴 것인지 아니면 오래전에 읽은 것인지는 모르겠지만, 사랑에 매료된 많은 환자에게 유용하다는 것을 알았다.

섹스와 죽음　섹스와 죽음에 대한 문제와 관련하여, 사랑에 빠진 마크의 실존적 불안을 완화했을 뿐만 아니라 또 다른 죽음에 대한 불안 완화제인 성의 힘이 작용했다. 중요한 생명력의 섹스는 종종 죽음에 대한 생각에 대응한다. 나는 이러한 메커니즘의 사례를 많이 경험했다. 응급실로 이송하는 구급차 안에서 구급대원을 더듬을 정도로 성욕에 사로잡힌 중증 관상동맥 환자, 남편의 장례식장으로 운전하는 동안 성적인 감정에 사로잡힌 미망인, 죽음에 겁을 먹은 노인 홀아비가 평소와 다르게 성욕이 강해져 은퇴한 커뮤니티에서 여성들과 너무 많은 성관계를 가져 경영진이 그에게 정신과 상담을 받도록 요구할 정도로 분열을 일으킨 홀로된 노인의 경우 등이 있다. 또 다른 노인 여성은 쌍둥이 여동생이 뇌졸중으로 사망한 후 바이브레이터(vibrator)를 사용하면서 여러 차례 오르가슴을 느낀 나머지 자신도 뇌졸중을 겪을까 봐 두려워했다. 딸들이 자신의 몸 옆에 있는 바이브레이터를 발견할까 봐 걱정이 된 그녀는 바이브레이터를 폐기하기로 결정했다.

죽음에 대한 두려움 해부하기　마크의 죽음에 대한 두려움을 해결하기 위해 나는 다른 환자들에게 그랬던 것처럼 그에게 죽음이 가장 두려운 이유가 무엇인지 물어보았다. 마크의 대답은 "내가 하지 않았을 모든 일들." "이야기의 끝을 보고 싶다." "더 이상 내가 아니다." 라고 말하는 다른 환자들과는 달랐다. 대신 그가 없으면 딸이 세상을 어떻게 대처할지를 걱정했다. 나는 이 두려움의 비합리성과 자신의 문제를 (온전히 존재하고 사랑하는 엄마와 아빠가 있는) 딸에게 전가하고 있다는 사실을 깨닫도록 도와주면서 이 두려움을 해결했다. 나는 딸에게 선물을 주겠다는 그의 결심, 즉 평온하게 죽음에 직면하는 방법의 모델을 강력히 지지했다. (나는 제5장에서 여러 명의 말기 환자들이 비슷한 결심을 한 집단에 대해 이야기했다).

치료 행위와 치료 단어　나는 환자를 마크에게 의뢰했음을 알림으로써 집단치료 시간을 시작했다. 거의 모든 상담치료 교사는 상담치료 환자와의 이중 관계, 즉 어떤 유형의 이차적 관계를 맺는 것에 대해 매우 비판적이다. 마크에게 환자를 의뢰하는 것은 잠재적인 위

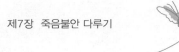

험성이 있다. 예를 들어, 나를 기쁘게 하려는 열망 때문에 마크가 환자와 진정으로 함께하기 어려웠을 수도 있고, 마크, 환자 그리고 마크의 말과 감정에 영향을 미치는 나의 유령까지 세 사람이 관계를 맺는 결과를 초래할 수도 있다.

이중 관계는 일반적으로 치료 과정에서 최선의 이익이 되지 않지만, 이 경우에는 위험이 낮고 잠재적 보상은 높다고 생각했다. 마크가 나의 환자가 되기 전에 나는 그의 집단치료 작업을 슈퍼비전을 통해 지켜봤고, 그를 유능한 집단치료사라고 생각했다. 더구나 그는 나와 함께 치료를 시작하기 전에도 지난 몇 년 동안 의뢰인들을 훌륭하게 치료해 왔다.

상담이 끝날 무렵 그가 자기비하적인 신념을 표명하고 나 역시 그에 대해 낮은 평가를 내렸을 때, 나는 매우 강력한 반응을 보였다. 나는 방금 환자를 그에게 소개했다는 사실을 그에게 상기시켰다. 이 행동은 내가 했던 어떤 안심의 말보다 훨씬 더 큰 힘이 되었다. 치료적 행위는 치료적 말보다 훨씬 더 효과적이다.

치료에서 '지금-여기'를 사용하기   상담 중에 내가 '지금-여기'로 전환한 두 가지 사례를 기록해 보기 바란다. 마크는 '평소처럼' 내 사무실로 오는 길에 환자 루스에 대한 황홀한 몽상에 빠졌다고 말하면서 시간을 시작했다. 그 대화는 분명히 우리 관계에 영향을 미쳤다. 나는 그 말을 저장해 두었다가 상담 후반에 왜 그가 나를 만나러 오는 길에 습관적으로 루스에 대해 집착하는지에 대해 물었다.

나중에 마크는 내 죽음에 대한 불안과 자녀에 대한 몇 가지 질문을 던졌고 나는 각 질문에 대해 다시 대답했지만, 질문을 던지고 내가 대답하는 것에 대한 그의 감정을 탐구하는 다음 단계를 밟도록 했다. 치료는 항상 상호작용과 그 상호작용에 대한 반성의 순서를 번갈아 가며 진행된다. (이 장의 뒷부분에서 '지금-여기'에 대해 논의할 때 이 개념에 대해 더 자세히 설명하겠다.) 마지막으로, 마크와의 상담은 아이디어와 관계 사이의 시너지 효과를 보여 준다. 대부분의 치료 상담에서와 마찬가지로 이 상담에서도 두 가지 요소가 모두 작용했다.

테렌스의 격언과 치료사의 자기공개　　2세기 로마의 극작가 테렌스는 치료사의 내면 작업에서 매우 중요한 격언을 제시한다.

"나는 인간이고, 인간적인 것은 나에게 낯설지 않다."

상담이 끝날 무렵, 마크가 용기를 내어 오랫동안 미뤄 왔던 질문 ("루스에 관한 전체 이야기에 대해 치료사로서 나를 어떻게 평가하십니까?")을 던졌을 때, 나는 나도 환자에게 성적으로 흥분한 적이 있기 때문에 공감할 수 있다고 대답하기로 결정했다. 그리고 내가 아는 모든 치료사도 마찬가지라고 덧붙였다.

마크는 불편한 질문을 던졌지만, 그 질문에 직면했을 때 나는 테렌스의 격언을 따라 내 마음속에서 비슷한 기억을 찾아낸 다음 공유했다. 환자의 경험이 아무리 야만적이고 잔인하며 금지되어 있고 낯선 것이라도, 자신의 어둠 속으로 기꺼이 들어가면 자신 안에서 그 경험에 대한 친밀감을 찾을 수 있다.

초보 치료사는 테렌스의 공리를 진언으로 삼아 자신의 비슷한 내적 경험을 찾아내어 환자와 공감하는 데 도움이 될 수 있다. 이 격언은, 특히 죽음에 대한 불안이 있는 환자와의 상담에 적합하다. 그러

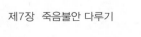

한 환자들과 진정으로 함께하려면 자신의 죽음불안에 대해 스스로를 개방해야 한다. 이는 결코 쉬운 일이 아니며, 이러한 유형의 작업을 위해 치료사를 미리 준비시키는 교육 프로그램도 없다.

후속 조치 이후 10년 동안 나는 친한 친구가 사망했을 때와 마크가 양성 종양으로 수술이 필요했을 때 두 차례에 걸쳐 마크와 만나 죽음에 대한 불안이 재발하는 것에 대한 간단한 치료를 받았다. 그때마다 그는 몇 번의 상담에 빠르게 반응했다. 결국 그는 자신의 진료실에서 화학 요법을 받으면서 죽음불안에 시달리는 여러 환자를 볼 수 있을 정도로 강해졌다.

타이밍과 각성 경험: 패트릭

지금까지는 교육적인 이유로 아이디어와 관계에 대해 개별적으로 논의했지만 이제는 함께 정리할 때이다. 첫째, 기본적인 원리: 아이디어는 치료 동맹이 견고할 때만 효과적이다. 항공사 조종사인 패트릭Patrick과의 작업은 타이밍의 오류를 보여 준다. 나는 확고한 치료 동맹이 없는 상태에서 아이디어를 강요하려고 했다.

해외여행으로 인해 일정을 잡기가 어려웠지만, 쉰다섯 살의 항공사 파일럿인 패트릭을 2년 동안 가끔씩 만나 상담을 했다. 그가 6개월간 운항 사무소에서 근무하는 기장으로 발탁되었을 때, 우리는 그가 지상에 있는 시간을 활용하여 매주 만나기로 합의했다.

대부분의 항공사 조종사들과 마찬가지로 패트릭도 최근 항공업계의 혼란으로 인해 트라우마에 시달리고 있었다. 항공사는 그의 월급을 절반으로 삭감하고, 30년 동안 쌓아 온 연금을 박탈했으며, 너무 많은 비행을 강요하여 시차 적응력 저하와 생체 리듬 장애로 인해 심각한 수면 장애를 겪고 있었고, 이는 치료가 불가능한 직업 관련 이명으로 악화되고 있었다. 패트릭에 따르면, 항공사는 그의 문제에 대해 책임을 지지 않았을 뿐만 아니라 조종사에게 더 많은 비행을 강요하고 있다고 했다.

패트릭은 여전히 비행을 좋아했지만 건강 때문에 새로운 직업이 필요하다는 것을 알고 있었다. 더구나 지난 3년 동안 여자 친구 마리Marie와의 생명력 없는 동거 관계에 대해서도 불만이 많았다. 패트릭은 관계를 개선하거나 끝내고 이사 가기를 원했다.

치료는 천천히 진행되었다. 나는 강력한 치료 동맹을 구축하기 위해 고군분투했지만, 패트릭은 자신의 쇼를 운영하는 데 익숙한 항공사 기장이었고 군대를 배경으로 한 '최고 총잡이'였기 때문에 취약점을 드러내는 데 조심스러워했다. 게다가 DSM 진단을 받은 사실이 알려지면 항공 운송 조종사 자격증을 잃거나 직장을 잃을 수도 있기 때문에 조심해야 할 필요가 있었다. 이러한 모든 장애물 때문에 패트릭은 상담에서 거리감이 있었다. 그에게 다가갈 수가 없었다. 나는 그가 상담 시간을 기대하지도 않았고 상담 사이에 치료에 대해 생각하지도 않는다는 것을 알았다.

나는 패트릭에 대한 걱정이 있었지만 우리 사이의 거리를 좁힐 수 없었다. 패트릭을 보는 것이 거의 즐겁지 않았고, 업무 능력이 떨어지고 방해를 받는다고 느꼈다.

치료를 시작한 지 3개월째 되던 어느 날 패트릭은 날카로운 복통이 발생해 응급실에 갔고, 외과 의사가 그의 복부를 진찰하고 복부를 만져 본 후 매우 우려스러운 표정으로 즉시 CT 스캔을 지시했다.

제7장 죽음불안 다루기

스캔을 기다리는 4시간 동안 패트릭은 암에 대한 두려움을 느끼고 죽음을 생각하며 인생을 바꿀 몇 가지 결심을 하게 되었다. 결국 그는 자신에게 양성 낭종이 있다는 사실을 알게 되었고, 수술로 이를 제거했다.

병원에 가서 죽음에 대해 고민했던 4시간은 패트릭에게 놀라운 영향을 미쳤다. 다음 상담에서 그는 이전과는 달리 변화에 대해 열린 태도를 보였다. 예를 들어, 그는 아직 실현되지 않은 삶의 잠재력을 지닌 채 죽음을 맞이해야 한다는 생각으로부터 충격에 대해 이야기했다. 그는 이제 자신의 일이 신체적으로 해롭다는 것을 알았고, 오랜 세월 자신에게 큰 의미가 있었던 항공 조종 일을 그만두기로 결심했다. 그는 형의 소매업에서 일할 수 있는 상근직이 있어 다행이라고 생각했다.

패트릭은 또한 수년 전 어리석은 말다툼에서 비롯된 아버지와의 단절이 계속 곪아 가족 전체와의 관계를 오염시켜 온 것을 회복하기로 결심했다. 더구나 CT 스캔을 기다리는 시간이 길어지면서 패트릭은 마리와의 관계를 바꾸기 위한 해결책을 다시 찾아야 했다. 더 애정 어린 진실한 방식으로 그녀와 관계를 맺기 위해 진정으로 노력하든지, 아니면 그녀를 떠나 더 적합한 배우자를 찾아야 했다.

그 후 몇 주 동안 치료는 새로운 활기를 띠었다. 패트릭은 자신에게 더 개방적이었고 나에게도 다소 개방적이었다. 그는 아버지를 비롯한 온 가족과의 관계를 회복하고 10년 만에 처음으로 가족 추수감사절 저녁 식사에 참석하는 등 몇 가지 결심을 실천했다. 그는 비행을 포기하고, 또 한 번의 급여 삭감에도 불구하고 형의 프랜차이즈 중 한 곳의 매니저 자리를 수락했다. 하지만 그는 마리와의 소원해진 관계를 회복하는 일은 미루었다. 몇 주 후, 그는 퇴행하기 시작했고 상담에서 다시 황량한 성격으로 돌아갔다.

그가 새로운 일을 시작하기 위해 다른 지역으로 이사하기 전까지 단 세 번의 상담만 남았을 때, 나는 치료를 촉진하고 그가 죽음에 직면한 후의 마음 상태로 돌아갈 수 있도록 도와주려고 했다. 이를 위해 나는 그에게 이메일을 보냈고, 그가 마음을 열고 해결책을 찾게 된 응급실 이후 상담에 대한 나의 방대한 메모를 첨부했다.

전에도 이 기법을 사용해 좋은 결과를 얻었고 환자가 이전의 마음 상태로 돌아갈 수 있도록 도왔다. 그뿐만 아니라 수십 년 동안 나는 집단치료 환자들에게 회의 요약을 서면으로 작성해 보냈다. 하지만 놀랍게도 이 접근법은 완전히 역효과를 냈다. 패트릭은 나의 이메일에 화를 내며 다시 답장을 보냈다. 그는 나의 이러한 동기를 자신에 대한 징벌적인 것으로 해석하고, 나의 행동에서 비판만을 보았다. 그는 내가 마리와의 관계에 아무런 변화가 없는 자신을 괴롭힌다고 생각했다.

돌이켜 보면 나는 패트릭과 충분히 강력한 치료적 동맹을 맺는 데 성공하지 못했다는 것을 이제야 깨달았다. 그래서 불신하거나 특히 경쟁적인 치료사─환자 관계에서는 환자가 치료사의 관찰에 패배감을 느끼고 궁극적으로 치료사를 이길 방법을 찾을 수 있기 때문에 최선의 의도와 최고의 정보를 바탕으로 한 치료 노력이 실패할 수 있다.

243

지금-여기에서 일하기

　친한 친구들이 있는데 상담치료사가 필요하냐는 질문을 자주 받는다. 친밀한 친구는 좋은 삶에 필수적이다. 또한 좋은 친구로 둘러싸여 있거나 (더 나아가) 지속적이고 친밀한 관계를 형성할 수 있는 능력이 있다면 치료가 필요할 가능성은 훨씬 적다. 그렇다면 좋은 친구와 치료사의 차이점은 무엇일까? 좋은 친구(또는 미용사, 마사지사, 이발사, 개인 트레이너)는 서로를 지지하고 공감해 줄 수 있다. 좋은 친구는 필요할 때 의지할 수 있는 사랑스럽고 배려심 깊은 동반자가 될 수 있다. 하지만 한 가지 중요한 차이점이 있다. 치료사만이 지금-여기에서 여러분을 만날 가능성이 높다는 것이다.

　사회생활에서 지금-여기에서의 상호작용(즉, 상대방의 즉각적인 행동에 대한 의견)은 거의 일어나지 않는다. 만약 그런 일이 발생한다면, 그것은 매우 큰 내적 갈등이나 임박한 갈등의 신호(예: "당신이 나를 바라보는 방식이 마음에 들지 않아.") 또는 부모와 자녀 간의 상호작용("내가 말할 때 눈 그만 굴려.")의 신호이다.

　상담치료 시간에서 '지금-여기'는 상담치료사와 환자 사이에서 즉각적으로 일어나는 현재의 일에 초점을 맞추는 것이다. 환자의 과거(과거와 현재)나 현재 외부 생활(현재와 미래)에는 초점을 두지 않는다.

　왜 지금-여기가 중요할까? 심리치료 훈련의 재미있는 교리 중 하나는 치료 상황이 사회적 소우주라는 것, 즉 내담자는 조만간 치료 상황에서도 외부 생활에서 보이는 것과 동일한 행동을 할 것이라는 점이다. 자기과시적이거나 오만하거나 두려움이 많거나 유혹적이거나 까다로운 사람은 조만간 치료 시간 동안 치료사에게 동일한 행동을 보일 것이다. 이 시점에서 치료사는 치료 관계에서 발생하는 문제의 원인에 대한 환자의 역할에 집중할 수 있다.

이는 내담자가 자신의 삶의 곤경에 대해 다시 후원할 수 있도록 돕는 첫 번째 단계이다. 궁극적으로 환자는 자신의 삶에서 잘못된 일에 대한 책임이 자신에게 있다면, 오직 자신만이 그것을 바꿀 수 있다는 근본적인 결론을 받아들인다.

무엇보다 중요한 것은 치료사가 지금-여기에서 수집한 정보가 매우 정확하다는 것이다. 내담자는 종종 연인, 친구, 상사, 교사, 부모 등 다른 사람과의 상호작용에 대해 많은 이야기를 하지만, 치료사는 환자의 눈을 통해서만 다른 사람(그리고 내담자와의 상호작용)에 대해 듣게 된다. 외부 사건에 대한 이러한 설명은 간접적인 데이터로, 왜곡된 경우가 많고 신뢰성이 매우 낮다.

예를 들어, 환자가 다른 사람(배우자)에 대해 묘사하는 것을 몇 번이나 들었는데, 커플상담에서 그 배우자를 만나면 의아해하며 고개를 절레절레 흔들게 된다. 이 사랑스럽고 활기찬 사람이 지난 몇 달 동안 들었던 것처럼 짜증 나거나 생기가 없거나 무관심한 사람일까? 치료사는 치료 상담에서 내담자의 행동을 관찰함으로써 환자를 가장 완벽하게 파악할 수 있다. 치료사는 환자를 직접 경험하고, 내담자가 치료사와 어떻게 상호작용하는지, 그리고 그 내담자가 다른 사람과 어떻게 상호작용할지 예측할 수 있기 때문에 가장 신뢰할 수 있는 데이터이다.

치료 중에 '지금-여기'를 적절히 활용하면 환자가 위험을 감수하고, 자신의 가장 어두운 면과 밝은 면을 드러내고, 피드백을 듣고 받

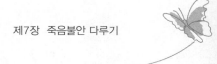

아들이며, 무엇보다도 중요한 개인적인 변화를 실험할 수 있는 안전한 실험실을 만들 수 있다. 지금−여기에 더 집중할수록(그리고 나는 모든 상담에서 그렇게 하려고 노력한다), 상담사와 환자는 친밀하고 신뢰감 있는 관계로 더욱 긴밀하게 묶이게 된다.

좋은 치료에는 뚜렷한 주기가 있다. 내담자는 이전에 부정하거나 억눌렀던 감정을 드러낸다. 치료사는 이러한 어둡거나 부드러운 감정을 이해하고 받아들인다. 이러한 수용에 힘입어 환자는 안전과 긍정을 느끼며 더 큰 위험을 감수할 수 있다. 친밀감, 지금−여기에서 치료 과정에 참여하는 내담자들이 만들어 내는 연결성은 환자가 자신의 사회적 세계를 되돌아보고 재창조를 시도할 수 있는 내적 기준점을 제공한다.

물론 치료사와의 좋은 관계가 치료의 궁극적인 목표는 아니다. 환자와 치료사는 대부분 지속적인 실시간 우정을 쌓지 못한다. 하지만 내담자와 치료사와의 유대감은 환자의 외부 사회적 관계를 위한 리허설과 같은 역할을 한다.

나는 상담치료사가 모든 세션을 기억에 남는 시간으로 만들기 위해 노력해야 한다는 프리다 프롬−라이히만Frieda Fromm-Reichman의 말에 동의한다. 그러한 상담을 만들기 위한 핵심은 지금 이 순간의 힘을 활용하는 것이다. 지금−여기에서 작업하는 기술적 접근 방식에 대해서는 다른 곳에서 자세히 설명했으므로 여기서는 지금−여기 작업에서 중요한 몇 가지 단계만 살펴보겠다. 이러한 사례 중 일부는 죽음불안에 명시적으로 초점을 맞추고 있지는 않지만, 죽음의 공포로 어려움을 겪고 있는 환자를 포함하여 치료사가 만나는 모든 환자와의 관계를 증진하는 데 도움이 될 것이다.

태양을 직면하기

지금-여기에 대한 민감성 키우기

마크와의 상담에서 현재에 집중하는 것은 어렵지 않았다. 먼저, 나를 만나러 오는 길에 습관적으로 루스를 생각한다는 그의 말에 대해 간단히 물어본 다음, 상담 중 그의 행동 변화(즉, 나에게 개인적인 질문을 몇 가지 던진 것)에 대해 생각해 보았다. 그러나 종종 상담사는 더 미묘한 전환을 찾아야 할 필요가 있다.

수년간의 상담 끝에 나는 치료 환경에서의 다양한 행동에 대한 규범을 개발했으며 규범에서 벗어나는 행동에 대해 경계하고 있다. 주차처럼 사소하고 별 상관없어 보이는 것을 생각해 보자. 지난 15년 동안 내 사무실은 집 앞에서 60m 정도 떨어진 곳에 위치한 전원주택이었는데, 이 전원주택에는 길고 좁은 진입로가 있다. 집과 사무실 사이에 주차할 수 있는 공간이 충분하지만, 가끔 환자가 습관적으로 길가에 멀리 주차하는 것을 발견하곤 한다.

언젠가는 그런 선택에 대해 물어보는 것이 유용하다는 것을 알게 되었다. 한 환자는 집에 방문한 사람이 자신의 차를 알아보고 정신과 진료를 받는다는 사실을 알게 될까 봐 집 근처에 차를 주차하는 것을 보고 싶지 않다고 대답했다. 다른 한 명은 나의 사생활을 침해하고 싶지 않다고 말했다. 또 다른 한 명은 자신의 비싼 마세라티 차를 내가 보는 것이 부끄럽다고 했다. 이러한 각각의 이유는 분명히 치료 관계와 관련이 있었다.

외부에서 내부로 소재 이동

숙련된 상담사는 상담에서 제기된 모든 문제에 대해 지금 당장 대응할 수 있도록 경계하고 있다. 내담자의 외부 생활이나 먼 과거에서 현재로 이동하면 치료의 참여도와 효율성이 높아진다. 죽음에 대한 공황으로 1년 전부터 상담을 받기 시작한 40세 여성 엘렌과의 세션은 내비게이션 전략을 잘 보여 준다.

불평하지 않는 여자 엘렌 엘렌Elen Elen은 몸이 아파서 상담을 취소하려고 전화할 뻔했다고 말하며 상담을 시작했다.

"지금 기분이 얼마나 안 좋으세요?"라고 내가 물었다.

그녀는 어깨를 으쓱하며 "나아졌어요."라고 대답했다.

"아플 때 집에서 무슨 일이 일어나는지 말씀해 주세요."라고 내가 물었다.

"남편은 돌보는 일을 많이 하지 않아요. 그는 보통 눈치도 못 채죠."

"그럼 어떻게 하시나요? 어떻게 남편에게 알리나요?"

"저는 불평불만이 많지 않아요. 하지만 제가 아플 때 남편이 저를 위해 뭔가를 해 준다면 신경 쓰지 않을 거예요."

"그러니까 당신은 보살핌을 원하지만 요청하거나 신호를 보내지 않고, 요청하지도 않고, 필요하다는 신호를 보내지도 않고요?"

그녀는 고개를 끄덕였다.

이 시점에서 나에게는 많은 선택지가 있었다. 예를 들어, 남편의 돌봄 부족에 대해 알아볼 수도 있었고, 그녀의 과거 병력을 조사할 수도 있었다. 나는 대신 현재에 집중하기로 했다.

"그래서 엘렌, 저랑은 어떻게 지내나요? 제가 공식적으로 당신을 돌보는 사람인데 이 사무실에서는 불평이 별로 없잖아요."

"오늘 몸이 아파서 거의 취소할 뻔했다고 말씀드렸잖아요."

"하지만 기분이 어떠냐고 물었을 때 더 이상 말하지 않고 어깨를 으쓱하셨죠. 정말 불만을 토로하고 저에게 원하는 것이 무엇인지 정말로 말해 주면 어떨지 궁금합니다."

"그건 구걸하는 것과 같습니다."

그녀가 단호하게 대답했다.

"구걸? 그런데도 저한테 돈을 주고 돌봐 달라고요? 구걸에 대해 더 자세히 설명해 주세요. '구걸' 하면 떠오르는 게 뭔가요?"

"저는 형제자매가 넷이었는데, 가정교훈 101번이 불평하지 말라는 것이었어요. '징징대면 안 된다, 철 좀 들어라.'라는 양아버지의 목소리가 아직도 생생합니다. 얼마나 자주 그런 말을 들었는지 말할 수조차 없습니다. 어머니는 재혼한 것을 행운이라고 생각하셨고, 우리가 아버지를 화나게 하는 것을 원치 않으셨죠. 우리는 원치 않는 짐이었고 그는 너무 비열하고 가혹했습니다. 제가 마지막으로 하고 싶었던 일은 그의 관심을 끄는 것이었어요."

"그래서 이 사무실에 도움을 요청하러 왔으면서도 불만을 숨기셨군요. 이 대화를 들으니 몇 달 전 목에 문제가 있어 목 보호대를 착용하고 있었지만 이에 대해 이야기하지 않았던 때가 떠오르네요. 통증이 있는 건지 아닌지 혼란스러웠던 기억이 납니다. 당신은 불평을 하지 않잖아요. 하지만 만약 당신이 저에게 불평한다면 제가 어떤 느낌이나 말을 할 것 같나요?"

엘렌은 꽃무늬 치마―항상 단정하게 차려 입고, 단정하게 손질하

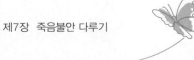

제7장 죽음불안 다루기

고, 깨끗하게 옷을 입고 있었다—를 매만지며 눈을 감고 심호흡을
한 다음 말했다.

"2~3주 전에 꿈을 꾸었는데 당신에게는 말하지 않았어요. 저는
당신 화장실에 있었고 피가 흐르고 있었는데 멈출 수가 없었어요.
몸을 씻을 수가 없었어요. 피가 양말에 묻어 운동화까지 스며들었어
요. 옆방 사무실에 있었지만 무슨 일인지 묻지 않았어요. 그러다 거
기서 어떤 목소리가 들렸어요. 아마 다음 고객이나 친구, 선생님 아
내의 목소리였을 거예요."

그 꿈은 수치심, 즉 더럽고 은폐된 부분이 결국 치료 중에 새어 나
올 것이라는 그녀의 우려를 묘사한 것이었다. 하지만 그녀는 내가
무관심하다고 생각했다. 무엇이 잘못되었는지 묻지도 않았고, 다른
내담자나 친구들 때문에 너무 바빴으며, 도와줄 의지도 능력도 없는
것으로 나를 본 것이다.

엘렌이 이 꿈에 대해 이야기할 수 있게 된 후, 우리는 남성에 대한
불신과 두려움, 그리고 나와의 친밀감에 대한 두려움을 탐구하는 새
롭고 건설적인 치료 단계에 들어섰다.

이 장면은 환자가 삶의 문제를 제기할 때 어떤 식으로든 그 문제
를 치료 관계의 배로 가져올 수 있는 지금-여기 탐색의 중요한 원칙
을 보여 준다. 엘렌이 자신의 질병과 남편의 돌봄 부족 문제를 제기
했을 때 나는 즉시 치료에서 돌봄에 초점을 맞추었다.

지금-여기를 자주 확인하기

나는 적어도 한 상담에 한 번씩은 현재 상태를 확인하는 것을 중

요하게 생각한다. 때때로 나는 간단히 "시간이 거의 다 되어 가는데 오늘 우리 둘이 어떻게 상담을 하고 있는지에 대해 좀 더 집중하고 싶습니다. 오늘 우리 사이의 공간에 대해 어떻게 생각하세요?" 또는 "오늘 우리 사이의 거리가 얼마나 될까요?"라고 단순히 묻는다. 때로는 이 질문에 대해 아무 결과도 나오지 않을 수 있다. 하지만 그럼에도 불구하고 우리 사이에 일어나는 모든 일을 살펴보자는 초대가 이루어지고 규범이 확립된다.

하지만 이 질문에서 특히 몇 가지 관찰 사항을 추가하면, 예를 들어 "지난주에 이야기했던 것과 같은 내용을 반복하고 있는 것 같아요. 당신도 그렇게 느끼나요?" 또는 "지난 몇 주 동안 죽음에 대한 불안감을 언급하지 않으신 것 같네요. 왜 그렇게 생각하시나요? 저에게 너무 과하다고 생각하시는 건가요?"라고 질문할 수도 있다. 또는 "상담 초반에는 우리가 매우 가까워진 것 같았는데, 지난 20분 동안 한 발짝도 물러서지 않았어요. 동의하시나요? 그것도 당신의 관찰인가요?"라고 할 수도 있다.

오늘날 심리상담치료 교육은 짧고 구조화된 치료를 지향하는 경우가 많기 때문에 많은 젊은 치료사는 내가 지금-여기 관계에 초점을 맞추는 것을 무의미하거나 너무 소중하지 않다고 생각하거나 심지어 이율배반적이라고 생각할 수도 있다.

"왜 그렇게 자기참조적(self-referential)인가요?"

그들은 종종 묻는다.

"왜 모든 것을 상담치료사와의 비현실적인 관계로 되돌릴까요? 결국, 우리는 내담자가 치료에서의 삶을 준비하도록 돕는 일을 하는 게 아니잖아요. 내담자들이 경쟁과 갈등, 가혹한 환경에 직면하는

힘든 세상이잖아요."

　물론 패트릭의 사례에서 알 수 있듯이, 긍정적인 치료 동맹이 모든 치료효과를 위한 전제 조건이라는 것이 정답이다. 그것은 목적이 아니라 목적에 이르는 수단이다.

　내담자가 치료사와 진정으로 신뢰하는 관계를 형성하고, 모든 것을 내려놓으면서도 여전히 수용되고 지지받을 때 내면의 큰 변화가 일어날 수 있다. 이러한 내담자들은 이전에 부정되거나 왜곡되었던 자신의 새로운 부분을 경험한다. 타인의 인식을 지나치게 중시하기보다는 자신과 자신의 인식을 소중히 여기기 시작한다. 내담자는 치료사의 긍정적인 시선을 개인적인 자존감으로 전환한다. 또한 진정한 관계의 질에 대한 새로운 내적 기준을 개발한다. 상담사와의 친밀감은 내적 기준점 역할을 한다. 관계를 형성할 수 있는 능력이 있다는 것을 알기 때문에 앞으로 비슷한 좋은 관계를 형성할 수 있다는 자신감과 의지가 생긴다.

자신의 지금-여기(현재 감정)를 사용하는 법 배우기

　상담사로서 가장 가치 있는 도구는 내담자에 대한 자신의 반응이다. 겁이 나거나, 화가 나거나, 유혹을 받거나, 당황하거나, 매혹되거나, 기타 무수히 많은 감정을 느낀다면 이러한 반응을 매우 진지하게 받아들여야 한다. 이러한 반응은 중요한 데이터이므로 치료에서 유용하게 활용할 수 있는 방법을 찾아야 한다.

　하지만 먼저 학생 상담사들에게 제안하듯이 이러한 감정의 근원을 파악해야 한다. 자신의 특이한 문제나 신경증적인 문제가 어느 정도 감정을 형성하고 있는가? 다시 말해, 당신은 정확한 관찰자인가? 자신의 감정이 환자 또는 자신에 대한 정보를 제공하는가? 물론 여기서 우리는 전이와 역전이의 영역에 들어간다.

내담자가 상담사에게 부적절하고 비합리적인 방식으로 반응하는 것을 우리는 전이라고 부른다. 전이와 관련된 왜곡의 분명한 예는 다른 환자들이 특징적으로 신뢰하는 상담사를 아무런 근거 없이 강하게 불신하는 환자, 더 나아가 전문성이나 권위가 있는 대부분의 남성을 불신하는 패턴을 보이는 환자이다. (물론 전이라는 용어는 어린 시절 성인에 대한 중요한 감정이 다른 사람에게 '전이', 즉 투사된다는 프로이트의 견해를 가리킨다.)

반대로, 상담사가 내담자에 대해 왜곡된 시각을 가질 수 있다. 즉, 상담사는 다른 사람(다른 상담사 포함)이 같은 사람을 보는 방식과 매우 다른 왜곡된 방식으로 내담자를 볼 수 있다. 이러한 현상을 역전이라고 한다.

이 둘을 구별해야 한다. 환자가 대인 관계 장애가 심한 경향이 있는가? 아니면 상담사가 왜곡된 렌즈를 통해 환자를 바라보는 화나고 혼란스럽고 방어적인 사람(또는 매우 나쁜 하루를 보내고 있는 사람)인가? 물론 전이와 역전이의 요소들이 공존할 수 있기 때문에 둘 중 하나만 있는 것은 아니다.

나는 배우는 상담사들에게 가장 중요한 도구는 자기 자신이며, 결과적으로 그 도구는 잘 연마되어야 한다고 자주 강조한다. 상담사는 자기 지식이 풍부해야 하고, 자신의 관찰을 신뢰해야 하며, 배려심 있고 전문적인 태도로 고객과 관계를 맺어야 한다. 바로 이러한 이유로 개인치료가 모든 상담사 교육 프로그램의 핵심이거나 핵심이

되어야 한다. 나는 상담사가 수련 기간 동안 수년간의 개인 상담(집단상담 포함)을 받아야 할 뿐만 아니라, 인생이 진행됨에 따라 상담사로 복귀해야 한다고 믿는다. 상담사로서 자신에 대해, 관찰과 객관성에 대해 확신을 갖게 되면 내담자에 대한 감정을 자신감 있게 사용할 수 있게 된다.

"저는 당신에게 매우 실망했어요.": 나오미　죽음에 대한 불안이 높고 고혈압이 심하며 신체적 불만이 많은 68세의 은퇴한 영어 교사 나오미Naomi와의 상담은 현재 자신의 감정을 드러내는 데 수반되는 많은 문제를 잘 보여 준다. 어느 날 그녀는 평소처럼 따뜻한 미소를 지으며 나의 사무실에 들어와 자리에 앉더니, 고개를 높이 들고 나를 똑바로 쳐다보며 목소리에 흔들림 없이 놀라운 말을 쏟아 내기 시작했다.

"지난 상담에서 당신이 저에게 반응한 방식에 실망했습니다. 정말 실망했어요. 당신은 저와 함께하지 않았고, 제가 필요한 것을 제공하지 않았으며, 제 나이 또래의 여성이 그렇게 쇠약해지는 위장 문제를 겪는 것이 얼마나 끔찍한 일인지 또는 제가 그것에 대해 논의하는 것이 어떤 느낌일지 전혀 인식하지 못했습니다. 그 말을 들으면서, 제 마음은 몇 년 전의 한 사건을 떠올리면서 상담을 떠났습니다. 질에 끔찍한 병변이 생겨 피부과를 찾았는데, 피부과 의사가 의대생들을 모두 초대해 그 광경을 보러 오라고 했어요. 정말 끔찍했어요. 지난 상담에서 저도 그렇게 느꼈어요. 당신은 제 기준을 충족시키지 못했습니다."

나는 깜짝 놀랐다. 어떻게 대응하는 것이 가장 좋을지 고민하면서 재빨리 지난 상담을 머릿속으로 훑어보았다. (물론 나오미가 들어오기 전에 노트를 읽었다.) 지난 시간에 대한 내 생각은 매우 달랐다. 나는 그 세션이 훌륭했고 내가 잘했다고 생각했다. 나오미는 자신의 노화된 신체와 가스, 변비, 치질과 같은 위장 관련 질환에 대한 담론, 관장하는 것의 어려움과 어렸을 때 관장을 했던 기억에 대해 솔직하게 털어놓았다. 이런 얘기는 쉽게 할 수 있는 얘기가 아니었고, 나는 그런 얘기를 꺼낸 그녀의 의지가 존경스럽다고 말했다. 그녀는 심장 부정맥을 치료하기 위해 새로 복용한 약이 증상을 일으켰다고 생각했기 때문에, 상담 중에 의사 데스크 레퍼런스를 꺼내서 약의 부작용에 대해 함께 검토했다. 다른 여러 가지 의학적 문제와 더불어 새로운 시련을 겪고 있다는 사실에 공감했던 기억이 났다.

어떻게 해야 할까? 이전 상담에 대한 분석에 그녀를 참여시킬까? 나에 대한 그녀의 이상화된 기대치를 살펴볼까? 이전 시간에 대한 우리의 매우 다른 인식을 살펴볼까? 하지만 더 시급한 것은 나 자신의 감정이었다. 나는 나오미의 말에 거만함을 느껴 큰 짜증을 부렸다.

나오미는 놀란 표정을 지었다. 그녀의 동공이 커졌다.

"제 감정을 말하지 말라는 말씀이세요?"

"아니, 절대 아닙니다. 우리 둘 다 스스로를 검열해서는 안 됩니다. 우리 둘 다 감정을 나누고 그 감정을 솔직하게 표현해야 합니다. 하지만 저는 특히 당신의 태도에 놀랐습니다. 여러 가지 방법이 있을 수 있습니다. 예를 들어, 지난주에 우리가 잘 협력하지 못했다고 말했거나, 불쾌감을 느꼈다고 말했을 수도 있고……."

"이봐요."

그녀의 목소리는 강렬했다.

제7장 죽음불안 다루기

"제 몸이 조금씩 무너져 내리는 것에 화가 났고, 관상동맥에 스텐트가 두 개나 있고, 심장 박동기가 똑딱거리고, 인공 고관절이 있고, 다른 고관절은 저를 죽이고 있고, 약 때문에 돼지처럼 부풀어 오르고, 가스 때문에 공공장소에 나가기가 수치스러워요. 제가 여기서 발끝으로 걸어 다녀야 하나요?"

"몸에 무슨 일이 일어나고 있는지에 대해 어떤 기분일지 잘 알고 있습니다. 저도 당신의 고통을 느끼며 지난주에도 그렇게 말했습니다."

"그런데 '거만하게'라니, 무슨 뜻이죠?"

"당신이 저를 똑바로 쳐다보며 마치 문장을 전달하는 것처럼 말하는 방식입니다. 당신의 말이 제 기분을 어떻게 만들지 조금도 염려하지 않는 것 같습니다."

그녀의 얼굴이 어두워졌다.

"제 언어와 분노, 그리고 제가 당신에게 말한 방식에 관해서."

그리고 그녀는 연습적으로 쉿 소리를 냈다.

"글쎄, 당신은 그럴 만했어. 그럴 만했어."

"나오미, 많은 느낌이 듭니다."라고 내가 말했다.

"글쎄요, 저는 당신의 비판에 매우 화가 났습니다. 이곳은 제가 자유롭게 말할 수 있는 유일한 곳입니다. 그런데 당신은 제가 화를 내면 스스로 입에 재갈을 물려야 한다고 말씀합니다. 그건 저를 화나게 합니다. 그건 저희의 치료 방식이 아닙니다. 그렇게 해서는 안 됩니다."

"저는 당신 스스로 입마개를 쓰라고 말한 적이 없습니다. 하지만 당신의 말이 저에게 어떤 영향을 미치는지 알고 싶겠죠. 제 생각에 당신은 제가 스스로 입에 재갈을 물리는 것을 원하지 않으실 겁니다. 결국, 당신의 말에는 결과가 따르니까요."

"무슨 뜻이죠?"

"글쎄요, 상담 초반에 하신 말씀 때문에 제가 선생님과 더 멀어진 것 같아요. 그게 당신이 원하는 건가요?"

"더 설명해 보세요. 지금 무슨 말인지 모르겠습니다."

"여기 딜레마가 있습니다. 당신이 저와 친밀하고 가까워지기를 원한다는 것을 알고 있습니다. 여러 번 말씀하셨잖아요. 하지만 당신의 말은 저를 경계하게 만들고, 물릴까 봐 너무 가까이 다가가는 것을 조심해야 한다고 느끼게 합니다."

"이제 모든 것이 달라질 것입니다."

나오미가 고개를 떨구며 말했다.

"예전 같지 않을 거예요."

"지금 이 순간 제가 느끼는 감정이 돌이킬 수 없다는 건가요? 시멘트에 갇혔다고요? 작년에 친구 마저리Marjorie가 영화를 보러 가자고 고집해서 화를 냈을 때, 다시는 당신과 말을 섞지 않을 거라는 생각에 얼마나 당황했는지 기억나세요? 아시는 것처럼 감정은 변할 수 있습니다. 당신과 그녀는 대화를 나누고 우정을 회복했군요. 사실 두 분이 더 가까워졌다고 믿습니다. 이 방의 상황은 다른 곳과 달리 특별한 규칙, 즉 무슨 일이 있어도 계속 소통해야 한다는 규칙이 있기 때문에 문제를 해결하는 데 훨씬 더 도움이 된다는 점도 기억하세요."

"하지만 나오미, 저는 당신의 분노에서 벗어나고 있습니다. 당신이 '그럴 만했다'고 말했을 때, 그건 꽤 강렬한 말이었습니다. 마음 깊은 곳에서 우러나오는 말이었습니다."

나오미는 "저도 놀랐어요."라며, "그 말이 얼마나 강하게 다가왔는지요. 분노, 아니, 분노를 넘어선 분노가 저에게서 터져 나왔어요."라고 말했다.

"저랑 여기만요? 아니면 다른 곳에서도요?"

"아니, 아니, 여기만 있는 게 아니야. 사방으로 새어 나오고 있어요. 어제 조카가 저를 병원에 데려다 주는데 정원사의 트럭이 길을 막고 있었어요. 운전사에게 너무 화가 나서 두들겨 패고 싶었어요. 조카를 찾으러 갔지만 찾을 수 없었어요. 그리고 연석을 뛰어넘는 한이 있더라도 트럭을 피해서 지나치지 않은 조카에게 화가 났어요. 조카는 피해서 갈 공간이 충분하지 않다고 했어요. 제가 고집을 부려서 차에서 내렸더니, 조카가 발로 거리를 재더니 도로에 주차된 차들 때문에 공간이 충분하지 않다는 것을 보여 줬어요. 더구나 연석이 너무 높아서 뛰어내릴 수 없었어요. '진정하세요, 나오미 이모. 정원사가 일을 하려고 하는 거예요.'라고 계속 말했어요. 그는 이것에 대해 만족하지 않고 무언가를 하려고 노력하고 있었어요. 저도 어쩔 수 없었고, 운전기사에게 화가 났고 '어떻게 저런 짓을 할 수 있지? 그는 표준에 미치지 못한 인간이다.'라고 했습니다."

"물론 조카의 말이 맞았습니다. 운전기사는 두 명의 도우미를 데리고 달려왔고, 도우미들은 우리가 지나갈 수 있도록 트럭을 비켜 주었고, 저는 할머니가 된 것 같은 굴욕감을 느꼈습니다. 아이스티를 빨리 가져다주지 않은 웨이터, 너무 느린 주차 요원, 거스름돈을 더듬으며 표를 준 영화 계산원, 이 시간 동안이면 차를 팔 수도 있었을 텐데."

시간이 다 되었다.

"이제 끝내서 미안합니다, 나오미. 오늘 감정이 너무 격해졌습니다. 힘들었을 거라는 건 알지만 중요한 일입니다. 다음 주에도 계속합시다. 왜 이렇게 많은 분노가 표출되는지 함께 머리를 맞대야 합니다."

나오미는 동의했지만 다음 날 전화로 다음 주까지 기다리기에는 너무 불안하다고 말해서 바로 다음 날로 상담을 예약했다.

나오미는 특이한 방식으로 상담을 시작했다.

"딜런 토마스_{Dylan Thomas}의 시 〈부드럽게 가지 마라(Do Not Go Gentle)〉를 아시죠?"라고 말했다.

내가 대답하기도 전에 그녀는 첫 줄을 낭송했다.

> 그 좋은 밤에 부드럽게 가지 마세요,
> 노년은 날이 저물면 불타고 열광해야 하며,
> 빛이 꺼져가는 것에 분노하고 분노해야 해요.
> 마지막에 현명한 사람은 어둠이 옳다는 것을 알지만,
> 그들의 말에는 번개가 없었기 때문에
> 그들은 그 좋은 밤에 부드럽게 들어가지 않습니다.

"계속할 수 있어요."

나오미가 말했다.

"마음속으로는 알고 있지만……."

그녀는 잠시 멈칫했다.

'오, 제발, 제발 계속하세요.'

나는 혼자 생각했다. 그녀는 시를 아름답게 낭송했고, 시를 소리 내어 읽는 것보다 내가 더 좋아하는 것은 거의 없다. 이런 대접을 받는다는 게 얼마나 이상한 일인가.

나오미는 "이 대사는 제 분노에 대한 당신 또는 우리의 질문에 대한 답을 담고 있습니다."라고 계속 말했다.

"어젯밤에 상담에 대해 생각하다가 이 시가 갑자기 떠올랐어요. 재미있게도 저는 이 시를 11학년 영어과 학생들에게 몇 년 동안 가르쳤지만, 그 단어의 의미에 대해 생각해 본 적이 없거나 적어도 나에게 적용해 본 적은 없었습니다."

"무슨 말인지 알 것 같습니다. 하지만 직접 들어 보고 싶습니다." 라고 내가 말했다.

"제 생각에는…… 아니, 제 말은 저의 분노가 정말 제 삶의 상황, 즉 저의 쇠퇴와 얼마 남지 않은 죽음에 대한 분노라고 확신합니다. 엉덩이, 배변 기능, 성욕, 힘, 청력, 시력 등 모든 것이 저에게서 사라져 가고 있습니다. 저는 약하고 무방비 상태이며 죽음을 기다리고 있습니다. 그래서 딜런 토마스Dylan Thomas의 지시를 따르고 있습니다. 저는 온화하게 가는 것이 아니라 하루를 마감하면서 격렬하게 분노하고 있습니다. 그리고 저의 한심하고 무력한 말은 빛도 발생치 못할 것입니다. 전 죽고 싶지 않아요. 그리고 분노가 도움이 될 거라고 생각해야 할 것 같아요. 하지만 분노의 유일한 진정한 기능은 위대한 시에 영감을 주는 것일지도 모르죠."

이후 상담에서는 분노 뒤에 숨어 있는 공포에 더 집중하고 효과적으로 집중했다. 나오미(그리고 딜런 토마스)의 죽음불안을 잠재우기 위한 전략은 그녀의 위축감과 무력감에 대응하는 데 도움이 되었지만, 곧 그녀의 중요한 내적 지지 집단과의 연결감을 방해하여 역효과를 낳았다. 진정으로 효과적인 치료는 눈에 보이는 증상(이 사례에서는 분노)뿐만 아니라 그러한 증상이 분출하는 잠재된 죽음에 대한 공포에도 관심을 기울여야 한다.

나는 나오미의 태도를 거만하다고 묘사하고, 그녀의 말의 결과를 상기시켰을 때 기회를 잡았다. 하지만 우리는 오랜 시간 동안 긴밀하고 신뢰감 있는 관계를 맺어 왔기 때문에 안전에 큰 여유가 있었다. 특히 상담사로부터 부정적인 말을 듣는 것을 좋아하는 사람은 아무도 없기 때문에 나는 수용을 보장하기 위해 몇 가지 조치를 취했다. 예를 들어, "거리감이 느껴진다."라고 말하는 것은 더 가깝고 친밀해지고 싶다는 나의 근본적인 소망을 암시하는 것인데, 누가 그런 말에 불쾌해할 수 있을까?

더욱이(그리고 이것은 중요하다), 나는 그녀에 대해 전반적으로 비판적이지 않았다. 나는 일부 행동에 대해서만 언급했다. 나는 사실상 그녀가 이런저런 방식으로 행동했을 때 내가 이런저런 감정을 느꼈다고 말했다. 그리고 나서 내가 그녀에 대해 거리감을 느끼고 불안해하거나 두려움을 느끼는 것을 원치 않았기 때문에, 이것은 그녀의 이익에 반하는 것이라고 재빨리 덧붙였다.

나오미를 대할 때 내가 공감을 강조한 점에 주목하여야 한다. 공감은 효과적이고 연결된 치료 관계에 필수적이다. 효과적인 상담사 행동에 대한 칼 로저스의 아이디어에 대한 이전 논의에서 나는 상담사의 정확한 공감의 역할을 강조했다(상담사의 무조건적인 긍정적인 지지와 진실성과 함께). 하지만 공감을 위한 노력은 양방향적이어야 한다. 내담자의 세계를 경험하는 것뿐만 아니라 내담자가 다른 사람

제7장 죽음불안 다루기

에 대한 공감을 스스로 개발할 수 있도록 도와야 한다.

한 가지 효과적인 접근 방식은 "당신의 말이 제 기분을 어떻게 만들 것 같나요?"라고 묻는 것이다. 그래서 나는 나오미에게 자신의 발언이 어떤 결과를 초래할지 알려 주려고 주의를 기울였다. 나오미의 첫 반응은 "그럴 줄 알았습니다."였지만, 나중에 자신의 말을 되돌아보니 자신의 비뚤어진 어조와 발언으로 인해 혼란스러워했다. 그녀가 나에게 부정적인 감정을 불러일으킨 것이 불편했고, 그녀는 우리 치료의 안전한 지원 공간을 위태롭게 했다고 두려워했다.

상담사 자기공개

상담사는 자신을 드러내야 한다. 내가 나오미에게 그랬던 것처럼. 상담사의 자기공개는 복잡하고 논쟁의 여지가 있는 영역이다. 상담사에게 자신을 더 많이 공개하라고 촉구하는 것만큼 상담사를 불안하게 만드는 제안은 거의 없다. 이것은 상담사들을 긴장하게 만든다. 내담자는 자신의 사생활을 침범하는 유령을 떠올리게 하기 때문이다. 이러한 반대 의견에 대해서는 자세히 설명하겠지만, 먼저 상담사가 무분별하게 자신을 드러내야 한다는 뜻이 아니라 내담자에게 도움이 될 때만 드러내야 한다는 뜻이라는 점을 말하고 싶다.

상담사의 자기공개는 일차원적이지 않다는 점을 명심해야 한다. 나오미에 대한 논의는 지금-여기에서 상담사의 자기공개에 초점을 맞추고 있다. 하지만 상담사의 자기공개에는 치료 메커니즘에 대한 공개와 상담사의 과거 또는 현재 사생활에 대한 공개라는 두 가지

범주가 더 있다.

치료 메커니즘에 대한 공개

상담사의 치료 방식에 대해 투명하고 개방적이어야 할까? 도스토옙스키의 대심문관은 인류가 진정으로 원하는 것은 "마법, 신비, 초능력이다."라고 말한다. 실제로 초기의 상담사와 종교인들은 이처럼 불가사의하고 유용한 것을 매우 풍부하게 공급했다. 주술사들은 마법과 신비의 대가였다. 이전 세대의 의사들은 긴 흰 가운을 입고 모든 것을 알고 있는 듯한 태도를 취하며 라틴어로 쓰인 인상적인 처방으로 환자들을 현혹했다. 최근의 상담사들은 과묵함, 깊이 있는 통찰, 졸업장, 다양한 스승과 전문가의 사진을 사무실 벽에 걸어 두는 등 고객과 거리를 두거나 고객 위에 군림하는 모습을 계속 유지해 왔다.

오늘날에도 일부 상담사는 모호함과 상담사의 불투명성이 전이를 촉진한다는 프로이트의 신념을 받아들여 환자에게 치료가 어떻게 이루어지는지에 대한 대략적인 설명만 제공한다. 프로이트가 전이를 중요하게 여긴 이유는 전이에 대한 조사가 환자의 내면세계와 초기 인생 경험에 대한 귀중한 정보를 제공하기 때문이다.

그러나 나는 상담사가 치료 과정에 대해 완전히 투명하게 공개함으로써 얻을 것은 다 얻고 잃을 것은 없다고 생각한다. 개인치료와 집단치료 모두에서 상당한 지속성을 지닌 연구에 따르면, 체계적이고 철저하게 환자를 치료할 준비를 시키는 상담사가 더 나은 결과를 가져온다는 사실이 입증되었다. 전이는 강인한 생명체이며 밝은 대

263

낮에도 튼튼하게 자랄 수 있다고 생각한다.

그래서 나는 개인적으로 치료의 메커니즘에 대해 투명하게 설명한다. 나는 내담자들에게 치료가 어떻게 진행되는지, 그 과정에서 제 역할은 무엇인지, 그리고 무엇보다도 내담자 스스로 치료를 촉진하기 위해 무엇을 할 수 있는지에 대해 이야기한다. 필요하다면 치료에 관한 엄선된 출판물을 추천하는 데 주저함이 없다.

나는 지금-여기 초점을 명확히 하고, 첫 번째 상담에서도 내담자와 내가 어떻게 지내고 있는지 묻는다.

"저에 대해 어떤 기대가 있으신가요? 제가 그 기대에 어떻게 부합하거나 부합하지 않나요?"

"우리는 잘 지내고 있는 것 같나요?"

"저에 대해 우리가 탐구해야 할 감정이 있습니까?"

나는 이런 질문이 나오면 다음과 같이 대답한다.

"제가 이런 질문을 자주 한다는 것을 알게 될 것입니다. 제가 이런 질문을 자주 하는 이유는 우리 관계에 대한 탐색을 통해 가치 있고 정확한 정보를 얻을 수 있다고 믿기 때문입니다. 친구나 상사, 배우자 사이에서 발생하는 문제에 대해 저에게 이야기할 수 있지만, 항상 여기에는 한계가 있습니다. 저는 그 사람들을 잘 모르는데 여러분은 자신의 편견이 반영된 정보를 제공할 수밖에 없습니다. 우리모두 그렇게 할 수밖에 없습니다. 하지만 이 진료실에서 일어나는 일은 우리가 모두 그 정보를 경험하고 즉시 처리할 수 있기 때문에 신뢰할 수 있습니다."

내 내담자들은 모두 이 설명을 이해하고 받아들였다.

상담사의 사생활에 대한 공개

일부 상담사들이 두려워하는 상담사의 사생활에 대해 문을 열면 내담자들은 끊임없이 더 많은 것을 요구할 것이다.

"얼마나 행복하세요?"

"결혼 생활은 어떠세요? 사회생활은요? 성생활은요?"

나의 경험에 비추어 볼 때 이런 질문은 잘못된 두려움이다. 나는 내담자에게 질문을 하도록 권장하지만, 내 삶에 대해 불편할 정도로 사적인 세부 사항을 알고 싶다고 주장하는 환자는 없었다. 만약 그런 일이 발생한다면 나는 그 과정에 초점을 맞춰서, 즉 환자가 나를 압박하거나 당황하게 만든 동기에 대해 물어보는 방식으로 대응한다. 다시 한번 강조하지만, 상담사에게 강조하는 것은 환자의 압력이나 자신의 필요나 규칙 때문이 아니라, 치료에 도움이 될 때 자신을 드러내야 한다는 것이다.

제3장에서 소개한 16세 때 형이 교통사고로 사망한 마흔여섯 살 제임스와의 상담 사례에서 볼 수 있듯이 이러한 폭로가 치료효과에 얼마나 큰 기여를 할 수 있는지는 알 수 있지만, 이는 매우 복잡한 행위이다.

제임스가 어려운 질문을 던지다 상담사로서 나의 가장 근본적인 가치 중 두 가지는 관용과 무조건적인 수용이지만, 나는 여전히 편견을 가지고 있다. 오라 요법(aura therapy), 반 신격화된 전문가, 실습치료사, 선지자, 다양한 영양사의 검증되지 않은 치유 주장: 아로마 테라피, 동종 요법, 천체 여행, 수정의 치유력, 종교적 기적, 천사,

풍수, 채널링(channeling), 원격 시청, 명상 공중 부양, 정신 운동, 폴터가이스트(poltergeist),[8] 전생 치료, 초기 문명에 영감을 주고 밀밭의 패턴을 디자인하고 이집트 피라미드를 건설한 UFO와 외계인에 대한 엉뚱한 생각 등이다.

하지만 나는 항상 모든 편견을 제쳐 두고 신념 체계에 관계없이 누구와도 함께 일할 수 있다고 믿었다. 그러나 초자연적인 것에 대한 열정을 가진 제임스가 나의 사무실에 들어온 날, 나는 치료적 중립성이 심각한 시험을 받게 될 것이라는 것을 알았다.

제임스가 초자연적 신념 때문에 치료를 받지는 않았지만, 거의 모든 상담에서 그와 관련된 몇 가지 문제가 드러났다. 이 꿈에 대한 우리의 작업을 생각해 보기 바란다.

나는 공중으로 솟구치고 있었다. 멕시코시티에 있는 아버지를 찾아가서 도시 위를 미끄러지듯 날아다니며 침실 창문을 통해 들여다본다. 나는 그가 우는 것을 보고 그가 나에 대해, 내가 어렸을 때 나를 버린 것에 대해 울고 있음을 묻지 않고도 알 수 있다. 다음으로 나는 내 동생이 묻혀 있는 과달라하라(Guadalajara) 공동묘지를 찾았다. 왠지 모르게 나의 휴대폰 번호로 전화를 걸었더니 "저는 제임스 G입니다.…… 고통스러워요. 도움을 보내주세요."라는 메시지가 들렸다.

이 꿈에 대해 이야기하면서 제임스는 어렸을 때 가족을 버린 아버

---

8 (역자 주) 소리를 내거나 물건을 움직여서 자신의 존재를 알리는 것.

지에 대해 씁쓸하게 이야기했다. 제임스가 마지막으로 들은 아버지
의 소식은 멕시코시티 어딘가에 살고 있다는 것이다. 제임스는 아버
지로부터 다정한 말 한마디나 선물을 받은 기억이 단 한 번도 없었다.

몇 분 동안 꿈에 대해 이야기를 나눈 후, 나는 "이 꿈은 아버지의
어떤 희망, 즉 아버지가 당신을 생각하고 있다는 신호, 더 좋은 아버
지가 되지 못한 것에 대한 후회를 표현한 것 같습니다."라고 말했다.

"그리고 도움을 요청하는 휴대폰 메시지!"

나는 계속했다.

"저를 놀라게 한 것은 당신이 도움을 요청하는 데 어려움을 겪고
있다는 사실을 자주 설명하지 않았다는 것입니다. 사실, 당신은 지
난주에 당신이 명시적으로 도움을 요청한 유일한 사람이라고 말했
습니다. 하지만 꿈에서는 도움이 필요하다는 것을 더 솔직하게 표현
했습니다. 그럼 꿈이 변화를 암시하는 것인가요? 당신과 저에 대해
뭔가를 말하고 있는 건가요? 당신이 제게서 얻거나 원하는 것과 당
신이 아버지에게 갈망하는 것 사이에 어떤 유사점이 있을까요?"

"그리고 꿈에서 당신은 형의 무덤을 방문합니다. 그것에 대해 어
떻게 생각하세요? 지금 형의 죽음에 대처하는 데 도움을 요청하고
있나요?"

제임스는 내가 그를 돌보는 것이 아버지로부터 결코 얻지 못한 것
에 대한 인식과 열망에 불을 붙였다는 데 동의했다. 그리고 그는 치
료를 시작한 후 아내와 어머니에게 자신의 문제를 더 쉽게 공유하고
있다는 점에서도 변화했다는 데 동의했다.

하지만 그는 이렇게 덧붙였다.

"꿈을 바라보는 한 가지 방법을 제안하고 계십니다. 그것이 불건

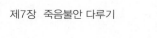

제7장 죽음불안 다루기

267

전하다고 말하는 것이 아니라, 유용한 방법이 아니라고 말하는 것이죠. 하지만 제게는 훨씬 더 현실적인 다른 대안이 있습니다. 꿈이라고 부르는 것은 사실 꿈이 아니라고 생각합니다. 어젯밤 아버지의 집과 형의 무덤으로 천체 여행을 떠난 기록이자 기억입니다."

나는 눈을 굴리거나 손으로 머리를 감싸지 않도록 주의했다. 그가 자신의 휴대폰으로 전화하는 것도 기억이라고 말할지 궁금했지만, 교묘하게 그를 함정에 빠뜨리거나 우리의 신념 차이를 드러내는 것은 비생산적일 것이라고 확신했다. 대신 몇 달 동안의 치료를 통해 내 자신을 단련하여 회피주의를 억제하고, 그의 세계로 들어가서 영혼이 떠돌고 아스트랄 여행을 하는 세상에서 산다는 게 어떤 것인지 상상해 보고, 그의 신념의 심리적 기원과 역사에 대해 부드럽게 탐구해 보려고 했다.

상담 후반부에 그는 자신의 음주와 게으름에 대한 부끄러움에 대해 이야기했고, 천국에서 조부모와 형제를 재회할 때 수치심을 느낄 것이라고 말했다.

몇 분 후, 그는 "조부모님과의 재회에 대해 이야기할 때 당신이 눈을 가늘게 뜨는 것을 봤습니다."라고 말했다.

"눈을 가늘게 뜨는 건 몰랐어요, 제임스."

"제가 봤습니다! 그리고 아까 제가 아스트랄 여행에 대해 이야기할 때 눈을 가늘게 뜨셨던 것 같습니다. 사실대로 말해 보세요, 어브. 제가 방금 천국에 대해 말한 것에 대한 당신의 반응은 어땠습니까?"

우리 상담사들이 종종 그렇듯이 그가 질문하는 과정을 되돌아보며 질문을 회피할 수도 있었지만, 나는 전적으로 솔직해지는 것이 최선의 길이라고 결정했다. 의심할 여지없이 그는 나의 회의론에 대한 많은 단서를 포착했고, 그것을 부정하는 것은 현실에 대한 그의 (정확한) 견해를 약화시킴으로써 비효과적 치료가 될 것이다.

"제임스, 제 안에서 무슨 일이 있었는지 제가 할 수 있는 말을 하겠습니다. 당신이 할아버지와 형이 지금 당신의 삶에 대해 모든 것을 알고 있다고 말했을 때 저는 깜짝 놀랐습니다. 이건 저의 신념이 아니니까요. 하지만 당신이 말하는 동안 저는 당신의 경험 속으로 뛰어들어 영혼의 세계, 즉 죽은 친척들이 당신의 삶과 생각에 대해 모든 것을 알고 있는 세상에서 산다는 게 어떤 것인지 상상해 보려고 노력했습니다."

"사후 세계를 믿지 않나요?"

"안 믿어요. 그런 것들은 결코 확신할 수 없다고 생각합니다. 그것이 당신에게 큰 위안을 줄 수 있다고 생각하며, 마음의 평화와 삶의 만족감을 주고 고결한 삶을 장려하는 모든 것에 찬성합니다. 하지만 개인적으로 천국에서 재회한다는 생각에는 신빙성이 없다고 생각합니다. 그저 소망에서 비롯된 것이라고 생각합니다."

"그럼 어떤 종교를 믿으시나요?"

"저는 어떤 종교나 신도 믿지 않습니다. 저는 전적으로 세속적인 인생관을 가지고 있습니다."

"하지만 어떻게 그렇게 살 수 있을까요? 정해진 도덕이 없다면 말이죠. 다음 생에서 자신의 지위를 향상시키겠다는 생각 없이 어떻게 삶이 견딜 만하거나 의미를 가질 수 있을까요?"

나는 이 토론이 어디로 이어질지, 내가 제임스의 최선의 이익을 위해 봉사하고 있는지에 대해 불안해지기 시작했다. 하지만 결국 나는 계속 솔직하게 말하는 것이 최선이라고 결정했다.

"제 진정한 관심사는 저와 다른 사람들을 위해 이 삶을 개선하는 것입니다. 종교 없이 어떻게 의미를 찾을 수 있는지 의아해하는 사람에게 말합니다. 저는 종교가 의미와 도덕성의 원천이라는 것에 동의하지 않습니다. 저는 종교와 의미, 도덕성 사이에 본질적인 연관성이 있다고 생각하지 않거나 적어도 배타적인 연관성이 있다고 말하기는 어렵습니다. 저는 충실하고 고결한 삶을 살고 있다고 생각합니다. 저는 여러분과 같은 다른 사람들이 더 만족스러운 삶을 살 수 있도록 돕는 데 전념하고 있습니다. 저는 바로 지금 이 인간 세상에서 삶의 의미를 얻는다고 말하고 싶습니다. 저의 의미는 다른 사람들이 자신의 의미를 찾도록 돕는 데서 나온다고 생각합니다. 다음 생에 대한 집착은 이 생에 대한 저의 완전한 참여를 방해할 수 있다고 생각합니다."

제임스가 매우 흥미로워 보였기 때문에 내가 최근에 읽은 에피쿠로스와 니체에서 바로 이 점을 강조하는 몇 가지 내용을 몇 분 동안 계속 설명했다. 나는 니체가 그리스도를 매우 존경했지만 바울과 후대의 기독교 지도자들이 그리스도의 진정한 메시지를 희석시키고 현재의 삶에서 의미를 빼앗아 갔다고 느꼈음을 언급했다. 사실 나는 소크라테스와 플라톤이 육체를 경멸하고 영혼의 불멸성을 강조하며 다음 생을 준비하는 데 집중했기 때문에 니체가 그들에게 많은 적대감을 가졌다고 설명했다. 신플라톤주의자들은 이러한 신념을 소중히 여겼고, 결국 초기 그리스도교 종말론에 스며들었다.

나는 제임스가 뭔가 도전적인 대답을 할 것으로 예상하고 잠시 멈춰 서서 그를 바라보았다. 그런데 갑자기 놀랍게도 그가 울기 시작했다. 나는 그에게 크리넥스를 한 장씩 건네며 흐느낌이 멈출 때까지 기다렸다.

"계속 말을 해 봐요, 제임스. 그 눈물이 무슨 뜻이죠?"

"사람들이 제가 이런 대화를 너무 오랫동안 기다렸다…… 깊이 있는 정보에 대해 진지한 대화를 나누기를 너무 오랫동안 기다렸다고 말하더군요. 제 주변의 모든 것, TV, 비디오 게임, 포르노 등 우리 문화 전체가 너무 멍청해요. 제가 직장에서 하는 모든 일, 계약, 소송, 이혼 조정 등 모든 것이 돈, 똥, 아무것도 아닌 것, 무의미한 것에 불과합니다."

따라서 제임스는 우리의 상담 내용이 아니라 우리의 과정, 즉 내가 그를 진지하게 받아들이는 것에 영향을 받았다. 그는 내가 나의 생각과 신념을 표현하는 것을 선물로 여겼고, 우리의 엄청난 이념적 차이는 전혀 중요하지 않은 것으로 판명되었다. 그는 나에게 UFO에 관한 책을 가져다주었고, 나는 그에게 현대 회의론자인 리처드 도킨스의 책을 선물했다. 우리의 관계, 나의 배려, 그리고 그가 아버지로부터 얻지 못한 것을 그에게 준 것이 상담치료에서 결정적이었다는 것이 증명되었다. 제3장에서 지적했듯이, 그는 여러 면에서 크게 호전되었지만 초자연적 신념은 그대로 유지한 채 치료를 마쳤다.

자기폭로의 한계에 부딪히다   아멜리아Amelia는 쉰한 살의 흑인이며 육중한 체격에 매우 똑똑하지만 수줍음이 많은 공중보건 간호사였다. 내가 그녀를 만나기 35년 전, 그녀는 2년이라는 긴 세월 동안 헤로인에 중독된 노숙자이자 매춘부였다. 당시 할렘 거리에서 헤로인에 중독된 노숙자 매춘부들 사이에서 남루하고 쇠약해져 사기가 저하된 그녀를 발견한 사람이라면 누구나 그녀가 파괴되어 없어질 것

271

이라고 생각했을 것이다. 하지만 6개월 동안 감옥에서 강제 해독을 받은 후 마약퇴치단체(Narcotics Anonymous)의 도움과 남다른 용기, 삶에 대한 강렬한 의지로 아멜리아는 자신의 삶과 정체성을 바꾸고 서부 해안으로 이주하여 클럽 가수로 활동하기 시작했다. 그녀는 고등학교를 졸업하고 나중에는 간호대학교에 진학할 수 있을 만큼 재능이 있었다. 지난 25년 동안 그녀는 가난한 사람들과 노숙자들을 위한 호스피스와 쉼터에서 일하는 데 전념했다.

첫 상담에서 나는 그녀가 심한 불면증을 앓고 있다는 사실을 알게 되었다. 보통 그녀는 악몽에 시달려 잠에서 깨곤 했는데, 그중 쫓기는 장면을 제외하고는 기억에 남는 악몽이 거의 없었다. 그 후 그녀는 죽음에 대한 불안이 너무 커서 다시 잠드는 일이 거의 없었다. 잠자리에 드는 것이 두려울 정도로 증상이 심해지자 그녀는 도움을 받기로 결심했다. 최근에 내가 쓴 〈꿈꾸는 자를 찾아서(In Search of the Dreamer)〉라는 글을 읽은 그녀는 내가 자신을 도울 수 있을 거라고 생각했다.

그녀는 내 사무실에 처음 들어왔을 때 악몽을 꾸느라 밤새도록 깨어 있었기 때문에 지쳐서 내 의자에서 잠들지 않았으면 좋겠다며 의자에 몸을 눕혔다. 그녀는 보통 꿈을 기억하지 못하지만 이번 꿈은 기억할 수 있다고 말했다.

저는 누워서 커튼을 바라보고 있었습니다. 장밋빛 붉은 주름으로 만들어져 있고 주름 사이로 노란 빛이 들어오고 있었습니다. 붉은 줄무늬가 빛의 줄무늬보다 더 넓습니다. 그런데 이상한 점은 이 커튼이 음악과 연결되어 있다는 것입니다. 빛이 들어오는 대신 로베르타 플랙Roberta Flack의 오래된 노래인 〈Killing Me Softly〉의 선율이 연한 줄무늬 사이로 흘러나오는 것이 들렸습니다. 대학교에 다닐 때 오클랜드 클럽에서 이 노래를 많이 불렀어요. 꿈속에서 저는 빛이 음악으로 대체되는 방식에 겁이 났어요. 그러다 갑자기 음악이 멈추고 음악 제작자가 저를 찾으러 온다는 것을 알았습니다. 새벽 4시쯤에 정말 무서워서 깨어났고 그날 밤의 잠은 그렇게 끝이 났습니다.

그녀가 치료를 받게 된 것은 악몽과 불면증 때문만이 아니었다. 그녀에게는 두 번째 중요한 문제가 있었다. 그녀는 남자와의 관계를 원했지만, 다음과 같은 문제가 있었다. 남자들과 여러 번의 관계를 시작했지만 제대로 된 관계를 맺은 적이 없다고 그녀는 말했다.

처음 몇 상담 회기 동안 나는 그녀의 과거와 죽음에 대한 두려움, 매춘부로 일하던 시절 죽음에서 가까스로 벗어났던 기억을 탐색했지만 엄청난 저항을 느꼈다. 그녀의 정서는 항상 음 소거가 되어 있었다. 그녀는 죽음에 대해 의식적으로 불안해하지 않는 것처럼 보였다. 오히려 그녀는 호스피스 일을 더 많이 하기로 선택했다.

치료의 첫 3개월 동안, 그녀는 나와 대화를 나누고 처음으로 거리에서의 삶에 대한 세부 사항을 공유하는 과정만으로도 위로를 받고 수면이 개선되었다. 그녀는 자신이 계속 꿈을 꾸고 있다는 것을 알고 있었지만 작은 조각 이상을 기억할 수 없었다.

친밀감에 대한 그녀의 두려움은 우리의 치료 관계에서 즉시 분명해졌다. 그녀는 나를 거의 쳐다보지 않았고, 나는 그녀와의 사이에 큰 간극이 있음을 경험했다. 이 장의 앞부분에서 나는 환자들이 주

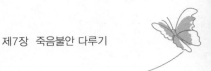

차하는 형태의 중요성에 대해 이야기했는데, 나의 내담자 중 아멜리아는 가장 멀리 주차를 했던 사람이다.

　이 장의 앞부분에서 설명한 패트릭에게서 배운 교훈, 즉 친밀한 신뢰 관계가 없으면 아이디어가 효과를 잃는다는 점을 염두에 두고, 나는 앞으로 몇 달 동안 그녀의 친밀감 문제를 해결하기로 결심하고, 특히 나와의 관계에 집중하기로 했다. 그러나 다음 기억에 남는 상담이 있기 전까지는 움직임이 빙하처럼 더디게 진행되었다.

　그녀가 나의 사무실로 들어오면서 휴대전화를 받더니, 받아도 되냐고 물었다. 그 후 그녀는 그날 오후에 있을 회의에 대해 짧은 전화 대화를 나눴는데, 너무 형식적이고 기능적인 언어를 사용해서 나는 그녀가 상사와 통화하고 있다고 생각했다. 전화를 끊자마자 물어보니 상사가 아니라 최근에 만난 남자친구와 저녁 약속을 잡고 있었다는 사실을 알게 되었다.

　"그 친구와 통화하는 것과 상사와 통화하는 것에는 차이가 있을 것입니다."라고 내가 말했다.

　"애정 표현을 쓰는 건 어때요? 자기야, 사랑스런 그대와 같은 것 말입니다."

　그녀는 내가 마치 대립의 우주에서 갑자기 나타난 사람인 것처럼 쳐다보더니 전날 마약 중독자 모임에 참석했던 이야기를 하려고 주제를 바꾸었다. (그녀는 30년 넘게 금주를 해 왔지만 여전히 정기적인 마약 중독자 모임이나 알코올 중독자 모임에 참석했다.) 모임은 그녀가 중독자이자 매춘부로 살면서 자주 드나들었던 할렘 지역을 연상시키는 마을 한 구역에서 열렸다. 마약이 만연한 동네를 지나 모임 장소로 걸어가는 길에 그녀는 언제나 그렇듯 묘한 향수를 느끼며 하룻밤을 보낼 수 있는 문과 골목을 찾아 헤맸다.

"그곳으로 돌아가고 싶다는 게 아니에요, 얄롬 박사님."

"당신은 여전히 저를 얄롬 박사라고 부르지만, 저는 당신을 아멜리아라고 부릅니다."

내가 끼어들었다.

"그건 균형이 맞지 않아요."

"말씀드렸듯이 시간을 주세요. 당신을 더 잘 알아야죠. 하지만 아까도 말했듯이 제가 이 모임에 갈 때마다 마을의 지저분한 구역에서 완전히 부정적이지는 않은 감정의 파도가 계속 밀려옵니다. 설명하기는 어렵지만 …… 모르겠어요. 향수병 같은 거죠."

"향수병? 어떻게 생각해요, 아멜리아?"

"저도 잘 모르겠어요. 제가 항상 듣는 소리가 있어요. '내가 해냈어.'라고 말하는 목소리가 머릿속에서 들려요. 항상 그런 소리가 들려요. 내가 해냈어."

"마치 '지옥을 겪었다가 살아 돌아왔어.'라고 스스로에게 말하는 것 같네요."

"네, 그런 셈이죠. 다른 것도 있습니다. 믿기 어렵겠지만 그 당시 길거리에서의 삶은 훨씬 더 단순하고 쉬웠어요. 예산이나 회의에 대해 걱정할 필요도 없었고, 일주일 만에 겁에 질린 신입 간호사를 교육할 필요도 없었죠. 자동차, 가구, 세금 공제에 대한 번거로움도 없었어요. 사람들을 위해 법적으로 할 수 있는 일과 할 수 없는 일에 대한 걱정도 없습니다. 의사에게 아부할 필요도 없죠. 할렘 거리에 있을 때 제가 생각해야 할 것은 단 하나였습니다. 오직 한 가지, 다음 마약 자루. 물론 다음 마약을 살 돈이 어디서 나올지도 생각했죠. 하

275

루하루, 분초를 다투는 단순한 생존의 연속이었죠."

"기억이 좀 선택적으로 흐르고 있네요, 아멜리아. 오물, 거리의 추운 밤, 깨진 병, 당신을 때린 남자들, 강간한 잔인한 남자들, 소변 냄새와 흘린 맥주 냄새는 어때요? 그리고 사방에 도사리고 있는 죽음, 당신이 본 시체들, 살해당할 뻔했던 일? 그런 것들은 생각하지 않으시죠?"

"네, 네, 알아요. 맞아요, 잊고 있었어요. 그리고 그 일이 일어났을 때도 잊어버렸죠. 괴한에게 거의 죽을 뻔했는데 그다음 순간에 다시 길거리에 나왔습니다."

"제 기억으로는 건물 옥상에서 던져진 친구를 보고 스스로 목숨을 잃을 뻔한 적이 세 번이나 있었고, 칼을 든 미친놈에게 쫓겨 신발을 벗고 맨발로 30분 동안 공원을 뛰어다녔다는 끔찍한 이야기도 기억나요. 하지만 그때마다 당신은 바로 일터로 돌아갔죠. 마치 헤로인이 다른 모든 생각을 잊게 만든 것 같았어요. 심지어 죽음에 대한 두려움도요."

"맞아요. 제가 말했듯이 저는 다음 헤로인 봉지에 대한 한 가지 생각만 했어요. 죽음은 생각하지 않았어요. 죽음에 대한 두려움도 없었어요."

"그런데 이제 꿈에서 죽음이 다시 당신을 괴롭히는군요."

"네, 이상하죠. 그리고 이것도, 이것도, 향수병도……."

"여기에는 자존심도 포함되나요?"

나는 물었다.

"거기서 나온 것에 대해 자부심을 느껴야 합니다."

"어느 정도는요. 하지만 충분하지는 않아요. 저는 생각할 여유가

276

없어요. 제 머릿속은 숫자와 일, 때로는 할(남자친구) 생각으로 가득 차 있죠. 그리고 추측하기로는 살아남기 위해서요. 마약에서 벗어나기 위해서요."

"여기 와서 저를 보는 것이 살아남는 데 도움이 되나요? 마약에서 멀어지는 데 도움이 되나요?"

"제 모든 삶, 집단에서의 일, 치료도 도움이 됩니다."

"아멜리아, 그건 제 질문이 아니었어요. 제가 약을 끊는 데 도움이 되나요?"

"제가 말했잖아요. 도움이 된다고 했잖아요. 모든 것이 도움이 된다고요."

"그 '모든 것이 도움이 된다'는 말이 어떻게 희석되는지 알겠어요? 우리에게서 무언가를 빼았나요? 우리를 멀어지게 하나요? 당신은 저를 피하고 있습니다. 이번 상담이나 지난주 상담에서 저에 대해 느낀 감정이나 일주일 동안 저에 대한 생각에 대해 더 많이 이야기해 볼 수 있을까요?"

"오, 이런. 또 그 얘기 꺼내세요?"

"아멜리아, 저를 신뢰하세요. 중요한 것입니다."

"모든 내담자가 상담사에 대해 생각한다고요?"

"네, 맞아요. 그게 제 경험입니다. 저는 확실히 상담사에 대해 많은 생각을 했어요."

아멜리아는 의자에 주저앉아 몸을 움츠리고 있었다. 그녀는 내가 토론을 할 때 항상 그랬던 것처럼 몸을 작게 만들었지만 이제는 곧게 폈다. 내가 그녀의 주의를 집중시켰기 때문이다.

"치료요? 언제요? 무슨 생각을 했어요?"

"약 15년 전에 좋은 심리학자를 만났습니다. 롤로 메이라는 사람이었죠. 저는 그와의 상담을 기대했습니다. 그의 온화함과 모든 것에 대한 세심한 배려가 마음에 들었죠. 터틀넥과 청록색 인디언 보석 목걸이로 차려 입은 그의 옷차림도 마음에 들었습니다. 직업적 관심사가 같아서 특별한 관계라는 그의 말이 마음에 들었습니다. 그가 제 책 초고를 읽어 주고 칭찬해 주는 것이 정말 좋았습니다."

침묵이 흘렀다. 아멜리아는 움직이지 않은 채 창밖을 응시했다.

"당신은요?"

내가 물었다.

"당신 차례예요."

"글쎄요, 저도 당신의 온화함이 마음에 드네요."

그녀는 이렇게 말하면서 몸을 움찔거리며 고개를 돌렸다.

"계속하세요. 더 말해 보세요."

"당황스러워요."

"알아요. 하지만 당황스럽다는 건 우리가 서로에게 중요한 말을 하고 있다는 뜻이죠. 부끄러움은 우리의 목표이자 원천이며, 우리는 그것을 바로 뚫고 나가야 한다고 생각합니다. 그러니 당황스러움의 한가운데로 뛰어들어 봅시다. 계속해 보세요."

"선생님이 내 코트 입는 걸 도와주던 때가 좋았어요. 카펫의 뒤집힌 모서리를 고칠 때 당신이 깔깔대며 웃는 것도 좋았어요. 선생님은 그런 게 왜 귀찮지 않은지 모르겠어요. 사무실도 좀 정리해 주세요. 사무실의 선생님 책상이 엉망입니다…… 네, 계속할게요. 그 치과 의사가 나한테 진통제(vicodin) 50알을 줬을 때 당신이 얼마나 열심히 주려고 했는지 기억나요. 치과 의사가 제 무릎에 떨어뜨렸는

278

데 제가 그걸 줄 것 같으세요? 그 상담이 끝날 때, 제가 사무실을 나가려고 할 때 제 손을 놓지 않으셨던 기억이 나요. 그 진통제 한 병을 가져오지 않으면 치료를 중단하겠다고 최후통첩을 하지 않으셔서 정말 감사했습니다. 다른 치료사라면 그렇게 했을 거예요. 그리고 저는 그들을 떠났을 것입니다. 당신도 떠났을 거예요."

"아멜리아, 당신이 이런 말을 하는 게 좋습니다. 감동적이고 또 감동적입니다. 지난 몇 분은 당신에게 어떠세요?"

"당황스러웠어요, 그게 다예요."

"왜요?"

"왜냐하면 이제 저는 조롱을 당할 준비가 되었으니까요."

"그런 일이 있었나요?"

그런 다음, 아멜리아는 자신의 어린 시절과 청소년기에 있었던 어린 시절과 청소년기에 있었던 몇 가지 사건에 대해 이야기했다. 그다지 놀랍지 않아 보였고, 나는 그녀의 당혹감이 어두운 헤로인 시절에 뿌리를 두고 있는 것은 아닌지 큰 소리로 궁금해했다. 그녀는 다른 때와 마찬가지로 동의하지 않았고 창피함 문제는 마약을 사용하기 훨씬 전부터 있었다고 말했다. 그러고는 생각에 잠긴 듯 고개를 돌려 나를 똑바로 쳐다보며 "질문이 있어요."라고 말했다.

그 말에 내 관심이 집중되었다. 그녀는 전에 그런 말을 한 적이 없었다. 나는 무엇을 기대해야 할지 몰랐고 기다렸다. 나는 그런 순간을 좋아한다.

"선생님이 이걸 감당할 수 있을지 모르겠지만, 준비되셨어요?"

나는 고개를 끄덕였다.

"저를 가족으로 맞이해 주시겠어요? 무슨 말인지 아시잖아요. 이론적으로는요.”

이 질문에는 시간이 좀 걸렸다. 나는 이 질문에 솔직하고 진심을 다하고 싶었기 때문이다. 나는 그녀를 보았다. 그녀는 고개를 높이 들고, 큰 눈은 평소처럼 나를 피하지 않고 나에게 고정되어 있었다. 이마와 뺨의 반짝이는 갈색 피부는 방금 세수한 것처럼 보였다. 나는 나의 느낌을 주의 깊게 살피며 말했다.

“아멜리아, 답은 ‘좋습니다.’입니다. 당신은 용기 있는 사람이라고 생각해요. 그리고 사랑스러운 사람입니다. 당신이 극복한 일과 그 이후의 삶에 대해 존경심이 가득합니다. 그러니 저의 가족으로 맞아 주고 싶습니다.”

아멜리아의 눈에는 눈물이 가득했다. 그녀는 크리넥스를 집어 들고 몸을 돌리며 마음을 가라앉혔다. 몇 초 후 그녀는, “당연히 그렇게 말해야죠. 그게 선생님 일이잖아요.”라고 말했다.

“아멜리아, 당신이 절 어떻게 밀어내는지 봤잖아요. 우린 위로하기에는 너무 가까워졌지요?”

상담 시간이 다 끝났다. 밖에는 비가 내리고 있었고 아멜리아는 비옷을 벗어 놓은 의자로 향했다. 나는 손을 뻗어 그녀가 입을 수 있도록 비옷을 들어 주었다. 그녀는 움찔하며 불편한 표정을 지었다.

“봤죠?”

그녀가 말했다.

“봤죠? 제 말이 바로 이거예요. 절 조롱하는 거잖아요.”

“아멜리아, 제 생각과는 전혀 다릅니다. 그래도 말해 줘서 고맙고, 모든 것을 표현하는 것은 좋은 일입니다. 당신의 솔직함이 마음에 듭니다.”

문 앞에서 그녀는 나에게 돌아서서, "포옹하고 싶어요."라고 말했다.

정말 이례적이었다. 나는 그녀의 말이 마음에 들었고, 그녀의 따뜻함과 부피를 느끼며 그녀를 안아 주었다.

사무실에서 이어지는 몇 개의 계단을 걸어 내려오면서 나는 그녀에게 "오늘 수고했습니다."라고 말했다. 자갈길에서 나와 몇 발자국 떨어진 곳에서 그녀가 뒤돌아보지 않고 어깨 너머로 "선생님도 수고했어요."라고 말하는 소리가 들렸다.

우리 상담에서 제기된 문제 중에는 중독자로 살았던 옛 삶에 대해 느꼈던 묘한 향수가 있었다. 단순함의 삶을 동경하고 있었다는 그녀의 설명은 이 책의 첫 줄과 일상성에 사로잡히면 더 깊은 고민과 예리한 자기성찰을 외면하게 된다는 하이데거의 생각을 떠올리게 했다.

지금-여기에 대한 나의 끊임없는 일은 우리 상담의 초점을 근본적으로 바꾸어 놓았다. 그녀는 나에 대한 자신의 감정을 공유하지 않았고 "여기 와서 나를 만나는 것이 살아남는 데 도움이 되나요? 마약에서 멀어지는 데 도움이 되나요?"라는 내 질문조차 회피했다. 나는 몇 년 전 상담사에 대한 나의 감정을 드러내는 위험을 감수하기로 결심했다.

나의 모델링은 그녀가 위험을 감수하고 새로운 지평을 여는 데 도움이 되었다. 그녀는 용기를 내어 아주 오랫동안 생각해 왔던 놀라운 질문을 던졌다.

"나를 가족으로 맞이해 주시겠어요?"

물론 나는 이 질문에 매우 진지하게 대답해야 했다. 헤로인 중독의 구덩이에서 빠져나온 것뿐만 아니라, 그 후로 다른 사람들을 돕고 위로하는 데 헌신하는 도덕적인 삶을 살아온 그녀를 매우 존경했

기 때문이다. 나는 정직하게 대답했다.

그리고 내 대답에 부정적인 영향은 없었다. 개인적으로 나를 드러내는 것에는 나름대로의 지침(그리고 나의 한계성)을 따랐다. 나는 아멜리아를 잘 알고 있었고, 나를 들춰내는 것이 그녀를 밀어내지 않고 오히려 마음을 여는 데 도움이 될 것이라는 확신이 들었다.

이 상담은 아멜리아의 친밀감 회피에 관한 여러 상담 회기 중 하나였다. 기억에 남는 상담이었으며 우리는 종종 이 상담을 다시 언급했다. 그 후의 작업에서 아멜리아는 자신의 어두운 두려움에 대해 훨씬 더 많은 것을 드러냈다. 그녀는 길거리에서 겪었던 공포에 대한 꿈과 기억을 더 많이 떠올리기 시작했다. 이러한 기억들은 처음에는 헤로인이 해소해 주던 불안감을 증가시켰지만, 궁극적으로 그녀를 자신과 단절되게 만들었던 내면의 모든 구획을 무너뜨릴 수 있게 해 주었다. 치료가 종료될 무렵에는 악몽과 밤의 죽음에 대한 공황 없이 1년이 지났고, 3년 후 나는 그녀의 결혼식에 참석하는 기쁨을 누렸다.

모델링으로서의 자기공개

상담사가 자기공개를 하는 적절한 타이밍과 정도는 경험에 따라 달라진다. 자기공개의 목적은 항상 치료를 원활하게 하기 위한 것임을 명심해야 한다. 치료 초기에 너무 일찍 자기 정보를 공개하면 치료 상황이 안전한지 확인하는 데 시간이 더 필요한 내담자를 당황하게 하거나 겁을 줄 위험이 있다. 하지만 상담사의 신중한 공개는 내담자에게 효과적인 모델이 될 수 있다. 그래서 상담사의 공개는 내담자의 자기개방을 낳는다.

　이러한 치료사의 공개 사례는 심리치료 학술지의 최근 호에 실렸다. 이 기사의 저자는 25년 전에 일어났던 사건을 설명했다. 그는 자신이 참석했던 집단치료 회의에서 집단 리더(휴 멀렌Hugh Mullen, 유명한 치료사)가 편안하게 등을 기대고 있을 뿐만 아니라 눈을 감고 있는 것을 발견했다. 편지를 쓴 사람은 리더에게 "오늘 왜 그렇게 편안해 보이세요, 휴?"라고 물었다. 휴는 즉시 "여자 옆에 앉아 있기 때문이에요."라고 대답했다.

　당시 편지의 작성자는 치료사의 반응이 완전히 이상하다고 생각했고, 자신이 잘못된 집단에 속해 있는 것은 아닌지 궁금해했다. 그러나 점차 그는 자신의 감정과 환상을 솔직하게 표현하는 것을 두려워하지 않는 이 집단 리더가 집단 구성원들에게 놀라울 정도로 자유롭다는 것을 알게 되었다.

　그 한마디는 진정한 파급력을 발휘하여 이 남자의 이후 상담사로서의 경력에 큰 영향을 미쳤고, 25년이 지난 지금 그는 상담사 모델링의 지속적인 영향을 공유하기 위해 이 편지를 쓸 정도로 여전히 감사함을 느끼고 있다.

꿈: 지금-여기를 향한 왕도

　꿈은 매우 가치 있는 것인데 많은 상담사, 특히 많은 상담치료사, 특히 초기에 상담사들이 꿈 작업을 피하는 것이 가장 안타깝다. 우선, 젊은 상담치료사들은 꿈 작업에 대한 교육을 거의 받지 않는다.

실제로 많은 임상심리학, 정신의학, 상담 프로그램에서는 치료에서 꿈의 가치에 대해 전혀 언급하지 않는다. 대부분의 젊은 상담치료사는 꿈의 신비로운 특성, 꿈의 상징과 해석에 관한 복잡하고 난해한 문헌, 꿈의 모든 측면을 해석하는 데 시간이 많이 걸리는 작업으로 인해 어려움을 겪는다. 대부분의 경우, 집중적인 개인별 치료를 받은 치료사만이 꿈의 관련성을 충분히 이해할 수 있다.

나는 젊은 상담치료사들에게 꿈 해석에 대해 걱정하지 말라고 당부함으로써 꿈에 대해 쉽게 작업할 수 있도록 도와주려고 노력한다.

"꿈을 완전히 이해했나요? 잊어버리세요! 그런 꿈은 존재하지 않으니까요."

1900년 프로이트의 대표작인 『꿈의 해석』에 묘사된 '어마의 꿈(Irma Dream)'은 프로이트가 가장 열심히 해석하려고 노력했던 꿈으로, 한 세기가 넘도록 논란의 대상이 되어 왔으며 많은 저명한 임상가들이 여전히 그 의미에 대해 다양한 견해를 제시하고 있다.

나는 학생들에게 꿈에 대해 실용적으로 생각하라고 말한다. 꿈은 단순히 환자의 삶에서 사라진 사람, 장소, 경험에 대한 풍부한 정보의 원천이라고 생각하면 된다. 더구나 죽음에 대한 불안은 많은 꿈에 스며들어 있다. 대부분의 꿈은 꿈꾸는 사람을 잠들게 하려고 노력하지만, 악몽은 적나라한 죽음에 대한 불안이 그 울타리를 벗어나 꿈꾼 사람을 겁에 질리게 하고 깨우는 꿈이다. 다른 꿈들은 제3장에서 설명한 것과 같이 각성 경험을 알려 준다. 이러한 꿈은 삶의 실존적 사실과 맞닿아 있는 자아의 깊은 부분에서 메시지를 전달하는 것처럼 보인다.

일반적으로 치료 과정에서 더 유익한 꿈은 악몽, 반복되는 꿈 또는 강력한 꿈, 즉 기억에 고정되어 있는 자각몽(lucid dreams)이다. 내담자가 한 상담에 여러 꿈을 가져오는 경우, 일반적으로 가장 최근의 꿈이나 가장 생생한 꿈이 가장 유익한 연관성을 제공한다는 것을 알게 된다. 우리 내면의 강력한 무의식적 힘은 기발한 방법으로 꿈의 메시지를 숨기려고 노력한다. 꿈에는 모호한 상징과 기타 은폐장치가 포함되어 있을 뿐만 아니라 미묘하기 때문에 우리는 그것을 잊어버리고, 꿈에 대한 메모를 적어 두더라도 다음 상담 회기에 메모를 가져오는 것을 자주 잊어버린다.

꿈은 무의식적 이미지의 표현으로 가득 차 있기 때문에 프로이트는 이를 무의식으로 가는 왕도(via regia, 비아 레지아)라고 불렀다. 하지만 이 페이지에서 더 중요한 것은, 꿈은 내담자와 상담사 간의 관계를 이해하는 데 있어 비아 레지아이기도 하다는 점이다. 나는 상담치료나 상담치료사에 대한 표현이 포함된 꿈에 특히 주의를 기울인다. 일반적으로 치료가 진행됨에 따라 치료 꿈은 자주 발생한다.

꿈은 거의 전적으로 시각적이며, 마음은 추상적 개념에 시각적 이미지를 어떻게든 할당한다는 점을 명심해야 한다. 따라서 상담치료는 종종 여행이나 수리 작업 또는 자신의 집에서 이전에 사용하지 않은 미지의 방을 발견하는 발견의 여행과 같은 방식으로 시각적으로 묘사된다. 예를 들어, 엘렌의 꿈(이 장의 앞부분에 설명되어 있음.)에서는 엘렌의 수치심이 생리혈이 내 욕실의 옷을 적시는 형태로 표현되었고, 내 신뢰성에 대한 불신은 내가 엘렌을 무시하고 도움을 주지 않으며 다른 사람들과 대화하느라 바쁘다는 것으로 표현되었다. 다음 꿈은 죽음불안이 있는 내담자를 치료하는 상담치료사에게 중요한 문제, 즉 상담치료사의 죽음을 조명한다.

상담치료사의 취약성에 대한 꿈: 조앤

쉰 살이 되던 해, 조앤Joan은 죽음에 대한 지속적인 공포와 야간 공황으로 치료를 받기 위해 찾아왔다. 그녀는 이 꿈이 그녀의 수면을 방해하기 전에 몇 주 동안 이러한 문제에 대해 정기적으로 해결하려고 했다.

"저는 상담치료사와 만나고 있고(물론 그 상담치료사가 당신과 닮지는 않았지만), 큰 접시에 담긴 쿠키를 가지고 놀고 있었습니다. 저는 쿠키 몇 개를 집어 들고 모서리를 조금 뜯어낸 다음 부스러기로 부수고 제 손가락 주변을 휘젓습니다. 그런 다음, 상담치료사는 접시를 집어 들고 모든 부스러기와 쿠키를 한 번에 삼킵니다. 몇 분 후, 그는 등을 대고 쓰러져 아파하고 있습니다. 그런 다음, 그는 더 아프게 되어 소름 끼치기 시작했고, 긴 녹색 손톱이 자라기 시작합니다. 그의 눈은 섬뜩해지고 다리는 사라졌습니다. 래리Larry(그녀의 남편)가 와서 도와주고 위로를 해 주었습니다. 그는 저보다 훨씬 좋은 사람이었고 저는 얼어붙어 버렸습니다. 저는 잠에서 깨어났고, 저의 심장이 두근거려 몇 시간 동안 죽음에 사로잡혀 보냈습니다."

"조앤, 꿈에 대해 어떤 생각이 떠오르나요?"

"음, 섬뜩한 눈과 다리가 기억을 자극하네요. 몇 달 전에 어머니가 뇌졸중으로 쓰러지셨을 때 제가 병문안을 갔던 거 기억하시죠? 일주일 동안 혼수상태에 있다가 돌아가시기 직전에 눈을 부분적으로 뜨고 '으스스한' 모습을 보이셨죠. 그리고 아버지는 20년 전에 뇌졸중으로 다리를 쓰지 못하셨어요. 아버지는 마지막 몇 달을 휠체어에서 보내셨죠."

"꿈에서 깨어났을 때 몇 시간 동안 죽음에 대해 집착했다고 하셨죠. 그 시간에 대해 기억하는 만큼 말씀해 주기 바랍니다."

"제가 말씀드린 것과 같은 것들, 즉 영원히 어둠 속으로 들어가는 것에 대한 두려움과 가족을 위해 더 이상 곁에 있지 못한다는 것에 대한 큰 슬픔이 있었습니다. 그게 어젯밤의 시작이었던 것 같아요. 잠들기 전에 가족들의 오래된 사진을 보면서 어머니와 우리에게 끔찍했던 아버지의 존재가 있었다는 사실을 깨달았어요. 마치 처음으로 아버지의 존재에 감사하는 것 같았어요. 어쩌면 아버지의 사진을 보면서 모든 일에도 불구하고 아버지는 여전히 자신의 흔적을, 그것도 좋은 흔적을 남겼다는 것을 깨달았습니다. 네, 흔적을 남긴다는 생각은 도움이 됩니다. 제가 아직도 사용하고 있는 어머니의 낡은 가운을 입으면 위로가 되고, 딸이 어머니의 오래된 자동차를 타고 오는 모습을 보면 마음이 편안해집니다."

이어서 그녀는 "같은 질문에 대해 고민한 위대한 사상가들의 이야기를 들으면서 무언가를 얻기도 하지만, 때로는 그런 생각들이 공포를 진정시키지 못하기도 합니다. 죽음은 알 수 없는, 알 수 없는 어둠이라는 미스터리가 너무 무섭기 때문이죠."라고 말했다.

"하지만 우리는 매일 밤 잠을 잘 때 죽음을 맛보게 됩니다. 그리스 신화에서 수면과 죽음인 히프노스Hypnos와 타나토스Thanatos는 쌍둥이 형제라는 사실을 알고 있나요?"

"그래서 제가 잠들기 싫어하는지도 모르겠어요. 제가 죽어야 한다는 것은 너무 야만적이고 믿을 수 없을 정도로 불공평하거든요."

"누구나 그렇게 느끼죠. 저도 그렇습니다. 하지만 그게 현실입니다. 그것이 우리 인간과의 거래입니다. 살아 있는 모든 것 또는 지금

제7장 죽음불안 다루기

까지 살았던 모든 것의 문제입니다.”

“여전히 너무 불공평합니다.”

“저, 당신, 우리 모두는 무관심하고, 공정함이나 혹은 불공평함이 없는 자연의 일부입니다.”

“알아요. 이 모든 것을 알아요. 다만 제가 처음으로 그 진리를 발견하는 아이의 마음 상태가 되어 버렸을 뿐입니다. 매번 처음처럼 느껴져요. 다른 사람에게는 이런 이야기를 할 수 없다는 걸 알잖아요. 제 곁에 기꺼이 있어 주시는 것이 제가 말하지 못한 방식으로 저를 돕고 있다고 생각해요. 예로, 제가 말은 안했지만 제가 직장에서 저를 위한 새로운 공간을 개척하고 있다고 말씀드렸죠?”

“정말 다행입니다, 조앤. 계속 상담을 하죠. 다시 꿈에 집중하죠.”라고 내가 말했다.

“저는 꿈속에서 당신과 함께 있지 않았어요. 저는 사라지기 시작했지요. 쿠키와 쿠키가 제 눈과 다리에 무슨 짓을 했는지 어떤 직감이 드나요?”

“글쎄요, 저는 그냥 쿠키를 한입 베어 물고는 부스러기를 저어 가지고 놀았어요. 하지만 그 쿠키를 다 삼키고 나면 어떻게 되는지 보세요. 꿈은 제가 당신에게 너무 많은 것을 요구하고 너무 많은 것을 요구한다는 제 걱정을 반영하는 것 같아요. 저는 이 무서운 주제를 슬쩍 훑어보지만 당신은 저뿐만 아니라 다른 환자들에게도 계속 뛰어들고 있습니다. 당신이 죽으면 우리 부모님처럼, 다른 사람들처럼 사라질까 봐 걱정돼요.”

“글쎄요, 언젠가는 그렇게 될 것이고, 제가 늙어서 죽는 것에 대해 걱정하고 죽음에 대해 이야기하는 것이 저에게 미칠 영향에 대해 걱정하는 것도 알아요. 하지만 저는 신체적으로 가능한 한 당신과 함께 있으려고 노력할 것입니다. 오히려 당신의 속마음을 믿어 주고, 아직 다리도 멀쩡하고 눈도 또렷한 당신의 믿음을 소중히 여깁니다."

상담치료사를 절망에 빠뜨릴 수 있다는 조앤의 우려는 어느 정도 일리가 있다. 자신의 죽음을 직면하지 않은 상담치료사는 실제로 자신의 죽음에 대한 불안에 압도당할 수 있기 때문이다.

미망인의 악몽: 캐롤

내담자 환자는 상담치료사를 압도하는 것에 대해 걱정할 뿐만 아니라 궁극적으로는 캐롤Carol의 꿈에서처럼 상담치료사가 할 수 있는 일의 한계에 대한 현실을 직시한다.

나는 4년 전 남편이 사망한 후 노모를 돌보고 있던 60세 미망인 캐롤을 치료하고 있었다. 치료하는 도중에 어머니가 돌아가셨고, 혼자 사는 것이 너무 외로워서 캐롤은 다른 주에 있는 아들과 손자들과 함께 살기로 결정했다. 지난 몇 번의 상담 중 한 회기에서 그녀는 이런 꿈을 꾸었다고 말했다.

저, 교도관, 여성 죄수 그리고 여러분, 이렇게 네 명이 안전한 장소로 이동하고 있습니다. 그리고 우리는 아들의 집 거실에 있는데, 창문에 창살이 있고 안전한 곳이었습니다. 화장실에 가기 위해 잠시 방을 나갔는데 갑자기 총성이 울려 창문이 깨지고 죄수가 죽었습니다. 그리고 당신이 방으로 돌아와서 누워 있는 그녀를 보고 도와주려고 합니다. 그러나 그녀는 너무 빨리 죽어서 그녀를 위해 무언가를 할 시간도, 그녀와 대화할 시간조차도 없이 죽었습니다.

"이 꿈에서 어떤 느낌이에요, 캐롤?"

"악몽이었어요. 겁에 질려서 깨어났는데 심장이 너무 세게 두근거려서 침대가 흔들렸고, 한참 동안 다시 잠들지 못했어요."

"꿈에 대해 어떤 생각이 드나요?"

"가능한 한 무거운 보호 장치를 설치했습니다. 교도관도 있었고 창문에는 창살도 있었죠. 하지만 그 모든 보호에도 불구하고 죄수의 생명은 여전히 보호받지 못했습니다."

꿈에 대해 계속 이야기를 나누던 중, 그녀는 꿈의 핵심이자 중요한 메시지는 죄수의 죽음과 마찬가지로 자신의 죽음도 막을 수 없다는 것이라고 느꼈다. 그녀는 꿈속에서 자신이 죄수인 동시에 자기 자신이라는 것을 알고 있었다. 실제로 게슈탈트치료 접근법의 창시자인 프리츠 펄스Fritz Perls는 꿈속의 모든 개인이나 물리적 사물이 꿈꾸는 사람의 어떤 측면을 나타낸다고 생각했다.

무엇보다도 캐롤의 꿈은 내가 어떻게 하든 항상 그녀를 보호할 것이라는 신화를 무너뜨렸다. 꿈에는 흥미로운 측면이 많았지만(예를 들어, 자신을 죄수라고 착각하는 자아상 문제나 아들과의 생활이 창살이 있는 방의 이미지를 떠올리게 하는 것), 상담치료 종료가 임박했기 때문에 나는 우리 관계, 특히 내가 제공할 수 있는 것의 한계에 초점을 맞추기로 결정했다. 캐롤은 꿈이 그녀가 아들의 집으로 이사하지 않고 대신 나와 계속 연락을 유지하기로 선택하더라도 내가 그녀를 죽음으로부터 보호할 수 없다는 것을 깨달았다.

이 통찰의 의미를 파악하기 위해 보낸 마지막 세 번의 상담은 그녀가 나와의 치료를 더 쉽게 종료할 수 있게 해 줬을 뿐만 아니라 깨어나는 경험으로도 작용했다. 그 어느 때보다 그녀는 다른 사람에게서 얻을 수 있는 것의 한계를 이해했다. 관계는 고통을 완화할 수 있지만, 인간 조건의 가장 고통스러운 측면을 막을 수는 없다. 그녀는 이러한 통찰력을 통해 힘을 얻었고, 그 힘은 자신이 살기로 선택한 곳 어디든 가지고 다닐 수 있었다.

인생은 그냥 똥이 아니라고 말해 줘요: 필

마지막으로, 상담치료사와 내담자 관계의 측면을 조명하는 꿈의 예다.

> 당신은 병원에서 매우 중병에 걸린 환자이고 저는 당신의 의사입니다. 하지만 저는 환자를 돌보는 대신, 환자가 행복한 삶을 살았는지 집요하게 묻습니다. 삶이 거지같지 않았다고 말해 주고 싶었습니다.

죽음을 두려워하는 여든 살의 필Phil에게 꿈에 대한 생각을 물었더니, 그는 곧바로 나에게 너무 많은 것을 요구하며 내 피를 빨아먹는 것처럼 느낀다고 말했다. 이 꿈은 내가 아프고, 그가 의사임에도 불구하고 그의 요구가 다른 모든 것보다 우선하며, 그가 나에게 무언가를 계속 요구하는 이야기로 이러한 우려를 묘사한다. 그는 자신의 아픈 몸과 죽거나 장애를 입은 친구들로 인해 절망에 빠져 있으며,

제7장 죽음불안 다루기

삶이 거지같지 않다고 말함으로써 희망을 주기를 원한다.

꿈에서 자극을 받은 그는 "제가 너무 부담스럽지 않으세요?"라고 분명하게 물었다.

"우리 모두는 같은 짐을 지고 있습니다."라고 내가 대답했더니, "핵심에 있는 벌레(그가 이전에 사용했던 죽음의 용어)와의 대면은 무겁지만 제게는 분명한 것입니다. 저는 상담을 통해서 당신 자신의 열정을 회복하도록 돕는 것과, 당신 자신의 삶의 경험에서 나온 지혜와 다시 연결될 수 있도록 돕는 데 의미를 두고 있습니다."라고 말했다.

나는 죽음에 대한 불안이 심리치료의 담론에 거의 등장하지 않는다는 사실을 관찰하면서 이 책을 쓰기 시작했다. 상담치료사들은 죽음불안의 존재나 관련성을 부정하거나, 죽음불안은 사실 다른 것에 대한 불안이라고 주장하거나, 자신의 두려움을 자극하는 것을 두려워하거나, 죽음에 대해 너무 당황하거나 절망하는 등 여러 가지 이유로 이 주제를 피한다.

이 글을 통해 모든 두려움, 심지어 가장 어두운 두려움까지 직면하고 탐구해야 할 필요성과 가능성이 전달되었기를 바란다. 하지만 우리에게는 새로운 도구, 즉 다른 아이디어와 다른 유형의 상담치료사-내담자 환자 관계가 필요하다. 나는 죽음을 솔직하게 마주한 위대한 사상가들의 생각에 귀 기울이고 삶의 실존적 사실에 기반한 치료적 관계를 구축할 것을 제안한다. 모든 사람은 삶의 활기와 죽음에 대한 두려움을 동시에 경험할 운명에 있다.

효과적인 상담치료에 매우 중요한 진정성은 상담치료사가 실존적 문제를 정직하게 다룰 때 새로운 차원을 갖게 된다. 우리는 그러한 내담자 환자들이 이상한 고통에 시달리고 있고, 냉정하고 깨끗하며 영구적으로 봉인된 상담치료사가 필요하다고 가정하는 의료 모델의 허상을 버려야 한다. 우리 인간 모두는 같은 공포, 즉 죽음의 상처, 존재의 핵심에 있는 죽음의 벌레에 직면해 있다.

후기

라 로슈푸코[9]의 "당신은 태양 혹은 죽음을 똑바로 응시할 수 없다(Le soleil ni la mort ne se peuvent regarder en face)."는 제목 페이지에 인용된 금언으로, 태양이나 죽음을 쳐다보는 것이 해롭다는 민간 신념을 반영한 것이다. 나는 누구에게나 태양을 쳐다보지 말라고 권하고 싶지만, 죽음을 쳐다보는 것은 전혀 다른 문제다. 죽음을 흔들림 없이 바라보는 것이 이 책의 메시지이다.

역사에는 우리가 죽음을 부정하는 다양한 방법의 예가 있다. 예를 들어, 온전한 삶의 옹호자였던 소크라테스는 죽음을 앞두고 '육체의 어리석음'에서 벗어난 것에 감사하며, 사후에 같은 생각을 가진 불멸의 존재들과 영원히 철학적 대화를 나눌 것이라고 확신했다. 비판적 자기탐색에 전념하고 사고의 가장 깊은 층을 분석하는 데 집착하는 현대 심리치료 분야는 우리의 정서적 삶의 근간을 이루는 가장 중요하고 만연한 요소인 죽음에 대한 두려움을 조사하는 데도 소홀히 하고 있다.

지난 2년 동안 친구 및 동료들과의 교류에서 나는 다음과 같은 회피를 직접 경험했다. 보통 내가 글쓰기에 몰입할 때 나는 내 작업에 대한 긴 사교적 대화에 익숙하다. 그러나 이 책은 그렇지 않다. 나의 친구들이 자주 내 현재의 계획(project)에 대해 물어보면, 나는 죽음의 공포를

---

9 (역자 주) 1613~1680, 프랑스의 작자이자 도덕주의자.

극복하는 것에 대해 글을 쓰고 있다고 한다. 이런 말을 하면 대화는 더 이상 진행되지 않고 끝이 난다. 몇 가지 예외를 제외하고는 아무도 후속 질문을 하지 않고 얼마 지나지 않아 다른 주제로 넘어간다.

나는 우리가 다른 두려움에 맞서듯이 죽음에 맞서야 한다고 생각한다. 우리는 우리의 궁극적인 종말을 숙고하고, 죽음에 익숙해지고, 해부하고, 분석하고, 추론하고, 어린 시절의 끔찍한 죽음의 왜곡을 버려야 한다.

죽음이 너무 고통스러워 견딜 수 없다거나 죽음의 생각이 우리를 파괴할 것이라는 결론을 내리지 말아야 하며, 진실이 삶을 무의미하게 만들지 않도록 덧없음을 부정해야 한다는 결론을 내리지 말아야 한다. 이러한 부정은 항상 내면의 삶을 좁히고 시야를 흐리게 하며 이성을 무디게 하는 대가를 치른다. 결국 자기기만이 우리를 사로잡는다.

죽음과의 대면에는 항상 불안이 동반된다. 지금 이 글을 쓰면서 느끼는 것은 우리가 자기인식을 위해 지불하는 대가이다. 그래서 나는 의도적으로 부제에 '불안'이 아닌 '공포'를 사용하여 생생한 죽음의 공포를 일상적으로 관리 가능한 불안으로 축소할 수 있다는 것을 암시했다. 죽음을 정면으로 응시하는 것은 공포를 잠재울 뿐만 아니라 삶을 더욱 가슴 아프고 소중하며 생명력 있게 만들어 준다. 죽음에 대한 이러한 접근 방식은 삶에 대한 가르침으로 이어진다. 이를 위해 나는 죽음에 대한 공포를 줄이는 방법에 집중했다. 이를 위해 나는 죽음의 공포를 줄이는 방법과 각성 경험을 식별하고 활용하는 방법에 중점을 두었다.

나는 이 책을 침울한 책으로 만들 의도는 없다. 대신 인간의 조건, 즉 인간의 유한성, 빛에 비친 짧은 인생의 시간을 제대로 파악함으로써 매 순간의 소중함과 순수한 존재의 즐거움을 음미할 뿐 아니라, 우리 자신과 모든 다른 인간 존재에 대한 연민을 증진시키는 것이 나의 희망이다.

책 읽기 가이드

어빈 얄롬은 자신이 죽음과 마주한 데서 비롯된 지극히 개인적인 책으로 『태양을 직면하기—얄롬의 죽음불안심리와 상담』을 썼다고 말했습니다.

> "나는 죽음에 대한 두려움을 모든 인간과 공유합니다. 죽음은 우리의 어두운 그림자이며, 결코 끊어지지 않는 우리의 어두운 그림자입니다."

296

여러분도 죽음과 마주한 적이 있나요? 그분의 두려움을 공유하시나요, 아니면 여러분의 삶에도 그런 어두운 그림자가 드리워져 있나요? 전부는 아니더라도 대부분의 사람에게 그런 어두운 그림자가 존재한다는 것에 동의하시나요, 아니면 동의하지 않나요?

『태양을 직면하기—얄롬의 죽음불안심리와 상담』을 읽은 후, 동료 독자들과 함께 또는 혼자서 이러한 질문을 해 보는 것도 좋습니다. 집단 또는 혼자서 물어볼 수 있는 다음 질문이 얄롬 박사의 책에서 제기된 문제와 질문에 대한 대화를 시작하는 데 도움이 되기를 바랍니다.

이 책의 주제와 부주제에 대해

죽음에 직면하는 것은 태양을 응시하는 것과 같으며 고통스럽고 어렵지만, 만일 우리가 인간 조건의 진정한 본질, 유한성, 빛 속의 짧은 시간을 파악하는 완전한 의식을 가진 개인으로서 전적으로 살아가는 것이 필요하다면, 그렇게 해야 한다는 것에 동의하십니까?

얄롬 박사가 말했던 '죽음의 '공포'를 극복하는 것과 두려움을 극복하는 것 사이의 구분을 이해하시나요? 왜 우리는 공포에만 집중해야 하나요? 죽음에 대한 두려움은 결코 극복할 수 없다는 것이 사실인가요?

제1장: 치명적인 상처

웹스터 사전에 따르면, 미식가는 호화로운 생활과 감각적인 쾌락에 전념하는 사람입니다. 얄롬 박사는 그리스 철학자 에피쿠로스가 우리 모두에게 가르칠 수 있는 더 가치 있는 무언가를 가지고 있다고 설득하였나요? 만일 그렇다면, 그것이 무엇입니까?

6세부터 사춘기까지의 아이들이 죽음에 대한 두려움에 대해 이야기한 적이 있나요? 아이들은 죽음에 대해 전혀 궁금해하지 않나요?

여러분이 사는 세상의 청소년들이 죽음에 대한 집착과 불안이 급증하거나 심지어 '폭발'하는 것을 경험하고 있다면 어떻게 표현하고 있나요?

프로이트가 인간의 정신적 문제 대부분이 억압된 성욕의 결과라고 믿었다는 사실을 알고 계실 겁니다. 반면, 얄롬은 인간의 불안과 정신병리의 상당 부분이 죽음에 대한 불안에서 기인한다고 말합니다. 동의하시나요? 여러분도 마찬가지인가요?

제2장: 죽음에 대한 불안 인식하기

죽음과 관련된 가장 큰 두려움은 무엇인가요? 말로 표현할 수 있나요? 시각화할 수 있나요?

죽음에 대한 두려움에서 비롯되었다고 생각되는 불안이나 공포를 경험한 적이 있나요?

제3장: 삶의 의미를 깨닫게 하는 경험

큰 질병, 이혼, 실직, 은퇴, 사랑하는 사람의 죽음, 강렬한 꿈, 뜻 깊은 재회 등 인생에서 '각성 경험'을 한 적이 있나요?

과거에 이런 경험이 여러분에게 어떤 영향을 미쳤나요? 그러한 깨달음이 삶을 더 감사하게 만들거나 죽음에 대해 다르게 느끼게 할 가능성이 있다고 생각하시나요?

제4장: 생각의 힘

지금까지 인생에서 '파문 효과'로 누구에게 영향을 미쳤다고 생각하시나요? 앞으로 파문 효과로 영향을 미칠 수 있는 사람은 누구라고 생각하시나요?

스트레스를 받거나 죽음에 대한 두려움을 경험할 때 다음과 같은 격언, 아이디어 또는 속담을 알고 있습니까?

"나를 죽이지 않는 것이 나를 더 강하게 만든다."

스스로에게 반복하는 "너 자신이 되어라."와 같은 말을 알고 있습니까?

제5장: 죽음의 공포 극복하기

다른 사람과 친밀하게 연결되면 죽음에 대한 두려움을 극복하는 데 도움이 된다는 데 동의하시나요? 직접 그런 경험을 해 본 적이 있나요?

다른 사람들로부터 고립되는 외로움을 느껴 본 적이 있나요?

자신을 제외하고는 아무도 자신이 어떤 사람인지 알지 못한다는 것을 깨닫고 죽음은 일생 동안 구축한 세상의 종말이라는 것을 이해할 때, 얄롬 박사가 실존적 외로움이라고 부르는 것을 느낀 적이 있나요?

얄롬 박사는 잉그마르 베르히만 감독의 영화 〈야생 딸기(Wild Strawberries)〉를 공감이 어떻게 작용하는지에 대한 좋은 예로 들었습니다. 여러분이 알고 있거나 알고 싶은 인간의 공감을 잘 보여 주는 특정 영화가 있나요?

5년 또는 10년 후를 내다보면서 지금 하고 있는 일을 계속한다면 어떤 후회를 하게 될지 상상할 수 있나요? 지금부터 1년 또는 5년 후를 돌아봤을 때 새로운 후회가 생기지 않는 삶을 상상할 수 있나요?

책 읽기 가이드

제6장: 죽음 인식−회상록

사람의 죽음에 대한 첫 경험을 기억하시나요? 여러분과 정말 가까운 사람 중 처음으로 죽음을 맞이한 사람은 누구였으며, 그 경험은 어떤 것이었나요?

장례식에 많이 가 보셨나요? 기억에 남는 장례식 몇 가지를 생각해 보세요.

임사(near-death) 체험을 한 적이 있나요? 그때의 반응은 어땠나요? 지금 그 경험에 대해 어떻게 생각하시나요?

어린 시절의 꿈을 이루었다고 생각하시나요? 잠재력을 실현한 적이 있나요?

얄롬 박사가 자신의 연구와 개인적인 신념이 초자연적인 믿음을 거부하는 세속적이고 실존적인 세계관에 뿌리를 두고 있다고 말한 것에 대해 어떻게 생각하나요?

신앙이나 종교가 죽음에 대처하는 방법의 일부입니까? 얄롬 박사가 내세에 대한 믿음이 없고 뇌가 기능을 멈추면 마음(과 마음과 관련된 모든 것)이 끝나는 것이라고 말한 것에 대해 어떻게 생각하시나요?

제7장: 죽음불안 다루기−심리상담치료를 위한 조언

심리상담치료를 받은 적이 있거나 현재 받고 있나요?

상담치료사가 자신에 대한 정보를 공개하나요? 여러분은 어떤가요? 치료사로부터 더 많은 정보를 공개받고 싶은 욕구가 있나요?

치료 과정에서 자세히 살펴본 결과, 죽음불안과 관련된 것으로 밝혀진 문제를 다룬 적이 있나요?

　　"지혜로워지려면 지하실에서 짖는 들개 소리를 듣는 법을 배워야 한다."라는 얄롬 박사의 조언이 여러분에게 어떤 의미로 다가오나요?

책 읽기 가이드

저자 소개

어빈 얄롬(Irvin D. Yalom, 1931~)
스탠퍼드 대학교의 교수였고, 1994년 이후
이 대학교의 명예교수로 있으며 현재도 부분
적으로 상담을 하고 있는 상담치료자이다.
『집단정신치료의 이론과 실제(The Theory
and Practice of Psychotherapy)』『니체가 눈
물을 흘릴 때(When Nietzsche Wept)』『실존
주의 심리치료(Existential Psychotherapy)』는 대표적으로 알려진 그의 저서
이며, 특별히 10년간 집필하여 출간된 『실존주의 심리치료』는 이 분야 최초
의 교과서이기도 하다. 1974년 임상심리와 연구에 대한 공헌으로 Edward
Strecker Award, 1979년 미국정신의학회에서 Foundations' Fund Prize in
Psychiatry, 2000년에는 종교와 심리치료에 중요한 기여를 해 Oscar Pfister
Prize를 수상했다.

역자 소개

임경수

계명대학교 인문국제대학 교수이다. 노스웨스턴 대학, 시카고 대학, 시카고 칼 융 연구소에서 심리학을 수학하였고, 노스웨스턴 대학병원(Northwestern Memorial Hospital)에서 임상실습을 하였다. 이후 시카고 신학대학에서 칼 융 분석가인 로버트 무어(Robert Moore) 교수의 지도하에 종교와 심리학의 학제 간의 관점에서 본 중년기 연구로 박사학위(Ph.D.)를 받았다. 지금도 종교와 심리학의 학제 간 융합에 관심을 가지고 연구 및 상담을 하고 있다.

주요 저서

- 호모 렐리기오수스(Homo Religiosus): 종교적 인간에 대한 심리적 탐구(2020)
- 폴 틸리히의 인간이해와 기독교상담신학(2018)
- 오후수업: 중년 리모델링(2015)
- 애착이론과 역기능 발달 상담(2014)
- 심리학과 신학에서 본 인간 이해(2009)
- 인생의 봄과 가을: 중년의 심리이해와 분석(2005)
- Male Mid-life Crisis: Psychological Interpretations, Theological Reflections, and Pastoral Interventions(University Press of America, 2000)

주요 역서

- 실존주의심리치료(2007)
- 도널드 위니컷의 가족과 자녀발달(2022)

태양을 직면하기
-얄롬의 죽음불안심리와 상담-
Staring at the Sun

2023년 8월 5일 1판 1쇄 인쇄
2023년 8월 10일 1판 1쇄 발행

지은이 • Irvin D. Yalom
옮긴이 • 임경수
펴낸이 • 김진환
펴낸곳 • ㈜ 학 지 사
　　　　　　04031 서울특별시 마포구 양화로 15길 20 마인드월드빌딩
대표전화 • 02-330-5114　　팩스 • 02-324-2345
등록번호 • 제313-2006-000265호

홈페이지 • http://www.hakjisa.co.kr
인스타그램 • https://www.instagram.com/hakjisabook

ISBN 978-89-997-2943-0 93180

정가 16,000원

출판미디어기업 학 지 사
간호보건의학출판 학지사메디컬 www.hakjisamd.co.kr
심리검사연구소 인싸이트 www.inpsyt.co.kr
학술논문서비스 뉴논문 www.newnonmun.com
교육연수원 카운피아 www.counpia.com